Pädagogik: Dritte Welt · Jahrbuch 1986

IKO

Jahrbuch ''Pädagogik: Dritte Welt''
Herausgeber: Walter Sülberg
Professur ''Pädagogik: Dritte Welt''
Johann Wolfgang Goethe Universität Frankfurt

Dieses Jahrbuch entstand in Zusammenarbeit mit dem ''Bildungswerk: Interkulturelle Kommunikation'' (B:IK), Franfkurt, dem eine Reihe von Autoren dieses Bandes angehören.
Die Adresse des Bildungswerks lautet:
Bildungswerk: Interkulturelle Kommunikation
Bockenheimer Landstraße 142
D - 6000 Frankfurt 1
Wir senden Ihnen gerne Informationsmaterial zu.

Pädagogik: Dritte Welt

Jahrbuch 1986

Ulrich Schmidt (Red.)

Kulturelle Identität und Universalität Interkulturelles Lernen als Bildungsprinzip

Verlag für Interkulturelle Kommunikation

CIP-Kurztitelaufnahme der Deutschen Bibliothek

Kulturelle Identität und Universalität :
interkulturelles Lernen als Bildungsprinzip / Ulrich Schmidt (Red.). - Frankfurt/Main : Verlag für Interkulturelle Kommunikation, 1987
(Pädagogik: Dritte Welt ; Jahrbuch, 1986)
ISBN 3-88939-139-7

NE: Schmidt, Ulrich (Red.); GT

Postfach 90 09 65
D-6000 Frankfurt 90

Umschlagentwurf: Berndt Wendt, 5223 Berkenroth
Herstellung: F.M.-Druck, 6367 Karben 2

Inhalt

III Didaktik und Methodik

Vorwort

Das Institut „Pädagogik in der Dritten Welt“ versteht sich als Brücke zwischen Kulturen und Gesellschaften. Pädagogische Forschung und Lehre in einer Weltgesellschaft, die real vielfältig vernetzt ist, hat die Aufgabe, das Bewußtsein dieser Vernetzung zu fördern und Kompetenzen zu entwickeln und weiterzugeben, diese Vernetzung für die Entwicklung von Humanität, Frieden und Völkerverständigung zu nutzen.

Für P3W erwächst daraus als ein Aufgabenfeld, in Zusammenarbeit mit internationalen Fachkollegen und Instituten pädagogische Probleme in der Dritten Welt zu analysieren und Pädagogen für die Arbeit in Ländern der Dritten Welt zu qualifizieren. Daneben ist es aber in einem zweiten Aufgabenbereich genauso wichtig, das allgemeine Bewußtsein in der BRD pädagogisch und politisch so zu beeinflussen, daß hier mehr Verantwortung für die nationale und internationale Entwicklung übernommen wird. Je mehr die Menschen in der BRD wissen und in ihrem Alltagsbewußtsein verankern, daß wir alle in *einer* Welt leben und voneinander abhängig sind, desto weniger können wir die Überwindung von Not und Ausbeutung, von ökologischen Krisen, der atomaren Kriegsgefahr irgendwelchen fremden Mächten zuweisen und müssen uns selbst zuständig fühlen. Damit ist aber auch wiederum ein wichtiger - wenn auch nicht der entscheidende - Schritt zur Lösung von Problemen in der Dritten Welt getan.

Die besondere Möglichkeit des Instituts liegt darin, selbst Teil eines weltweiten pädagogischen Diskussionszusammenhangs zu sein. Aus dieser Teilnahme ergeben sich zwei Grundgedanken für die pädagogische Arbeit in der BRD:

- wir müssen in der BRD viel mehr als bisher lernen, die Völker und Kulturen der Dritten Welt in ihrer Vielfalt, ihrem kulturellen Reichtum, ihrer eigenständigen Entwicklungsdynamik wahrzunehmen, anzuerkennen und zu schätzen
- wir müssen für die Bewältigung unserer eigenen Krisen und zum Nutzen unserer eigenen Entwicklung lernen, den überholten Ausschließlichkeitsanspruch der europäisch-amerikanischen Kultur und Wissenschaft zu kritisieren, zu relativieren und Modelle zu entwickeln, auch von anderen Kulturen zu lernen.

Sollen diese Thesen mehr als bloße Deklamation sein, müssen sie auf verschiedenen Ebenen theoretisch und praktisch konkretisiert werden. In den wenigen Jahren seit der Gründung des Instituts haben sich dabei drei Schwerpunkte herausgebildet, die auch die Schwerpunkte des vorliegenden Jahrbuches bilden:

1. Welche allgemeinen Chancen und Möglichkeiten liegen in interkultureller Kommunikation und interkulturellem Lernen?

Ausgangspunkt dieser Diskussion war häufig die persönliche Erfahrung anderer Kulturen, anderer Gesellschaften. Die Erweiterung des eigenen Horizonts, die im Kontakt mit Menschen aus anderen Kulturen entsteht, ließ am Anfang die naive Hoffnung auf ein direktes umwälzendes Lernen von anderen wachsen. Die Auseinandersetzung mit fremden kulturellen Inhalten und Verhaltensweisen, aber auch das Studium pädagogischer Ansätze aus Ländern der Dritten Welt (z.B. im Bereich non-formaler Bildung) sollten unmittelbar praktische Früchte hier tragen. Doch wir mußten sehr schnell erkennen, daß vieles nicht übertragbar ist, vieles nicht oder nur unvollständig verstanden wurde.

Aus den Mißverständnissen wuchs allmählich die Einsicht, daß die Idee, Fremdes einfach zu übernehmen, das Wesen interkulturellen Lernens nicht erfaßt, weil die Bedingungen, in denen gelernt wird, nicht ausreichend überdacht sind. Zwar müssen das Wissen um die anderen Kulturen und der Wunsch, von ihnen zu lernen, vorhanden sein, aber die Fragen, mit denen wir uns diesen Kulturen nähern, stammen von uns. Zu der Beschäftigung mit den Gehalten fremder Kulturen tritt so notwendig die Beschäftigung mit unserer Gesellschaft, um überhaupt relevante Fragen stellen zu können.

Mit dieser Veränderung der Fragehaltung verändert sich auch die Einschätzung der Möglichkeiten und Inhalte interkulturellen Lernens. Waren die Diskussionen am Anfang eher geprägt von romantischer Zivilisations- und Technikkritik, so entwickelte sich unter dem Einfluß der Gedanken von P. Dias und E. Jouhy die Erkenntnis, daß interkulturelle Kommunikation und interkulturelles Lernen die Diskussion in einem offenen Horizont ist, zu dem sowohl die Industriegesellschaften als auch die traditionellen Kulturen Wichtiges beizutragen haben.

Es kann weder darum gehen, hier in der BRD aus traditionellen Kulturen stammende Gedanken künstlich zu implantieren, noch die Völker der Dritten Welt vor dem „Fluch" der Technik und der damit verbundenen Kompetenzen und Einstellungsveränderungen zu bewahren. Stattdessen müssen wir gemeinsam, mühsam und wahrscheinlich sehr langsam den Weg in eine post-industrielle Gesellschaft finden, die allen noch fremd ist.

In diesem Band führen die Aufsätze von P. Dias und E. Jouhy in die Diskussion um den allgemeinen Charakter von interkulturellem Lernen ein.

Jouhy formuliert aus der Unterscheidung von Bildung in traditionellen Kulturen - die Wahrheit strikt an die Autorität von Herrschaft und Lehre binden - und der bürgerlichen Kultur - die Wahrheit universell in kritischer Erfahrung und naturwissenschaftlicher Logik entdeckt - Vorschläge für einen Weg pädagogischer Theoriebildung, durch den sowohl das Erbe der europäischen Aufklärung als auch die humanen Traditionen nichteuropäischer

Kulturen bewahrt werden. Er plädiert für das Einüben dialektischer Vernunft.

Dias analysiert ausgehend von autobiographischen Reflexionen seiner Jugend in der vom interkulturellen Dialog geprägten Gesellschaft Goas die allgemeine Notwendigkeit und die Möglichkeiten eines solchen Dialogs, der im Spannungsfeld von kultureller Verwurzelung und universellem Blickfeld lebt. Er kommt dabei zu einigen grundlegenden Bedingungen und Imperativen dieses Dialogs.

Obwohl nicht in direktem Zusammenhang mit P3W enstanden analysiert der Aufsatz von Al Imfeld einen wesentlichen Aspekt dieser Diskussion. In vielen Lebensbereichen wird fremd und Fremder immer mehr ein abwertender Begriff, mit dem die Menschen sich erst recht voneinander ent-fremden. Diese Inflationierung des Fremden in einer universalen Welt drückt die Realität eines Machtkampfes aus, in dem die Rede und das Bild des bedrohlichen Fremden von den Interessen der eigenen privilegierten Gruppen ablenken soll.

2. Welchen Bedingungen unterliegen interkulturelle Kommunikation und interkulturelles Lernen konkret?

Geht in die Diskussion um den Zielbereich interkulturelle Kommunikation und interkulturelles Lernen sehr viel utopische Intention ein, muß diese, um ihren Kontakt mit der Wirklichkeit nicht zu verlieren, von konkreten Analysen interkultureller Kommunikations- und Lernprozesse in der BRD untermauert sein. Die Vielzahl der damit zur Debatte stehenden Untersuchungsfelder ist erschlagend. Unsere Forschung und unsere Erkenntnisse sind hier bei weitem noch nicht der Bedeutung der Fragestellung angemesssen. Bisher haben sich drei Untersuchungsrichtungen herausgebildet.

- Welche Bedeutung hat interkulturelles Lernen in der deutschen Tradition?

Angesichts faschistischer Vergangenheit und gegenwärtiger Fremdenfeindlichkeit scheint es uns wichtig aufzuzeigen, daß interkulturelles Lernen nicht ein neuer Modebegriff, sondern eine lange geschichtliche Realität ist, die von den römisch-germanischen Anfängen unserer Kultur über mittelalterliche Gesellschaft mit der europäisch-arabischen Begegnung bis zu multikulturellen Tendenzen in der BRD reicht.

Der Aufsatz von G. Flaig konkretisiert diese Überlegung anhand der mittelalterlichen christlich-islamischen Kontakte. Er belegt dabei die Einsicht, daß Feindseligkeit und kulturelle Überheblichkeit letztendlich zu gesellschaftlicher Stagnation beitragen.

- Welche Rolle spielen die Massenkommunikationsmittel für interkulturelle Kommunikation?

Die Einstellung, die wir zu Dritter Welt, Entwicklungsproblematik, Völkerverständigung haben, wird ganz wesentlich von den Bildern bestimmt, die wir über fremde Völker haben, aber auch von den Bildern und Mustern dessen, was wir für normal, natürlich, sinnvoll halten. Die Massenmedien sind *die* gesellschaftlichen Multiplikatoren dieser Bilder und Muster. Indem sie die Vorstellungswelt der Rezipienten gestalten, aber auch indem sie sich den Vorurteilen dieser Vorstellungswelt anpassen, vermögen sie interkulturelles Lernen zu fördern und zu blockieren.

In diesem Band wird die Bedeutung der Massenmedien zunächst global von J. Becker analysiert. Er wendet sich gegen das Klischee, daß der Einsatz metropolitaner Medien in der Dritten Welt notwendig zu einer Zerstörung der endogenen Kulturen führen wird, denn er findet dort eine Reihe von Widerstandspotentialen gegen den westlichen Kulturimperialismus. Umgekehrt ist aber die europäische Kultur durch die Massenmedien in eine Identitätskrise geraten, die kulturelle Ansprüche immer hohler erscheinen läßt. Hier könnte das erwachende kulturelle Selbstbewußtsein in der Dritten Welt auch wichtige Hinweise für eine kritische europäische Haltung geben.

U. Schmidt untersucht dann in seinem Beitrag das konkrete Indienbild, das Richard Attenboroughs Film „Gandhi" entwirft. Er kommt dabei zu dem Schluß, daß hier die Kulturindustrie den aufklärerischen Impuls erschlägt, indem unter Verzicht auf politische Reflexion das Klischee des großen Führers eines exotischen Indiens bestätigt wird.

- Welche Bedeutung haben individuelle Erwartungen in kulturellen Kommunikationssituationen?

Interkulturelle Kommunikation ist immer auch ein persönlicher Prozeß, der bestimmt wird von individuellen Haltungen, Gefühlen, Erwartungen. Innerhalb unseres kulturell geprägten Bezugsrahmens haben wir die Freiheit, zwischen verschiedenen Handlungsmöglichkeiten zu wählen, und wir übernehmen die Verantwortung für die Gestaltung von Situationen. Wenn interkulturelle Kommunikation Bewegung in einem offenen Horizont ist, ist es notwendig, die Dialektik von gesellschaftlich determinierten Handlungsgrenzen und individueller Handlungsfreiheit an konkreten Fallstudien zu untersuchen, um so allmählich ein vertieftes Bewußtsein und damit größere Handlungskompetenz in ihnen zu gewinnen.

Der Erfahrungsbericht H.P. Gehrhardts über seine Tätigkeit als Hochschullehrer an einer brasilianischen Universität ist eine solche Studie, in der sich die Darstellung der persönlichen interkulturellen Erfahrung verbindet mit der allgemeinen Reflexion auf die Möglichkeiten, diese Erfahrungen auch für Hochschulen in den Industrieländern fruchtbar zu machen.

3. Welche Elemente muß eine Didaktik und Methodik interkulturellen Lernens umfassen?

Es war von Beginn der Diskussion über interkulturelle Kommunikation und interkulturelles Lernen in der BRD an klar, daß es notwendig sein würde, für die allgemeinen Untersuchungsergebnisse didaktische und methodische Umsetzungen zu finden, die erst eine bildungsrelevante Verbreitung über den universitären Rahmen hinaus möglich machen. Wir waren am Anfang der Meinung, entweder unter Verzicht auf eine grundlegende Reflexion auf Didaktik und Methodik Gehalte fremder Kulturen weitgehend kognitiv vermitteln oder aber die Didaktik und Methodik direkt aus den Erfahrungen in der Dritten welt (z.B. im Modell des dialogischen Lernens von Paulo Freire) entlehnen zu können.

Unsere Praxis und die Aufarbeitung der langen Geschichte, Deutsche mit fremden Kulturen positiv vertraut zu machen, die vom Fremdsprachenunterricht über die Didaktik von Geschichte, Geographie und Religion bis zu den diversen Konzepten entwicklungspolitischer Bildung reicht, überzeugten uns aber bald, daß interkulturelles Lernen nur dann seine erhoffte Wirksamkeit entfalten kann, wenn es gelingt, es als fruchtbares eigenständiges didaktisches und methodisches Prinzip zu fundieren, das gleichberechtigt neben eine soziologische oder historische Betrachtungsweise treten kann.

In dem Beitrag von U. Schmidt über die Didaktik und Methodik interkulturellen Lernens liegt ein erster Versuch für eine solche Grundlegung vor. Ausgehend von allgemeinen Überlegungen des Verhältnisses von interkultureller Kommunikation und Entwicklung heute, analysiert er die Bedeutung, die interkulturelle Kommunikation und interkulturelles Lernen im Kontext der BRD haben können. Daraus entwirft er unter Einbeziehung der kritischen Bildungstheorie H.J. Heydorns ein Curriculum interkulturellen Lernens, das unter den konkreten Bedingungen der BRD Kompetenz für interkulturelle Kommunikation vermittelt.

Nicht direkt auf diesen Entwurf, aber auf die allgemeine Diskussion der Notwendigkeit, neue didaktische und methodische Wege zu gehen, bezogen stehen die drei folgenden Beiträge:

G. Führing erläutert die Exploration des individuellen Bezugsrahmens durch Fantasiereisen. Sie zeigt dabei, daß es für Teilnehmer von entwicklungspolitischen Bildungsveranstaltungen erheblich leichter ist, sich auf ungewohnte Inhalte und Gedanken einzustellen, wenn zuvor die eigene Vorstellungswelt erkundet wurde.

J. Buchholz wendet den aus der gewerkschaftlichen Bildungsarbeit stammenden Deutungsmusteransatz auf interkulturelles Lernen an. Aus seinen Erfahrungen ergibt sich, daß interkulturelle Seminare nur dann eine verändernde Praxis bewirken können, wenn die Teilnehmer schon während des Seminars Alltagsbewußtsein und neue Erkenntnisse zu Praxisentwürfen integrieren.

Eine internationale Frauengruppe, die sich am Institut gegründet hat, beschreibt abschließend exemplarisch die Lerngeschichte ihres Projekts. Dabei wird deutlich, daß interkulturelles Lernen zwar manchmal ziemlich schwierig ist, daß aber gemeinsame Interessen, Engagement und die Freude, die aus der Begegnung entsteht, diese Schwierigkeiten überwinden können.

Diese didaktischen und methodischen Reflexionen sollen Anstöße für die Praxis geben. Sie zeigen darüber hinaus, daß sich die Diskussion bei P3W, die am Anfang, wie wir heute selbstkritisch feststellen müssen, eher einen theoretischen Wasserkopf mit unerfüllbar hohen Erwartungen produziert hatte, mehr auf die alltägliche Praxis der „kleinen Brötchen" und des Machbaren eingelassen hat. Jetzt gilt es, diese Spannung zwischen hochgestecktem Zielbereich und alltäglicher Frustration auszuhalten und aufzuarbeiten in der Hoffnung, daß die Theorie immer realitätsgerechter und die Praxis immer bewußtseinsverändernder wird.

Ulrich Schmidt

Teil I

Interkulturelles Lernen für eine Weltgesellschaft

Ernest Jouhy

Bildung im Spannungsfeld zwischen ethnischer Verwurzelung und technischer Universalität

Statt einer Einleitung drei Zitate. Das erste von Montaigne ist vierhundert Jahre alt, das zweite von Manès Sperber datiert aus dem Jahre 1981, das dritte schließlich ist allerjüngsten Datums (A. Finkielkraut im „Nouvel Observateur" von Anfang Oktober 1984):

Montaigne: „Was ist von einer Wahrheit zu halten, deren Gültigkeit durch die Pyrenäen begrenzt ist und die jenseits dieser Grenzen als Unwahrheit gilt?"

Manès Sperber: „... und so erfuhr (der Autor) ..., daß man mit der Wahrheit immer unterwegs ist ... Muß man also auf das Absolute, auf alle Gewißheiten verzichten? Ja und nein. Ja, denn man muß ein für allemal lernen, ohne das Absolute zu leben; nein, denn es gibt noch einige Gewißheiten, die zwar als Urteil negativ, doch in ihrer Wirkung positiv sind ..."

Finkielkraut: „Die Kultur, die seit Anbeginn der Moderne die geistige Einheit Europas bildet, verschwindet zunehmend aus unserem Horizont ... Woran unsere Kultur im Begriff ist unterzugehen, ist die Tatsache, daß sie nur noch insoweit existiert als die Begriffe reichen, in denen sie von den Humanwissenschaften gefaßt wird. Dort geht es nunmehr nicht um *Werte*, sondern um *kulturelle Phänomene*, die sämtlich das gleiche Interesse bzw. die gleiche Beachtungslosigkeit verdienen; also keine *Universalität* mehr, sondern homogene und gleichzeitig abgesonderte Welten, gleichsam *Stile*, seien sie nationale, ethnische, generationsspezifische, unter welchen eine Wahl treffen zu wollen ebenso peinlich wie verstaubt erschiene ... Nicht Unterwerfung unter eine fremde Kultur (die amerikanische) bedroht Frankreichs Kultur oder die anderer westlicher Völker, sondern ihre *Wertneutralität* (indifférenciation), mit anderen Worten, das anscheinend tolerante, in Wirklichkeit aber todbringende Prinzip ‘die eine ist gerade so viel wert wie die andere’ ..."

1. Die Entwicklung des westlichen Universalismus

Was ich hier zum Thema „ethnozentrische Verwurzelung versus Universalität in Erziehung und Bildung" vorzubringen habe, stellt im Grunde nur einen Kommentar zu diesen drei Zitaten dar, die alle einem spezifisch westlichen Denken entspringen.

Beginnen wir mit der Definition dessen, wovon wir sprechen. Dabei gehen wir davon aus, daß klare Abgrenzungen zum Erfassen der wesentlichen Gemeinsamkeiten zwischen den begrifflich gefaßten Erscheinungen der Wirklichkeit führen.

Während *Erziehung* die spezifische Interaktion zwischen der älteren und der nachwachsenden Generation darstellt, die von Anbeginn der Menschheit an den Fortbestand der ethnischen Gruppe ermöglichte, bedeutet *Bildung* eine ihrer historisch späten Ausformungen, die mit der Entwicklung der Arbeitsteilung, der Klassenherrschaft und Instrumentalisierung der Abhängigen auftritt. Bildung ist historisch somit untrennbar mit der Macht einer herrschenden Gruppe verbunden, die sich die Kompetenz zuschreibt, die Ziele und Mittel zu kennen, die der beherrschten Ethnie vorgegeben sind. Diese Kompetenz der nachwachsenden Generation der herrschenden Gruppe oder Klasse zu vermitteln, hieß Bildung.

Darum ist *Erziehung* zwar in konkreten *Formen* der Beziehungen der Generationen ethnisch-kulturell höchst unterschiedlich, in ihrem *Wesen* jedoch universell, denn ihre Grundstruktur entspringt der Natur der Gattung und nicht der von ihr geschaffenen Kultur. Die Struktur der erzieherischen Dynamik ist der der Sprache als Interaktionsmittel durchaus vergleichbar. Auch deren Grundstruktur als Sprachvermögen ist universell, während ihre jeweils konkrete Form als „langue“ wie als „langage“ historisch-ethnisch zu verstehen ist. Es ist nicht unmöglich, daß Erziehung und Sprache als dialogische Beziehung mit ihren weltweit gleichen Erfordernissen und Wirkungen im Bereich der psychischen Infrastruktur matrigenen Ursprungs sind, d.h. auf die Mutter-Kind-Beziehung und ihre natürlichen Imperative zurückgeht.

Die patrigene *Bildung* dagegen ist im wesentlichen klassen- und herrschaftsspezifisch und damit strikt funktional beschränkt auf die Inhalte und Institutionen, die eine spezifische Gesellschaftsstruktur in einer bestimmten historischen Epoche herausgearbeitet hat. Während beispielsweise ein melanesich erzogenes Kind auch in einer Hochkultur alle grundlegenden Beziehungsfähigkeiten besitzt und benötigt, die diese erheischt, ist die konfuzianische Bildung eines chinesischen Mandarin der Han-Dynastie für qualifizierte Leistungen in industriellen Gesellschaften dysfunktional. Bildung dient der Instrumentalisierung der umgebenden wie der inneren Natur des Menschen zur Erreichung von bewußt gesetzten Zielen, die dem Interesse der herrschenden Minderheit entsprechen. Wo immer sie sich aus dem allen Kulturen gemeinsamen Nährboden der Erziehung herauskristallisiert, ist sie inhaltlich und institutionell die Angelegenheit einer beschränkten Gruppe, die den Kodex der Werte, Normen und sozialfunktionalen Kompetenzen schriftlich fixiert und tradiert und als Wahrheit und Gesetz der abhängigen Mehrheit auferlegt. Diese Mehrheit der Bauern und Handwerker wird zum „ungebildeten“ Werkzeug der planenden und wissenden Minderheit herabgestuft. Damit ist die Bildung vorbürgerlicher Kulturen in ein ihnen spezifisches Lehrgebäude eingeschlossen, das ihren übrigen Bauten durchaus vergleichbar ist: prächtig und voll Leben in der Epoche der Macht ihrer Baumeister, verfallen sie später bis auf die Grundfesten und werden Ruinen, die nur ein historisch-ästhetisches Interesse beanspruchen können.

Die pädagogische Herrschaftsphilosophie der großen vorkapitalistischen Kulturen bezog ihre jeweilige Setzung der sozial-funktionalen Werte, Normen und Kompetenzen aus einer metaphysisch-religiösen Anschauung der Natur und des Menschen, deren Prämissen und Logik ein geschlossenes System bildeten, dessen Wahrheitsgehalt strikt an die Autorität der Herrschaft und der Lehre gebunden war. Ihr Ziel, nämlich die Stabilität der Gesellschaftsordnung, war nur erreichbar, solange die zu bildende junge Generation die Axiome nicht in Frage zu stellen wagte, die ihre Weltdeutung in sich logisch erscheinen ließ. Jede kritische Infragestellung der Fundamente des Lehrgebäudes bedeutete bereits eine ernsthafte Bedrohung der herrschaftlichen Ordnung. Erfolgte diese Infragestellung - und damit auch ein Umbruch der innergesellschaftlichen Entwicklung - so stets unter Berufung auf die überlieferten Quellen und ihre Autorität. Die Propheten Jesus, Sokrates und Buddha, Laotse und Luther denken, lehren und bilden „nicht, um das Gesetz zu brechen, sondern um es zu erfüllen". Die Wahrheiten der Orthodoxie wie die der Häresie fanden ihre Begrenzung genau an den Grenzen des Machtbereichs der jeweiligen ethnischen bzw. sozialen Herrschaft. Die missionarische Verbreitung einer Lehre über diese Grenzen hinaus (Buddhismus, Christentum, Islam) war ohne gesellschaftlich-funktionalen Wert für eine „auswärtige" Herrschaftsgruppe - bzw. ihre Konkurrenz - nicht möglich. Deren Bekehrung zog die Umstellung des gesamten Lehrgebäudes nach sich. An die Stelle eines geschlossenen Lehrgebäudes trat ein anderes, nicht dank einer kritischen Fortentwicklung, sondern aus Machtinteressen konkurrierender Ethnien, Klassen oder Organisationen. Zu letzteren gehörten insbesondere die jeweiligen religiösen Verbände der Lehrenden, die der Missionare, Priester, Orden, Gurus, Philosophen.

Mit der Entwicklung des gesellschaftlichen Seins und Bewußtseins des europäischen Bürgertums von der Scholastik über die Renaissance bis zur Aufklärung wurde diese sakral-autoritäre, ethnozentrische Begründung der Normen des Denkens und Handelns radikal in Frage gestellt. Die Prämissen der Moderne waren nicht Glaubensartikel, sondern praktische Erfahrung und naturwissenschaftliche Logik. Werte, Normen, Gesetze der natürlichen wie der gesellschaftlichen Entwicklung wurden empirisch überprüft und logisch abgeleitet. Die so gewonnenen Erkenntnisse waren technisch effizient und universal anwendbar. Das instrumentelle Denken schien unabhängig von jedem historischen Standort von der gleichen Wirksamkeit und mußte, sollte die Welt erobert und damit von Trägheit, Unwissenheit, Aberglauben und Tyrannei befreit werden, in allen Weltteilen in der gleichen Weise gelehrt werden. Es stellte in den Augen des Bürgertums den weltweiten Durchbruch des Lichtes dar, demgegenüber alle früheren Kulturen nur obskure Vorstufen blieben, bzw. wie die griechische als direkter Vorläufer der eigenen instrumentalistischen Weltsicht angesehen wurden. Als durchschlagender

Beweis für die Überlegenheit ihrer Einstellung und Methode galt der aufstrebenden bürgerlichen Klasse die rapide Eroberung der Macht über die Natur und vor allem über alle übrigen Klassen der eigenen und der fremden Nationen. Der Bereich des Machbaren schien sich technisch wie politisch über alle Grenzen hinweg unendlich auszudehnen. So gaben Kolonialismus und Industrialismus diesem Denken und seiner Ideologie die ökonomischen und politischen Flügel. Alle vorindustriellen und insbesondere alle außereuropäischen Kulturen, ihre Vorstellungswelt und ihre Praktiken erschienen nur noch als Hemmnisse für die universelle Entwicklung und Entfaltung aller Völker. Sie konnten nur mittels Assimilation der Denkmethoden des wissenschaftlich-technischen Fortschritts und der Durchsetzung des Wertsystems des Weltmarktes überwunden werden.

Auch für die unterworfenen traditionellen und die neugebildeten modernen Eliten in den Kolonien und Halbkolonien galt eine so ausgerichtete Bildung als Schlüssel zur Aufrechterhaltung oder Gewinnung eines Zipfels der Macht im eigenen Land, als Ausweis der Zugehörigkeit zur internationalen Nomenklatura. Ihr „Universalismus" bestand und besteht weltweit in der Kopie der Didaktik und der Institutionen, die das gebildete Bürgertum der Metropolen entwickelt hat. Von dessen entfesselnder Dynamik und emanzipatorisch angelegtem Bild freier, gleicher und brüderlicher Menschen verinnerlichen diese „weißen Masken mit schwarzer Haut" (Fanon) nur die eine Maxime: „Wissen ist Macht". Und Macht erscheint als der höchste Wert. – Doch bis hinein in diese karikierende Verengung des bürgerlichen Bildungsideals transportiert sein Denken die Vorstellung von der kantischen Möglichkeit, „sich seines Verstandes ohne die Anleitung eines anderen zu bedienen" und die Zivilcourage für dieses gesellschaftserschütternde Denken aufzubringen.

2. Ethnische Bindungen: Grenzen universalistischen Denkens

Dank der gewaltigen Entfesselung aller Produktivkräfte, die Kapitalismus und Industrie weltweit bewirkt haben, hat darum auch die pädagogische Philosophie Europas Kräfte auf den Plan gerufen, die nun ihrerseits ihre ethnozentrische Selbstsicherheit und ihren Anspruch auf universelle Gültigkeit in Frage stellen. Die ökonomische, politische und insbesondere die Bildungskrise in der Dritten Welt hat in den wissenschaftlichen und bildungspolitischen Zentren Europas und Nordamerikas ein tiefgehendes, kritisches Überdenken der grundlegenden Universalien der eigenen Kultur und ihres Überlegenheitsanspruches mit sich gebracht. Dabei erhält das euro-amerikanische Denken ganz entscheidende Anstöße von eben jenen Kulturen, die gestern noch als obsolet und unfruchtbar behandelt wurden. Naturwissenschaft wie Medizin, Psychologie und Pädagogik besinnen sich auf den Erfahrungsreichtum, der in den eigenen wie in den fremden Traditionen unausgeschöpft ruht. So gehen sie selbst in die Schulen der „ungebildeten“ Völker, um umdenken zu lernen.

Dabei treten die vorwärtsweisenden Anstöße, die von den traditionellen Vordenkern kommen, fast nie mit dem Anspruch auf, bereits Lösungen für die anstehenden Probleme parat zu haben. Sie befassen sich vielmehr mit ihrer eigenen Erfahrung des offensichtlichen Versagens der euro-amerikanischen Theorie und Praxis in den blutigen Wandlungsprozessen der Drittweltgesellschaften. Die pädagogischen Pioniere verwechseln nicht Versagen mit Wirkungslosigkeit. Sie analysieren mit Sorgfalt die große Wirkung, die das formale Bildungswesen und die audio-visuellen Medien auf die soziokulturelle Zersetzung der traditionellen Gesellschaftsstrukturen und die Identitätsfindung ausüben. Sie sind sich der Rolle bewußt, die der koloniale und postkoloniale Kulturimperialismus bei der Herausbildung der meist skrupellosen neuen Herrschaftseliten im eigenen Volk spielt.

Das Versagen manifestiert sich in ihren Augen vielmehr darin, daß die importierte Pädagogik für die überwiegende Mehrheit ihrer Völker keine befreiende und bereichernde Wirkung ausübt, die sie ihrem Selbstverständnis gemäß haben müßte, sondern im Gegenteil ein materielles und sozialpsychologisches Elend erzeugt und dauernd vertieft, das Angst und Schrecken verbreitet.

Nun ist Angst eine schlechte psychische Voraussetzung für die Überwindung des Elends, aus dem sie entsteht. Geboren aus dem Versagen der Lebensstrategien, die über Erziehung und Bildung verinnerlicht wurden, führt sie vor allem zu einer Regression in emotional-synkretistische Einstellungen und Verhaltensweisen. In dem Maße, in dem die biographisch wie kulturell erarbeiteten Raster der Wahrnehmung, Deutung und Behandlung alltäglicher Wirklichkeit versagen, werden die Menschen an ihrer Fähigkeit irre, ihr rational wirksam begegnen zu können. Der Verlust der ethnozentrisch ausgebildeten Hierarchie der Selbst- und Fremderwartungen bedeutet immer auch den der kollektiven, bzw. der individuellen Identität und Lebensplanung. Selbsthaß und Verleugnung der *eigenen* Geschichte, unreflektierte Begeisterung und blindwütiger Haß, Vernunftfeindlichkeit und Flucht in illusionäre Paradiese und fiktive „Alternativen“ sind die Konsequenzen dieser Identitätszerstörung.

Während diese Reaktionen auf den kulturellen Identitätsverlust vornehmlich bei den verelendeten Massen der Abhängigen anzutreffen sind, zeigen die herrschenden Gruppen ein neurotisch erstarrtes und steriles Festhalten an Einstellungen und Verhalten in erstarrten Denk- und Handlungsmustern der Vergangenheit. Unbelehr- und unbeirrbar durch das eigene Versagen können sich so die privilegierten Individuen, Klassen und Nationen an Ideologien und autoritäre Praktiken klammern, die nur noch die leeren Kulturhülsen einst fruchtbarer Ideen darstellen. Unter Berufung auf den Wert der Quellen ihrer Kultur- und Herrschaftsstrukturen lassen sie ihre Bildungsinhalte im Sumpf der Angst vor der eigenen Entmachtung verkommen. Autoritäre, zweckrationale Betriebsamkeit, mißtrauischer Umgang mit den Bedürfnissen und Gefühlen der abhängigen Adressaten, geistige Sterilität charakterisieren ihre pädagogische Praxis.

Beide anscheinend gegensätzlichen Reaktionen stellen fiktive Fluchtverhalten in jeder historischen Krise dar. Der euro-amerikanische Zugriff auf die Welt und die inneren Widersprüche der industriellen Kultur machen in der Gegenwart die Krise der Identität des weißen Mannes zu einer weltweiten Quelle solcher fiktiven Einstellungen und Ideologien. So treffen wir insbesondere in den Riesenstädten aller fünf Kontinente auf das Nebeneinander von fundamentalistischen, derwischhaften Sekten und Science-fiction-Rausch vor den Bildschirmen, von ethnozentrischem Haß verelendeter Schichten und kaltblütig rationalem Einsatz von Gewalt seitens der Privilegierten. Angesichts dieser Wirklichkeit stehen Theorie und Praxis von Erziehung und Bildung vor dem Dilemma, den Wertkodex des euro-amerikanischen Kulturbereichs weiterhin zu verabsolutieren oder sich auf das „tout se vaut“ zurückzuziehen und darauf zu verzichten, der jungen Generation ein Modell von Fühlen, Denken und Handeln vorzustellen.

3. Pädagogische Folgerungen

Im Bewußtsein, daß wir alle an diesem Dilemma Anteil haben, soll im letzten Teil dieser Ausführungen versucht werden, einen gangbaren Weg pädagogischer Theoriebildung zu skizzieren, der in allen Gesellschaften unserer Gegenwart zu einer sinnvollen Krisenbewältigung führen könnte.

Dieser Weg beginnt bei der realistischen Einschätzung der Funktion und Rolle der Bildung in der modernen Gesellschaft. Die Überschätzung führt zu fiktiven Strategien, die Unterschätzung zur Resignation. Um der Selbstüberschätzung nicht zu erliegen, bedarf es der existentialistischen Einsicht in das Primat der *Existenz* vor allen Ideen, die sie interpretieren. Nicht nur, daß alle Ideen, also auch die pädagogischen Entwürfe, erst das *Produkt* von Menschen darstellen, mithin durch deren natürliche und historische Existenz bedingt und beschränkt sind, ihr *Wert* ist auch wesentlich *funktional* und nicht rational-logisch zu erfassen.

Gerade die Wertentscheidung, die aus dieser Einsicht hervorgeht, ist für die Pädagogik heute von entscheidender Bedeutung. Nur was den gegenwärtigen und den zukünftigen Erfordernissen der physischen wie der psychischen Lebensbedürfnisse der konkreten Menschen in konkreten Gesellschaftsstrukturen dient, ist wert*voll*, was sie im ethnozentrischen Interesse von privilegierten Gruppen oder Individuen dagegen deren zweckrationalen Zielen und Ideen unterordnet, ist *un*wert!

Eine derartige Wertentscheidung lag den Ideen von Erziehung und Bildung aller großen Lehrer der Geschichte in allen Kulturen zugrunde, so wie sie spontan von allen Müttern seit jeher täglich gefällt wird. Sie läuft ebenso auf das Liebesgebot der Bibel hinaus wie auf das „dialogische Prinzip“ Martin

Bubers, ebenso auf die Lehre vom Respekt der kosmischen Zyklen beim Gautama Buddha und Lao Tse wie auf die Rousseaus vom Primat der natürlichen Entfaltung des Kindes. Diese Wertentscheidung des Pädagogen hat harte politische Konsequenzen, denn sie bedeutet eine militante Absage an alle etablierten Bildungssysteme und Bildungsprogramme, die an ethnozentrischen Gruppen- oder Klasseninteressen ausgerichtet sind. Diese proklamieren allemal das Primat ihres Kodex' von Werten und Normen, Gesetzen und Ordnungen vor den „primitiven" Lebensbedürfnissen der Menschen.

Diese Sicht stellt auch das unverzichtbare Erbe der Aufklärung dar, ob in den Industriekulturen oder in denen der Dritten Welt. Die Aufklärung lehrte, die Menschen höher zu achten als ihre Ideologien. Letztere galten ihr als historisch und biographisch beschränkte Produkte und nicht als Offenbarung. Dementsprechend bewirkt eine vernunftgeleitete Bildung vor allem die *Entfaltung* der Selbsttätigkeit der Adressaten, insbesondere im Bildungsprozeß selbst. Sie entwickelt den Mut des Individuums wie der abhängigen Gesellschaftsgruppe, „sich seines Verstandes ohne Anleitung eines anderen zu bedienen" und damit die Kompetenzen zu lernen, die der Selbständigkeit wie der Kooperation dienen.

Die Übernahme und Weiterführung dieses Grundkonzepts der Aufklärung erfordert das Einüben dialektischer Vernunft im Umgang mit der natürlichen wie mit der gesellschaftlichen Wirklichkeit. Sie beginnt mit der Einsicht in die kosmische wie in die historisch-ethnische Beschränktheit ihres Ursprungs und ihrer Wirkung, gleichzeitig aber auch mit dem nicht rational, sondern existentiell begründeten Urvertrauen in die Sinnhaftigkeit wie in die Möglichkeit, die Aufgaben und Probleme der Gegenwart rational so lösen zu können, daß sie einer entfalteteren menschlichen Zukunft den Weg bereiten. Die Konsequenz dieser Einsicht lautet dann in Anerkennung aller Beschränktheit der Vorstellungen von Wahrheit: Gerechtigkeit und Gemeinschaft in der Verpflichtung, das Mögliche auch Wirklichkeit werden zu lassen. Dabei ist aber dialektisch zu bedenken und zu lehren, daß nicht alles Denkbare auch wie geplant machbar ist, und daß das Machbare materiell wie moralisch unmenschlich sein kann. Die gattungseigene Fähigkeit, durch ausgebildete, rationale Kompetenz die Natur wie die Menschen zu instrumentalisieren, ermöglicht die Überwindung von Hunger, Seuchen und Sklaverei ebenso wie Auschwitz, Hiroshima oder die Homelands der Apartheid. Darum sind Wissen und Können kein Bildungsziel an sich. Eine Bildung, die Wissen und Können, Planen und Durchsetzen als Wert verabsolutiert, schafft u.U. ego- wie ethnozentrische Ungeheuer, die befähigt werden, ihr Machtstreben als gottgefällig, demokratisch oder sozialistisch zu verkleiden.

Darum sollte Bildung im Geiste dialektischer Vernunft davon ausgehen, daß ihre Inhalte sich immer historisch-konkret daran messen lassen müssen, ob sie dem Nächsten wie dem Fernsten der Zeitgenossen dienen. In diesem Geist verdient die christliche Tradition in Lateinamerika und Südafrika, die islamische in Indonesien, die buddhistische in Ostasien für den universalistischen Bildungskanon weit höheren Wert als eine rationalistisch-utilitäre Philosophie, die sich brüstet, den Fortschritt zu repräsentieren. Mithin sind Didaktik und Methodik der Bildung nicht allein abstrakt auf ihre logische Schlüssigkeit hin zu überprüfen, sondern auf den gesellschaftlichen Stellenwert, den die erworbene Kompetenz in einer konkreten historischen Situation besitzt.

„Science sans conscience n'est que la mort de l'ame", wußte schon Rabelais. Bildung ist also heute mehr denn je Gewissensbildung. Denn auch das Gewissen ist nicht angeboren, sondern gebildet! Auf dem heutigen Stand des pädagogischen Bewußtseins als Ethik der Bildung beinhaltet das Gewissen der Lehrenden die folgenden, verpflichtenden Einsichten:

- Wo immer und was immer gelernt wird, es soll die Motivation, Bildung zu vermitteln oder sich anzueignen daraufhin überprüft werden, ob ihre Quelle aus Ego- oder Ethnozentrismus fließt und Machtbedürfnisse ausdrückt. So unvermeidlich menschlich dieser Antrieb auch sei, er muß bewußt der Verantwortung vor der Existenz der Gemeinschaft unterstellt werden;
- Diese Verantwortung drückt sich in einer vertrauensvollen und liebenden Einstellung zu den Mitmenschen aus, in Toleranz vor ihrem Anderssein, ob durch Geschlecht, Generation, Kultur oder Sitte.
- Keine Bildung darf sich nur an Zielen und Zwecken orientieren. Sie sind notwendigerweise ethnozentrisch beschränkt. Es gibt keine „Heiligung der Mittel durch das Ziel", wohl aber eine totale Entmenschlichung der hehrsten Ziele durch die Mittel, die zu ihrer Erreichung eingesetzt werden. Folglich gibt es keinen Wert an sich von Wissen und Können schlechthin. Bildung der Kompetenz für eine gesellschaftliche Funktion ist und bleibt immer ein Mittel und ist kritisch als solches zu bewerten. Wenn der Bildungsprozeß die Adressaten verblendet, entwürdigt oder entmutigt, wird das Ziel, dem er zu dienen vorgibt, sei es religiös, demokratisch-freiheitlich oder sozialistisch formuliert, selbst zu einem ideologischen Instrument der materiellen und seelischen Knechtung.
- Jede Art von Bildung vergrößert die Macht der Individuen wie der Gruppe, die in ihren Genuß kommen. Erst der Einsatz dieser Macht entscheidet darüber, ob sie human wertvoll oder unwert ist.
- Alle Bildung wird über unvollkommene Institutionen in unvollkommenen gesellschaftlichen Systemen vermittelt, die notwendigerweise institutionelle und ideologische Autorität einschließen, die ihrerseits durch systemspezifische Machtmittel abgesichert wird. Es ist ebenso gewissenlos, sich den Systemen und Autoritäten aus Eigensucht zu unterwerfen, wie sich an Träumen vollkommener Gesellschaft, autoritätsfreier Kommunikation und spontan-kreativer Selbststeuerung der Individuen und Gruppen zu sonnen. Pädagogisches Gewissen erfordert, rational die latenten Möglichkeiten der Veränderung der Wirklichkeit einschätzen zu lernen und den Mut, sich ohne Ansehung von Autorität und Herrschaft für ihre Verwirklichung einzusetzen.
- Bildung hat die Zukunft der Adressaten im Auge, aber der *Bildungsprozeß* ihre Gegenwart. Sie darf nie der Zukunft geopfert werden. Die Adressaten

müssen ihren gegenwärtigen Lernprozeß nicht als Zwang, sondern als Befreiung, Bereicherung und Beglückung erleben.

Patrick V. Dias

Interkulturelles Lernen und Handeln im Spannungsfeld zwischen kultureller Verwurzelung und Universalität des Denkens

– Bemerkungen aus persönlicher Erfahrung –

In diesen Ausführungen versuche ich, einen Zugang zu Prozessen interkulturellen Lernens aufgrund persönlicher Erfahrungen aufzuzeigen und zugleich einen theoretischen Beitrag zum Verständnis interkultureller Erziehung als unabdingbare Aufgabe in der sich vollziehenden Geschichte einer Welt-Gesellschaft zu leisten, die es ganzheitlich in der Vielfalt ihrer Kommunikations- und Interaktionsmuster zu erfassen und zu gestalten gilt.

Zunächst ein Eindruck vom Stand der gegenwärtigen Situation des *„interkulturellen Dialogs“*, wie er in den westlichen Industriegesellschaften geführt und zum Bildungsprinzip und zur Handlungsmaxime in der interkulturellen Erziehung gemacht wird.

Des weiteren wird unter Bezugnahme auf die eigene Sozialisation, auf das Spannungsfeld zwischen *interkultureller Verwurzelung und Universalität des Denk- und Blickfeldes* eingegangen, um dann einige *Schlußfolgerungen* zu „interkulturelle Kommunikation“, „Interkulturelle Begegnung“ und „Interkulturelles Lernen“ thesenhaft zu formulieren.

1. „Interkultureller Dialog“: Ethnisch-egozentrische Kommunikation oder ernsthaftes Bemühen zur Begegnung zwischen Gleichwertigen?

Die Erfahrungen, die ich – aus Goa/Indien stammend – in den letzten fünfundzwanzig Jahren in westeuropäischen Ländern gemacht habe und immer noch mache, veranlassen mich, diese Ausführungen mit der vorstehenden, durchaus provokativ mit einem Fragezeichen versehenen Überlegung zu beginnen. Es mag paradox klingen, daß dieser Zweifel an der interkulturellen

Dialogfähigkeit, die wohlbemerkt von einer geistig-materiellen Aufnahme- und Integrationsfähigkeit fremden Kulturgutes zu unterscheiden ist, ausgerechnet von jemandem geäußert wird, der sich anschickt, ein Ausbildungsprogramm für interkulturelle Verständigung und internationale Begegnung – „Pädagogik: Dritte Welt" – unter den Strukturbedingungen einer Universität aufzubauen, die innerhalb einer im Herzen der Industriegesellschaft fest verankerten Stadt, nämlich Frankfurt, angesiedelt ist.

Viele Fragezeichen und Vorbehalte, die im interkulturellen Bereich gegenüber dem Diskurs über die herrschaftsfreie Kommunikation wahrgenommen und geäußert werden, lassen sich nicht rational argumentativ vortragen; sie werden eher in Empfindungen registriert, im Sinne der Aussage „Auch im Gefühl verbirgt sich die Wahrheit". Deshalb wird hier eine aus persönlicher Erfahrung und Empfindung abgeleitete Reflexion statt einer „wissenschaftlichen" Auseinandersetzung vorgenommen. Hierbei soll eher streiflichtartig vorgegangen werden, indem einige wichtige Aspekte dieser subjektiven und strukturellen Schwierigkeiten einer interkulturellen Dialogsituation ins Licht gerückt und exemplarisch näher betrachtet werden.

Unser gegenwärtiger Erfahrungsbereich erstreckt sich auf die Auseinandersetzung und Begegnung mit kulturellen, anthropologischen, religiösen, sozio-ökonomischen, pädagogischen und psycho-sozialen Gegebenheiten und Vorstellungen in Ländern der Dritten Welt innerhalb eines Ausbildungsprogramms und Diskussionsumfeldes, dessen Teilnehmern die Schaffung der Bedingungen einer partnerschaftlichen interkulturellen Kommunikation und Auslösung von interkulturellen Lernprozessen notwendig, wichtig und wertvoll erscheinen. Dabei stellen wir fest, daß, trotz großer Aufgeschlossenheit gegenüber anderen Menschen und deren Kulturen und Bereitschaft zum Lernen, dem hermeneutischen Problem, nämlich einen geeigneten Zugang zur interaktiven Begegnungssituation über eine unvermeidliche Katharsis (in vielerlei Hinsicht) zu finden, relativ wenig Aufmerksamkeit geschenkt wird.

Entsteht im hiesigen Kulturraum der Wunsch und Wille, die soziale und pädagogische bzw. kulturelle und religiöse Realität ferner und fremder Kulturen bzw. Religionen näher kennenzulernen, so wird man zunächst *entweder* mit subjektiv-abwehrenden, museal-objektivierenden und wohlwollend paternalistischen Vorgehensweisen *oder* mit kulturrelativistischen bis hin zu romantisch-idealisierenden Vorstellungen konfrontiert. Dieses ethno-soziale Problem, das in fast allen Kulturräumen in unterschiedlichem Ausmaß zu finden ist, erhält jedoch eine besondere Prägung innerhalb des christlich-abendländischen, durch die kolonial-imperialistische Geschichte gehegten und gezeichneten Ethnozentrismus.

Es darf als historische Tatsache festgehalten werden, daß – unabhängig von den schwerwiegenden Vorbehalten gegenüber der weltweit verbreiteten wissenschaftlich-technischen und auf Massenproduktion angelegten Industrialisierung – die gegenwärtige kapitalistisch determinierte Produktionsweise und die damit zusammenhängende Kulturfiguration, die im Abendland ihren Ursprung haben, als eine der erfolgreichen zivilisatorischen Errungenschaften der Weltgeschichte gilt, was die Produktion und Umsetzung von materiellen Gütern, die Diversifizierung von Produktionsmitteln, die Durchsetzung von Neuerungen, die Akkumulation von Wissen, die Durchdringung und Umgestaltung von allen Lebensbereichen usw. anbetrifft. Dabei vollzieht sich die Beschleunigung im Bereich des sozio-ökonomisch, aber auch militärisch verwertbaren technisch-wissenschaftlichen Wissens in der Form einer Exponentialkurve. Die damit verbundenen logarithmischen Entwicklungswellen beziehen sich zwar auf einzelne durchaus revolutionäre Phänomene – wie beispielsweise die exponentielle Zunahme der Reisegeschwindigkeit,[1] der Verbreitung von Neuerungen,[2] oder der Verbreitung der Kommunikationsmedien[3] –, sie verbreiten aber die Zuversicht und Verheißung eines ungebrochenen Fortschritts, die sich der Phantasie bemächtigt und Zukunftsvisionen hervorruft.

Das, was sich im Bereich der Beherrschung der Natur, der Entwicklung der technischen Werkzeuge, der Fülle der Produktionsmöglichkeiten und des Anwachsens naturwissenschaftlichen Wissens abspielt, wird verstärkt durch Befriedigung der Bedürfnisse an Nahrung, Wohnung, Freizeit, durch den Ausbau der sozialen Leistungen, in der Anerkennung der Grundrechte auf Freiheit und Selbstbestimmung, in der Zunahme an Ich-Bewußtsein und Rationalität, Wertfreiheit usw. Hinzu kommt ein auf dem Boden des Christentums – als Ausdruck der letztendlich gültigen Offenbarung und Wahrheit – gewachsenes Sendungsbewußtsein, das im Zeitalter des Imperialismus sich in der Form des Aufklärungsglaubens, der viktorianischen Zivilisation, des universalen Humanismus und zuletzt des wissenschaftlichen Sozialismus ausbreitete und durch Institutionen wie das Erziehungswesen propagiert wurde.

Aus diesen komplexen ideologisch-realen und materiell-begrifflichen Grundvoraussetzungen und Zielvorstellungen einer erfolgreichen und überlegenen zivilisatorischen Leistung entsteht im Abendland ein strukturales Bedingungsgefüge und ein kollektiv-kulturelles Bewußtsein, mit dem jedes Mitglied dieser Gesellschaft in seiner Apperzeption der weltweiten kulturellen Wirklichkeit konfrontiert wird. Dieser Ethnozentrismus aber, der strukturell durch die zivilisatorische Überlegenheitsideologie und zukunftsbestimmende Fortschrittsverheißung geprägt ist, verleitet in der Regel als unvermeidliche Voraussetzung des Wahrnehmens, Verhaltens und Wirkens gegenüber Menschen und Kulturen der Dritten Welt zu einer – wie ich es nenne – struktural-paternalistischen und museal-objektivierenden Vorgehensweise.

Selbstverständlich gibt es Menschen, die diesen Ethnozentrismus, den Fortschrittsglauben und die eindimensionale Entwicklung angreifen. Bedeuten jedoch die kritische Bewertung der eigenen Kultur und die Wertschätzung einer fremden die Erfüllung der hermeneutisch unabdingbaren Bedingungen für einen interkulturellen Dialog? Mitnichten! Ich möchte dies mit einer Gegenüberstellung erläutern, die Jouhy wie folgt darstellt: „Die euro-amerikanische junge Intellektuellengeneration schaut mit mißbilligender Kritik, ja Verachtung, auf die Bemühungen der Drittweltwissenschaft, sich die wissenschaftlich-technische Kompetenz und Performanz anzueignen und die Werte zu verinnerlichen, die den ‚Fortschritt' zur Industriekultur der nördlichen Halbkugel bewirkt haben. Sie erblicken in den traditionellen Stammeskulturen, in den gesellschaftlichen und individuellen Strukturen der vorindustriellen Psyche die wesentlichen Botschaften zur Überwindung der heimischen Misere. Ganz im Gegenteil versteht die junge intellektuelle Generation der Dritten Welt die euro-amerikanische Natur- und Geisteswissenschaft als ein gewaltiges Kapital, das vom kapitalistischen und ‚real-sozialistischen' System des Imperialismus vergeudet, verfälscht und manipuliert wurde und seine volle, vernünftige Wirksamkeit erst durch seine konsequente Anwendung und Durchsetzung auf dem Boden der autonomen, anti-imperialistischen Kulturen der Dritten Welt erfahren kann..."[4]

Bei beiden Gruppen stellt man zunächst einmal das Bemühen fest, die fremden Vorstellungen selektiv vom eigenen festen Standpunkt ausgehend wahrzunehmen und zu inkorporieren, und nicht die Absicht, sich gegenseitig in der Totalität der strukturellen Bedingungen und psycho-sozialen Bewußtseinszustände zu begegnen, sich aufeinander zu zu bewegen und voneinander in einer kritisch-dialektischen Auseinandersetzung zu lernen. Dabei wird die Frage nach Macht und Herrschaft sowie nach der Wirksamkeit des einzuschlagenden Weges eine Rolle spielen. Auch die kritischen euro-amerikanischen Intellektuellen sind gegen paternalistische Allüren nicht gefeit, denn aufgrund der unbehaglichen Erfahrungen in der eigenen Gesellschaft meinen sie zu wissen, wo es langgehen soll. Und die Fortschrittskräfte in der Dritten Welt erweisen sich als gelehrige Schüler oder sind den Modernisierungsideologien erlegen, die sie meinen bekämpfen zu wollen, indem sie mit dem begrifflichen Instrumentarium eines historisch, faktisch dominierenden Kulturmusters an die eigene, häufig nur oberflächlich gekannte Geschichte herangehen und die Fremdbestimmung zur Interpretation und Gestaltung der eigenen Lebensweise frei von Zweifeln akzeptieren.

Aufgrund der vollzogenen Integration - besser Einordnung innerhalb einer hierarchischen, vom „christlichen Abendland" bestimmten Weltordnung - der Länder der Dritten Welt in das Weltsystem geht man implizit oder explizit an die zu überwindende sozio-kulturelle Realität mit idealtypischen Kontrastkonzepten heran wie etwa „Tradition und Modernität", „traditionale und rationale Handlungsmuster", „rationale und irrationale Wertsysteme", „ideologische und pragmatische Verhaltensformen", „Agrar- und Industriegesellschaft". Nach dieser sozialdarwinistischen Betrachtungsweise wird die Gegenwartsstruktur der Gesellschaft, der der Interpret realiter oder affiliativ angehört, als geistiger und technischer Kulminationspunkt einer unaufhaltsamen geschichtlichen Entwicklung angesehen.

Die Schwierigkeiten im interkulturellen Dialog liegen m.E. in der Tatsache, daß *die grundlegenden Bedingungen* für eine wahrhafte und durch gegenseitige Achtung gekennzeichnete Kommunikation unter gleichwertigen

Menschen unterschiedlicher Kulturen noch nicht gegeben sind und erst jetzt langsam durch den Prozeß interkulturellen Lernens verwirklicht werden müssen.

Eine der wichtigsten *Bedingungen* für die Menschen in der Dritten Welt ist das Bewußtwerden der eigenen kulturellen Wertigkeit und Kreativität, um sich selbst und die eigene soziale Geschichte gemäß der dialektischen Vernunft begreifen zu lernen und auch in Frage zu stellen mit der Absicht, prospektiv aufbauend tätig zu sein.

Eine der *Bedingungen* für die Menschen des Abendlandes ist das Bewußtwerden der geschichtlich entstandenen „ethnozentrischen Ausformung egozentrischer Individuen“[5] und die Behauptung der eigenen Selbständigkeit gegenüber dem Konformitätsdruck auf jeweils entwickelteren Stufen gesellschaftlicher Norm sowie die Verteidigung des Wertigkeitsprinzips konkurrierender und gleichberechtigter Gruppen, Kulturen und Nationen durch das Instrument der dialektischen Vernunft,[6] um für sich selbst und für die kulturell anderen engagiert handeln zu lernen.

Für diejenigen, die die Erfahrung des Nebeneinanderbestehens, Aufeinanderbezogenseins und des teilweise Aufeinanderaufgebautseins verschiedener Kulturen mit ihren vielfältigen Lebensentwürfen, Ausdrucksformen, Vollendungshöhen und -tiefen gemacht haben, stellt die Verwirklichung dieser Bedingungen eine pädagogische und politische Herausforderung, den Weg nämlich interkultureller Erziehung illusionslos und beharrlich mit einer langfristigen Perspektive anzugehen, bis ein friedliches und konviviales Lernen aller bisher erreichten kulturellen Leistungen der gesamten Menschheit möglich wird.

Der Erfolg solcher Bemühungen hängt nicht allein von theoretischen Konzepten eines Programms interkultureller Erziehung ab, sondern entscheidend von den individuellen und kollektiven Erfahrungen, die im Verlauf der Identifikations- und Abgrenzungsbemühungen von Kindheit an gemacht wurden. Gestützt wird er durch die Offenheit, Liberalität und Toleranz, die in der jeweiligen Gesellschaft herrscht.

2. Das Spannungsfeld zwischen kultureller Verwurzelung und Universalität als Matrix interkulturellen Lernprozesses

Der Verlauf individueller Geschichte mit ihrem (inter)kulturellen Bezugsfeld ist von entscheidender Bedeutung, um zu wissen, ob und wie ein interkultureller Lernprozeß und eine gegenseitig bereichernde Kommunikation stattfinden. Hier sollen anhand eigener persönlicher Erfahrungen einige Einblicke in diesen Prozeß gegeben werden, der im Spannungsfeld zwischen einer spezifischen kulturellen Verwurzelung und einer strukturell durch eine untypische koloniale Situation (in Goa) vorgegebenen Aufforderung zur

Universalität angesiedelt ist. Soweit ich mich erinnern kann, wurde die Konkretheit und Partikularität der kulturellen Verwurzelung im indischen Subkontinent (wobei nicht gesagt werden soll, daß darin nicht universalisierbare Kategorien enthalten sind) als ein selbstverständlicher Bestandteil einer universalen Ausrichtung erlebt, die durch die Präsenz einer europäischen (romanischen) Kultur vermittelt wurde. Es mag an der jahrhundertelangen Geschichte der europäischen Penetration in Goa (seit 1498) oder auch an der nicht versiegenden Ausstrahlung der hinduistischen Kultur liegen, daß der am Anfang der Kolonisation propagierte Gedanke einer überlegenen Zivilisation bei der Mehrheit der Bevölkerung kaum Anklang fand. Zu einem Zeitpunkt, in dem der indische Nationalismus stark wurde und Europa sich in einer dunklen und grausamen kriegerischen Auseinandersetzung befand, vollzog sich unsere Sozialisation im Rahmen von zwei Kulturen, ohne daß der Gedanke einer Über- oder Unterordnung der einen oder der anderen aufkam.

Dadurch, daß man Jahrhunderte hindurch in das Christentum hineingeboren wurde und kulturelle Fremdheit auch im Namen trug („Christianisierung" war ohne portugiesische Namengebung unvorstellbar), war man nicht im Hauptstrom der Tradition des Hinduismus integriert; dennoch war die Zugehörigkeit zum indischen Kulturkreis niemals unterbrochen. Dieser war präsent in der gesamten Umgebung, in den strukturellen Gegebenheiten, in Handlungen, im Bewußtsein und in den Menschen, mit denen man tagtäglich interagierte. Diese identitätsbildende, tiefgründige, subtile und dem Außenstehenden kaum zugängliche (trotz der oberflächlichen Eindrücke schnellreisender Touristen, Journalisten und Chronisten, die meinen, in Goa eine nicht-indische Zugehörigkeit finden zu können) Gegebenheit kann hier nicht vollständig aufgezeigt werden; es werden einige Elemente angeführt, die schlaglichtartig die Problematik illustrieren helfen.

Da ist zunächst einmal der feste Boden des geographischen Raums (die rote Erde, der Fluß mit salzigem Wasser, die Reisfelder, die Vegetation usw.), in dem Geschichte, Legenden und Mythen ihren Platz haben, die Vielfalt der nahe- und fernstehenden Menschen mit ihren lebendigen Gesichtern, bunten Kleidern und mannigfaltigen Angewohnheiten, ohne Unterschied, ob man Christ oder Hindu ist, und die wirtschaftlich-administrative Organisation, die weit zurückreicht, die die Grundzüge der sogenannten „asiatischen Produktionsweise" trägt und die Kolonialzeit überdauert hat. Diese konkrete Verwurzelung, die das Gefühl von Heimat vermittelt, trägt man über Jahre in der Gewißheit mit sich, daß sie dem Denken und Handeln in universalen Bezügen nicht nur nicht abträglich ist, sondern ihm eine besondere Prägung gibt. Sie vermittelt ja die Solidität und Bodenständigkeit, um Zeitgenossen anderer Herkunft mit der Dimension der Menschlichkeit betrachten zu können. Gerade das Nicht-eingebunden-sein in eine einheitlich-einseitige Tradition erlaubt, eine Begegnungsplattform zu schaffen, auf der sich eine gemeinschaftsstiftende interkulturelle Kommunikation und gemeinsames Lernen vollziehen können.

Die Einführung in das Gefüge der Kulturgemeinschaft erfolgte wie selbstverständlich zweisprachig, in Konkani (eine aus dem Sanskrit abgeleitete Sprache) und Portugiesisch (eine ebenfalls aus dem Lateinischen hervorgegangene Sprache), und zwar aus der Einsicht, daß beide den Lernprozeß bereichern und zwei Welten erschließen, was eine einzige Sprache nicht ermöglichen kann. Der Zugang zu zivilisatorischen Werten und kreativen Potentialitäten sollte nicht von der Teilhabe an der Sprache der Herrschenden abhängig gemacht werden; die Weisheit des Volkes und die Kraft seines künstlerischen und folklorischen Schaffens, das in vielfältiger Weise im Gesang, in den Festen und im Theater zum Ausdruck kam, blieben somit geistig und emotionell lebendig.

Zu diesem, für die koloniale Situation atypischen Ergebnis trug auch die Katholische Kirche insofern bei, als in den barocken Kirchen mit ihrer typischen Architektur, mit den reichlich verzierten Altären und mit den unzähligen Statuen die autochtonen Künstler schöpferisch tätig werden konnten, um ihre kulturelle Partikularität mit der Universalität der Religion in Einklang zu bringen. Aber auch der Vollzug kirchlichen Lebens (wir beschränken uns hier ausschließlich auf die kulturellen Aspekte)[7] hat diese Verbindung dadurch gefördert, daß außer in Latein nur in Konkani (und nicht in Portugiesisch) gesungen und gepredigt wurde. Diese Kirche war nicht lusophon eingestellt, sondern fest im Volk verwurzelt und darauf bedacht, den Zugang zur lateinisch-romanischen kulturellen Welt zu vermitteln, die umfassender war als der portugiesische Kulturkreis.

Es war auch die private kirchliche Schule in Rachol, in der man – im Gegensatz zu den kolonial ausgerichteten portugiesischen und englischen Schulen – sowohl die europäischen (Latein, Portugiesisch, Französisch und Englisch) wie auch die indischen Sprachen (Konkani und Marathi) lernen konnte. Die gelassene Einstellung gegenüber dem Portugiesischen zeigte sich auch darin, daß man sich in den fünfziger Jahren, dem Beispiel Brasiliens folgend, kaum um die Einführung von Standard-Portugiesisch wie im „Mutterland“ bemühte. Welche positive sozialisierende Wirkung im Sinne einer interkulturellen Erziehung all dies hatte, ist mir persönlich erst 1983 in Moçambique aufgegangen, wo ich Gelegenheit hatte, mitzuwirken a) im Alphabetisierungsprogramm, das wie selbstverständlich nur in Portugiesisch lief; b) in der Entwicklung des Sprachcurriculums, das nach portugiesischen Sprachnormen sein sollte – „gemeinsames Werkzeug für Arbeit, Denken und Kommunikation“; und c) in der Untersuchung über Staat und Kirche, für die Christianisierung gleich Zivilisierung und Lusitanisierung war.[8]

Diese Aufzählung von Brüchen und Brücken, die sowohl eine Abstandgewinnung gegenüber engen Ethnozentrismen und imperial-zivilisatorischen Ansprüchen wie auch Grenzüberschreitungen von Partikulärem zu Universalem ermöglichten, könnte fortgeführt werden. Sie soll jedoch hier abgebrochen werden, da die dargestellten frühen Erfahrungen deutlich machen, wie ein Spannungsfeld zwischen kultureller Verwurzelung und Universalität des Blickfeldes, in dem die Problematik der Höher- und Minderwertigkeit sowie der Über- und Unterordnung keinen Platz haben, zur Matrix fruchtbarer interkultureller Lernprozesse werden kann. Dieser führt zu einer kritisch-konstruktiven Auseinandersetzung sowohl hinsichtlich der identitätsbildenden Sozialgeschichte wie auch hinsichtlich dem Konformitätsdruck der weltweit verbreiteten Industriekultur.

Dieser Erkenntnis- und Erfahrungsweg ist für mich aus der Sicht der Dritten Welt sehr wichtig, da in der gegenwärtigen weltgeschichtlichen Epoche über andere Kulturen und Religionen und deren Vorstellungen über bestimmte Themen nicht mit einer unbekümmerten Spontaneität geredet werden kann, die bei Dialogpartnern vorhanden sein sollte, die sich gegenseitig als gleichgestellt ansehen und als gleichwertig schätzen. Denn angesichts des geistigen Klimas, das im Gefolge der weltweiten Ausbreitung der kulturell einseitig geprägten Weltanschauungen, der technisch-industriellen Zivilisation und der Allgegenwart der damit verbundenen Denk- und Verhaltensmuster entstanden ist, ist es unabdingbar geworden, die Voraussetzungen eines interkulturellen Gesprächs zwischen gleichwertigen Partnern schonungslos offenzulegen, nämlich: die historisch-anthropologischen Voraussetzungen (Wie sieht man die Menschen aus anderen Kulturen?), die kultur-philosophischen (Welcher Stellenwert wird deren Lebensentwürfen im Zivilisationsprozeß beigemessen?), die gesellschaftspolitischen (Welche Zielvorstellungen hat man bezüglich der Entwicklung ihrer Gesellschaften?) und die religions- bzw. heilsgeschichtlichen (In welchem Bezug stehen diese Religionen zur Offenbarung und zum christlich-kirchlichen Herrschaftsverband?).

3. Bedingungen eines interkulturellen Dialogs

Aus diesen Überlegungen heraus leite ich nachstehend die thesenhaft formulierten Vorbedingungen bzw. Imperativa für einen sinnvollen und gemeinschaftstiftenden interkulturellen Dialog ab:

1. Interkulturelles Gespräch hat seine hermeneutische Aufgabe aus der existentiellen Beziehung des Verstehen-, Sich-begegnen- und zum Dialog-kommen-wollens, und zwar vom Standpunkt des Gegenüber aus. Diese Bereitschaft, verbunden mit der Offenheit zur Infragestellung ethnozentrischer Vorurteile, muß als persönlich-soziales Anliegen dem anderen auf mannigfache – und nicht nur sprachlich diskursive – Art und Weise kundgetan werden.
2. Dabei ist es über die hermeneutische Sprache hinaus wichtig, den eigenen Standort als Mitglied einer bestimmten Kulturkonfiguration, als Zuhörer und Gesprächspartner zu hinterfragen und einige der Prämissen offenzulegen, die für eine herrschaftsfreie und gegenseitig bereichernde Kommunikation unerläßlich sind.[9]
3. In jedem Treffen zweier geschichtlich (sozial und individuell) unterschiedlich aufgewachsener Menschen ist es ungemein wichtig, *wie* man sich begegnet: mit Hochachtung, freundlich/feindlich, bedrohend/berei-

chernd usw.? Eine Welt ohne Abgrenzungen, Differenzierungen, Schichtung, Hierarchienbildung, herrschaftliches Gefüge usw. gibt es nicht: Missionierung (so wie sie geschichtlich verlaufen ist), Kolonisierung der Länder der Dritten Welt (die nur unter Gewaltanwendung und Einschüchterung bzw. Täuschung möglich wurde), Entwicklungshilfe (so wie sie mehrheitlich trotz der apostrophierten Zusammenarbeit praktiziert wird), die Durchsetzung der Rechte der Landarbeiter und des Anspruchs der Armen sind keine Dialog- und Begegnungssituationen gewesen. Sozialer Friede und Konsensus haben sich - oder auch nicht - im nachhinein herausgebildet.

4. Die vorschnelle Suche nach Harmonisierung in Gesellschaften, die auf Aufklärungsprinzipien, instrumentelle Rationalität und Komplementarität zwischen Subjekt und Objekt aufgebaut sind, unter Ausklammerung bzw. Umgehung von konfliktuellen Auseinandersetzungen ist häufig Ausdruck von Gleichgültigkeit, von Strategie der Begegnungsvermeidung, von Paternalismus, herablassender Obrigkeits- und Überlegenheitsmentalität.
5. Die dialektisch-radikale Infragestellung des anderen in seinem geschichtlichen Dasein und die Akzeptanz des ebenso Infragegestelltwerdens erfordern menschliche und gesellschaftliche Reife und Empathie, eine gesellschaftspolitische Ordnungskonzeption zur Gewährung gleicher Rechte allen Menschen und Gruppen und eine weltanschauliche Offenhaltung der „Wahrheit" betr. des letztgültigen Sinnzusammenhangs der in ihrer Totalität apperzepierten Wirklichkeit.
6. Diese für viele unerträgliche Offenheit - jeder klammert sich an *seine* Wahrheit - wird mehrheitlich entweder nicht erreicht oder durch manche Hindernisse und Bedrohungen gefährdet, so daß das permanente Lernen eine nicht endende Aufgabe des interkulturellen Dialogs bleibt, die vielfältig - und nicht nur spekulativ-abstrakt (vielleicht am allerwenigsten) - zu lösen ist.
7. Eine solche dialogische Einstellung beinhaltet
   erstens eine Umkehrung, eine Läuterung oder Katharsis - auch im erkenntnistheoretischen Sinn -, die durch die innere Bereitschaft zur Überprüfung des eigenen Weges der Erkenntnis uns davor bewahrt, ungeeignete Denkoperationen und Schemata - häufig als universal gültige Kategorien angesehen - „fremden" Strukturen und Vorgängen aufzustülpen;
   zweitens die Wahrnehmung des Gegenübers als eigenständiges Subjekt, das die Fähigkeit besitzt, durch seine Handlung einen expliziten oder impliziten Anspruch auf Wahrheit zu stellen, über dessen Sinn es sich lohnt, interkulturell zu einer Verständigung und zu einem herrschaftsfreien Konsens zu kommen, so daß eine Situation des sich gegenseitigen Erziehens und des gemeinsamen Handelns entstehen kann;
   drittens die innere Beharrlichkeit, um während des Entstehungsprozesses dieser Kommunikations- und Handlungsgemeinschaft, die radikale Infra-

gestellung der eigenen Wahrheit, Wissens- und Glaubensüberzeugung ertragen und durchstehen zu können.

8. Dieser Vorgang ist wissenschaftlich-theoretisch nur begrenzt erlernbar, kann aber durch dialektische Vernunft vorbereitet werden. Er ist letztlich auf Vertrauen gegründet, daß man nämlich durch einen gemeinsamen persönlichen und gesellschaftlichen Einsatz eine intersubjektive und interkulturelle Kommunikations- und Handlungsgemeinschaft aufbauen kann.

Anmerkungen

1) Zwischen 1829 und 1910, nach Erfindung der Lokomotive, wurde für die Ausweitung der Verkehrsverbindungen mehr getan als in den 1000 Jahren davor; nach 1910 hatte man schon die 20fache Geschwindigkeit der Lokomotive erreicht bis hin zur Ultraschallgeschwindigkeit in den sechzig Jahren danach.

2) Eine technische Neuerung wie die Töpferei, die um 1600 v. Chr. in Ägypten entdeckt wurde, brauchte 400 Jahre, um sich 200 Kilometer auszudehnen; Penicillin und Insulin hingegen brauchten nur 1 Jahr, um sich über die ganze Welt zu verbreiten.

3) Vom Telegraphen zu Satelliten-Verbindungen und Laser-Strahlen.

4) Ernest Jouhy, „Ethnozentrismus und Weltgesellschaft". In: E. Jouhy, Bleiche Herrschaft - Dunkle Kulturen, Frankfurt 1985, S. 51; ders. auch im Jahrbuch 1983 „Pädagogik: Dritte Welt", S. 159-196.

5) E. Jouhy, a.a.O., S. 74.

6) Vgl, E. Jouhy, ebd.: „Dialektische Vernunft begreift Natur und Kultur im Geschichtsprozeß und im Individuum als antagonistische Pole einer übergeordneten dynamischen Einheit. Sie sucht die Wechselwirkung zwischen diesen Polen kausal zu erfassen... In diesem Sinne versteht sich dialektische Vernunft als Instrumentarium einer schöpferischen Tätigkeit an einem immer unvollendbaren Werk der Bildung von Gesellschaft und Individuum", S. 81.

7) Über die Kirche Goas und Kirche allgemein habe ich mich andernorts geäußert: s. u.a. „Die Kirche Goas am Scheideweg", in: Stimmen der Zeit 173 (1963/64), 132-140; „L'Eglise de Goa en quête d'une personalité", in: Inf. Cath. Intern. 179 (1962), 24 ff.; Vielfalt der Kirche..., Freiburg 1968; „Soziale Bedingtheiten religiöser Erscheinungen am Beispiel der katholischen Kirche", in: D. Papenfuß/J. Söring (Hrsg.), Transzendenz und Immanenz, Stuttgart 1977, 319-345.

8) S. hierzu Patrick V. Dias, „Das neue Erziehungssystem in Moçambique", in: Dritte Welt Jahrbuch 1983, 115-134; ders., Kirche und Staat in Moçambique, Freiburg/Frankfurt 1984.

9) Einige Aspekte dieser Problematik wurden erörtert in: Patrick V. Dias: „Die Bedingungen eines pädagogischen Diskurses im interkulturellen Vergleich", Einleitender Essay in: A. Kotenkar, Grundlagen der hinduistischen Erziehung im Alten Indien, Frankfurt 1982, S. XI-XXXIV.

Al Imfeld

Was dem Menschen fremd ist
Ein falsch eingeordneter Begriff wird heimgebracht

In der Entwicklungsarbeit erfahren wir zusehends, daß Entwickeln dem Gleichmachen nahekommt, daß aber trotz aller Angleichung oder Gleichmacherei die Entfremdung zunimmt. Irgend etwas kann daher mit unserer Vorstellung von der Fremdheit nicht stimmen. Je näher uns die ganze Welt gekommen und je bekannter sie uns geworden ist, umso mehr nimmt eine scheinbare Angst vor dem Fremden und auch der Überfremdung zu. „Nichts ist dem Menschen mehr fremd", heißt es in der modernen Kommunikations- und Konsumgesellschaft. Dennoch scheint die Be-Lastung des Fremden zum Dauerproblem zu werden.

Ich versuche im folgenden, diesen Begriff „fremd" ein wenig auszuleuchten und in Umkreisungen zum Kern vorzustoßen. Ich werde das in Form von Thesen tun und die alte Tradition von Betrachtungspunkte aufnehmen. Ich lege sozusagen die Finger auf die Tasten und gebe verschiedene Themen an, die jeder und jede innerlich und meditativ weiterspielen können.

Wir sind auf dieser Erde als Fremdlinge daheim

Durch die gesamte mittelalterliche Betrachtungs- und Predigtliteratur geht ein Thema: daß der Mensch auf dieser Welt ein Fremdling ist. Er ist zwar daheim, aber nur vorübergehend. Sein Daheim ist die gesamte erlöste Welt. Als Fremdling pilgert er über diese Erde hin, stets begleitet von der „communio sanctorum", der „Gemeinschaft der Heiligen". Die Kirche als Haus Gottes ist ein Vorort seines permanenten Daheimseins. Das Vor-Erlebnis, daß jeder Fremde auch Pilger und Suchender ist, macht ihm den Fremden zum Nächsten.

Wir haben es hier mit einer Spiritualität zu tun, die fähig war, den Begriff des Fremden zu ver-klären. Zu dieser Zeit entsprach wohl unserem heutigen Begriff vom Fremden der des Ungläubigen und Abgefallenen. Die Christen des Mittelalters erfreuen sich der Fremden: Diese bringen Kunde und Abwechslung; jene stellen sich aber emotional gegen Juden, Mohammedaner und Ketzer. Das zeigt uns, daß nicht Fremdheit an sich Angst erzeugt. Die Fremdheit ist manipulierbar, bestimmbar und daher machbar.

Der Mensch braucht die Fremde, um erwachsen zu werden

Es war lange Zeit geradezu eine Art Mannbarkeitsritual: Wer erwachsen und weise sein wollte, der mußte sein Brot eine Zeitlang in der Fremde gegessen haben. Oder, nach einer Handwerkslehre zogen die Burschen in die Fremde, auf die Walz – was einer säkularisierten Form der Wallfahrt und Pilgerschaft gleichkam.

Und heute? Nirgends ist das Brot mehr fremd; standardisiert haben wir heute weltweit Brot und Wein, respektive McDonalds und CocaCola. Im feinsten Touristenhotel kannst du heute Bratwurst und Rösti essen, Guiness oder Cardinal trinken und – so sogar die Werbung – in einem Bett von Möbel Pfister schlafen. Und seitdem das alles möglich ist, reden Politiker von fremden Menschen als Verursachern der Überfremdung.

Der Mensch sucht in der Fremde das Fremde

Aus Reisebeschreibungen geht eines klar hervor: alles, was der Tourist aus seiner Welt kennt, ist in der Fremde/Ferne keines Blickes wert. Stellen Sie sich vor, der Reisende aus Zürich würde Rio de Janeiro so wie Zürich beschreiben und umgekehrt? Dennoch müsste er es ehrlicherweise tun, denn Geschäftshäuser, Banken, Autos, Reklame, Smog sind in jeder Stadt – ob fern oder nah – die gleichen. Aber, um seine Reise zu rechtfertigen, sucht dieser Reisende entweder das Exotischer oder das Marginale.

Die Suche nach dem anderen ist heute vorbei, denn das Material ist überall dasselbe: Wir haben die Welt gleich gemacht. Die neue Zivilisation ist unsere Zivilisation – mit der einen Ausnahme vielleicht: Zuhause ist sie uns selbstveständlich, in der Fremde wird sie zur Karrikatur oder zum Schrecken.

Es sieht so aus, daß die Vernichtung des ganz Anderen zwei Reaktionen erzeugt hat: einerseits eine Nostalgie und andererseits eine Wut oder einen inneren Haß – das Museum und den Fremdenhaß. Was wir heute in der Dritten Welt sehen, ist unser Gesicht, unsere Kopie und Fratze.

Fremd muß nicht wirklich oder die Wirklichkeit sein

Ich glaube, daß es das Fremde nicht an sich gibt, sondern nur die Enttäuschung darüber, daß die Welt nicht mehr nach meinem Bild gemacht ist.

Unsere Vorstellungen, Einbildungen, Phantasien oder Klischees stimmen nicht einmal mehr mit dem Anfang der Wirklichkeit überein; sie wurden nicht aufgearbeitet und hinken weit, nicht nur hinter dem rationalen Urteil, sondern auch dem echten Gefühl nach. Fremd ist, was nicht meinem Bild entspricht; fremd wird, was meinen Wahn enttäuscht.

Fremd ist die Dissonanz zwischen Ich und Welt

„Fremd" ist ein Relationsbegriff und hat mit Beziehungen zu tun. Ein Mensch „fremdet", bedeutet im Dialekt, daß er Schwierigkeiten hat mit Mitmenschlichen Beziehungen und sich daher beschämt zurückzieht.

Wer bloß noch sein Ich kennen will und sucht, nur Ich meint und nur von Ich redet, nur noch Ich sein eigen nennt, dessen Ich wird zur Wucherpflanze, die die ganze Welt erobert. Ein maßloses Wachsen des Ich hat erst diese Kategorie von Fremdheit erzeugt, die wir heute mit dem Begriff wohl meinen.

Alles, was sich mit diesem Ich nicht deckt, ist draußen und in keinem Bezug mehr zum Anderen. Nicht-integriert heißt bezugslos - eine Ich-Insel.

Fremd hat daher sehr viel mit falschen Verhältnissen zu Gott, Mann, Frau, Familie, Nachbarn, Gemeinde, Kanton, Staat, Abendland, Westen und Welt zu tun. „Fremd" ist ein Signalwort für gestörte Bezüge zu Mit-Mensch und Natur.

Heimisch ist jemand dort, wo ein Bezugsnetz Orientierung und Erinnerung zu geben vermag

Einsam ist der, der keine Bezüge kennt und nirgends integriert ist. Ich bin dort zuhause oder daheim, wo ich Mit-Menschen kenne, ihre Sprache verstehe und spreche, Erinnerungen und Assoziationen habe und wo ich intuitiv weiß, welches mein Platz ist und wie ich mich in meiner Rolle zu verhalten habe. Wer sich isoliert oder durch äußere Faktoren (Bauweise, Besitztum, Recht) isoliert wird, wird nicht nur einsam, sondern selbst in seinem eigenen Zuhause ein Fremder. Es geht in die Richtung, die Karl Valentin so angibt: „Fremd ist der Fremde nur in der Fremde". Fremd ist etwas, das nicht andere einem antun, sondern das man sich grundsätzlich selbst ein-bildet - und vielleicht dann auf andere projiziert.

Das zerstückelte und unzusammenhängende Ewig-Neue ent-fremdet uns

Selbst in der Kunst ist es so: Eine neue Musik oder eine neue Malerei ist am Anfang fremd. Durch ein Wieder-hören, Wieder-sehen, Wieder-kommen und Wieder-finden familiarisieren wir uns selbst mit dem, was anfänglich als ent-artet erscheint. Wir gewöhnen uns an etwas; es wird uns bekannt.

Sobald alles ohne Bezug nacheinander abläuft und nebeneinander steht, oder Neues Neues ablöst - wie in den heutigen Medien -, verlieren wir das Bezugsmaß. Es ist wichtig, daß Ereignisse und Menschen in ein Ganzes eingeordnet werden können und Teil eines Ganzen sind oder werden. Was wir heute einen geschichtslosen Menschen nennen, ist auch ein entfremdeter Mensch. Selbst Erinnerungen (das „damals" oder „in ille tempore") sind wichtige Bezugspunkte. Wir aber sind zu Pointillisten geworden, haben keine Assoziationen mehr. Und da viel zu viel und immer wieder anderes, scheinbar Neues auf uns einprellt, ist jeder verwirrt. Wir sehen vor lauter Bäumen den Wald nicht mehr und nennen ihn fremd: Wir kennen bloß noch Bäume, aber nicht mehr den Wald; oder lauter Bantustans statt Südafrika; Schwarze und Weiße separat statt Menschen. Vielleicht ist es das, was wir heute als „fremd" bezeichnen. Wir alle sind bloß vereinzelte Blätter und sehen den Baum, zu dem die Blätter wesentlich gehören, nicht mehr; selbst von einer gemeinsamen Wurzel wissen wir nichts mehr. Das ist der Unterschied zwischen dem Nachrichten-Menschen und dem geschichtsbewußten Menschen. Fremdheit hat mit Geschichts- und Ganzheitsverlust zu tun.

Mit der Zunahme an Besitz und Nationalstaatlichkeit wuchs das Fremde

Die westliche Geschichte zeigt, daß mit zunehmendem Besitzdenken und der Vermehrung der Nationalstaaten Fremdheit als Empfinden stark gewachsen ist. Plötzlich wurde das Daheimsein mit Besitztum assoziiert. Alle außerhalb des eigenen Besitz Gehege waren das Fremde, wenn sie nicht über Besitz zu Nachbarn wurden.

Genauso verhält es sich mit dem Zunehmen unabhängiger Nationalstaaten. Die Pilgerschaft nahm ab. Jeder Nachbar wurde zu einem potentiellen Angreifer und Feind. Aus dem Pilger wurde ein Front-Soldat.

Je reicher ein Land ist, desto mehr wird über Fremde geredet und gerichtet, desto zynischer werden Fremde umsorgt. Braucht man dieses Auf-Fremde-Herabsehen-Können als Erfolgsbestätigung? Ist der Fremde letztlich eine Kategorie der kapitalistischen Gesellschaft? Könnte der Fremde über mehr Internationalismus wieder verschwinden?

Selbst der Gegner ist nicht fremd, denn wir wissen alles über ihn

Warum soll uns der Gegner fremd sein, haben wir über ihn doch selbst das Letzte ausspioniert und überwachen wir ihn dauernd per Satellit?

„Fremd" wird emotional hergerichtet, gepflegt und aufgebauscht. „Fremd" ist eine Waffe in der psychologischen Kriegsführung geworden. Der Gegner wird systematisch verketzert und entfremdet: Jemand, den man sich vom Leibe halten möchte, wird zum Fremden erklärt, und damit beansprucht man das Recht, sich von ihm zu entfremden, ihn zu degradieren oder herabzusetzen. Der heutige Begriff „fremd“ hat mit *Herabsetzung* und dadurch mit Gruppierungen wir Rasse, Klasse, Kaste und Klan zu tun. Daher wiederum die Bezugsqualitäten: Aufstieg und Abstieg, drinnen oder draußen, wir gegen sie. Fremd wird daher der/die/das, der/die/das mir oder uns nicht paßt. All das ist zwar einem nicht fremd, aber bewußt setzen sich Menschen voneinander ab: eine Kriegführung. Aber ob das heute noch als Klassenkampf bezeichnet werden kann, da die meisten gar nicht mehr wissen, was eine Klasse ist und zu welcher sie gehören würden oder wollen? Sehr oft kommt einem Analytiker das alles als chaotischer In-Group-Kampf vor. Die moderne Dauerberieselung der Medien hat alle vereinzelt und isoliert, so daß die Kategorie Klasse ein Relikt aus der Zeit der Bürgerlichkeit ist, als es diese noch klar gab. In unserer Konsumgesellschaft existieren neue Fronten: Eigenes (das heißt Besitz) gegen Fremdes.

„Fremd“ ist zur Chiffre eines permanenten Besitz- und Machtkampfes geworden

Es scheint immer klarer zu werden, daß „fremd“ eine politische Manipulationskategorie ist, eine Form psycho-sozialer Kriegführung. Das Fremde wird politisch gemacht auf Kosten der vielen Kleinen, die mehr vom Kuchen möchten, mit Hilfe von Presse und öffentlicher Meinung, mit Hilfe von Religion und Ideologie, Parteien und Verbänden. Das kann genausogut der Gewerkschaftsbund wie der Immobilienverband sein. Die Fronten sind fließend, denn wer auch nur weniges erreicht hat, der hat etwas gegen andere zu verteidigen. Rechts und links haben ihre Stereotypen und beide verstehen mit Entfremdung zu operieren und umzugehen.

Politische Fremdheit quält jeden und macht sogar glauben, Politik beschäftige sich zuviel mit Fremden

Wenn Menschen als Bürger im heutigen Staat trotz aller demokratischen Salbaderei keinen Einblick in Besitztum und keine wirtschaftliche Beteiligung erhalten, wenn selbst die Milizarmee alles unter Geheimhaltung stellt oder sogar Wissenschaftler zu Verbündeten der Lobbyisten werden, kann es keine Transparenz und daher auch keine reale Demokratie mehr geben. Selbst die Presse kommt nicht mehr hinter die Hintergründe. Jedes Herumfragen kann unter Geheimnisverrat fallen. So wird uns langsam alles entfremdet und fremd. Politik ist selbst in unserem – sich mit Superlativen demokratisch nennenden – Land zum Spiel einiger weniger geworden.

Diese wenigen bleiben im Hintergrund, wo sie froh über die neue Kategorie des Fremden und der Überfremdung zu sein scheinen. Sie steuern den

Kampf bewußt auf dieses Schlachtfeld hin. Dem Kleinen und Ohnmächtigen wird permanent suggeriert, er sei unten und machtlos, weil es da andere gebe, eben Fremde, die das alles verhinderten. Die ewigen Verlierer werden wie Sisyphus oder Don Quijote zur Verfolgung einer Chimäre eingesetzt.

Dem Macht- und Besitzlosen wird zur Kenntnis gebracht, daß die gnädigen Herren vorerst - solange es soviele Asylbewerber, Sozialfälle oder Fremde gebe - keine Zeit für die Nächsten hätten. Wiederum stehen wir vor der Tatsache, daß es gar nicht um Fremdheit und Fremde geht, sondern daß diese Worte die Realität eines Machtkampfes verschleiern. Die Masche des Fremden ist der des Antikommunismus ähnlich, wenn nicht gleich.

„Fremd“ ist ein Symbol im Identifikationsbereich und ein Gradmesser faschistischer Tendenzen in Staat und Kirche

Stoßen wir endlich in den sozio-kulturellen Bereich vor, so entdecken wir auch hier ganz klar, daß „fremd“ gemacht wird, wer nicht am patriotischen Ritual teilnimmt, das stets eine Tendenz auf eindeutigen Faschismus hin hat. Da gibt es die Schützenvereine, Turnvereine, Theatervereine, die Blechmusik, das nationale Ballett, den Offiziers- und Unteroffiziersverein, und sogar die Feuerwehr und die Samariter können geschlossene Institutionen werden. Zu all diesen Wir-Gruppen gehören Fahnen, Farben, Symbole, Rituale und eine gewisse Kunst (Musik und Denkmäler). Sehr stark hängt dieses „Vereinswesen“ mit der Pflege des Nationalstaates zusammen. Und so gab es denn auch in der Schweiz in den letzten 100 Jahren erhebliche Spannungen, da sich vor allem die Katholiken nicht über diese Vereine ausglätten ließen. Es war ein Kampf im Übergang vom religiös auserwählten Volk zum stolzen Nationalstaat.

Fremd ist, wer sich nicht angleicht. Fremd wird, wer nicht dasselbe wie all die anderen anzieht. Aber diese Fremde wird postuliert - meist nicht einmal von einer Mehrheit. Wiederum stellen wir fest, die Fremdheit ist ein Ausschließungsprozeß unliebsamer Elemente. Wiederum muß betont werden, daß Fremdes nicht sozio-kulturell an sich ist, sondern gemacht wird: politisch, klassen- oder schichten-kämpferisch. Es gehört zu Kriegführung und Machtkampf.

Fremd ist das Resultat falscher Reinheits- und Einheitsvorstellungen

Die großen Fremd-Macher sind die Religionen, Parteien, Schulen, Vereine, das Militär und die Wissenschaft. Mit ihnen verbündet ist das gesamte Medienwesen, das sich zwar als Abbild bezeichnet, jedoch den Reinen und Integrierten viel leichter Zutritt gewährt und damit ein Missionarspodest ermöglicht.

Die Religionen helfen immer wieder mit, ein total irreales Konzept einer *heilen* Welt, einer *einen* und auch *reinen* Welt zu erzeugen. Ja keine Mischehen, kein Einlassen mit Fremden - sie könnten ja Irr-Gläubige sein und den reinen Glauben verderben. Alles sollte Rom unterstellt oder in der Partei der Einheit sein. Etwas ganz besonderes zu sein, rein, auserwählt, nicht gleich wie andere, besser: das schafft Fremde.

Fremd werden viele, wenn das Denken monokausal ist

Alles soll und darf bloß *einen* Grund haben, obwohl es doch nichts unter Menschen und im sozialen Feld gibt, das nur einen einzigen Grund hat. Die Religion ist zwar immer mehr und umfassender, als sie Priester und Theologen vermitteln oder deuten. So gibt es vier Evangelien, die Jesus und seine Lehre darzustellen versuchen; oder es gibt einen drei-einen Gott, um Ihn ja nie ganz zu erfassen und zu begreifen. Genauso fatal ist es, wenn Goethe dahin mißdeutet wird, daß es nur eine Seele in der Brust geben dürfe; es läßt sich mit zwei, drei und mehr Seelen in der Brust leben, wenn man dahin erzogen, eingeübt und gefördert wird.

Mit zunehmender Ruhe und Ordnung wächst die Zahl der Fremden

Die Dienerin der Religion und Politik ist die Juristerei. Die heutige Rechtswissenschaft hat auf monotheistischen, monokausalen und monokulturellen Böden eine Welt von Ruhe und Ordnung produziert, in der es den Pilger und Nomaden, den Anarchisten und Oppositionellen nicht mehr geben soll. Alles muß „eingebürgert" werden. Wer nicht mitmacht, ist fremd und entfremdet zusehends. Bloß noch die Burger und Bürger haben volles Anrecht auf Heim-Privilegien. Der Großteil paßt nicht ins Schema und wird an den Rand gedrängt - wird fremd. Es braucht für alles Ausweise und Papiere, Pässe und Identitätskarten. Alles wird abgegrenzt und eingeteilt, und an jeder Grenze ist der Ausweislose kein Mensch mehr - bloß noch ein Fremder. Diese perfide Ent-Fremdung wird mit dem Recht gerechtfertigt und legitimiert. Recht war stets da, um die Verbrechen der Reinen, Echten, Einen und Rechten zu legitimieren. Alle, die draußen sind, sind fremd, und die Zahl der Fremden wächst mit Hilfe des Rechts.

Auf all diesen Rechtspapieren ist der Mensch zuerst einmal eine Nummer und dann ein Bild in einem Speicher. Jede Nummer macht jemanden namenlos, ohne Stammbaum und Wurzel. Schon deshalb müssen Papiere Aggressivität fördern. Das Recht der Besitzenden ist eine der tiefsten Ursachen zunehmender Kriminalität.

Bestimmt braucht der Mensch Maß und Moral, auch Worte, um diese Normen auszudrücken. Der gängige Begriff der Fremdheit aber mißt die Distanz und addiert alle Fäden eines zerrissenen Netzes, statt das Netz - wie das einer

Spinne mit einem klaren Zentrum – als Ganzes zu sehen. Genausowenig wie „fremd“ ist „Überfremdung“ meßbar oder quantifizierbar. Die Definition durch das Recht muß schon deshalb Falschmünzerei sein, und Parteien, die sich auf dieses berufen, kleben sich an gnadenlosen Formalitäten fest, statt Mit-Menschen auf den Grund zu gehen.

Wachsende Fremdenfeindlichkeit ist ein Produkt totalitärer, absolutistischer und in jedem Falle undemokratischer Bestrebungen und Bewegungen

Wo es bloß noch gut und bös, entweder – oder, drinnen und draußen gibt; wo alles ein-deutig sein muß, monokausal erklärbar und reduzierbar, da ist die Gefahr, alles „andere“ als „fremd“ klar absetzen, latent vorhanden. Da werden Rassismus und Apartheid gefördert; da halten die Paß-Gesetze Einzug.

Überfremdung ist ein kolonialer Begriff

Vor diesem Hintergrund muß nun genauso radikal der Begriff der *Überfremdung* auseinandergenommen werden:

Überfremdung ist ein sehr vager Begriff. Kultursoziologisch gibt er die größten Rätsel auf, denn er entstammt nicht der Realität, sondern der Einbildung, nicht der Ratio, sondern der Emotion. Selbst wenn der Begriff noch geortet werden könnte, so kaum das „Über“ in Bezug auf Fremdheit. Warum?

Jede Kultur ist eine Palette (man kann es auch ein Püree nennen) von eingebürgerten, eingekauften und nachgeahmten Dingen und Werten. Das Wesen einer Kultur ist ihre Mischung. So werden denn selbst sogenannte typische Produkte ihren Ursprung nach zu Importen: der Mais in der Bantukultur, der Espresso, der Tee, das meiste bei unserem Essen, oder unser Auto, selbst die Musik und die Sprache ... Unser geistiges Leben ist ein amorphes Durcheinander. Dennoch will plötzlich eine bestimmte Schicht das Eindeutige, fordert sie die unerbittliche Konsequenz. Hans Magnus Enzensbeger sagt: „Je mürber die eigene Identität, desto dringender das Verlangen nach Eindeutigkeit.“

Was auffällt und einem zu denken gibt: Die Warner vor der Überfremdung reden kaum von fremden Waren, fremdem Geld und fremden Konsumgütern; nur der femde *Mensch* paßt ihnen nicht. Überall in der Produktewerbung werden Abwechslung und Vielfalt postuliert; sie gehören wesentlich zum freien Wettbewerb; bloß bei den Menschen muß alles gleich und angeglichen sein: nur weiß, nur rein, nur völkisch, nur Ruhe und Ordnung. Wenn diese Pseudo-Kämpfer ehrlich wären, müßten sie bei der materiellen Kultur ansetzen von den McDonalds und den Blue Jeans bis zum TV und zum Jazz, vom Kaugummi bis ... Ja, bis wohin? Denn alles ist entstanden und wurde von Menschen übernommen, verbreitet, integriert, erneut verändert, akkulturiert und inkulturiert.

Interessant scheint die Beobachtung zu sein, daß ein Produkt, das einen klaren Besitzer hat, patentiert ist und gehandelt wird, nicht in die Kategorie der Überfremdung, sondern des freien Wettbewerbs fällt. Da der Mensch anscheinend nicht in dieses Dogma des freien Wettbewerbs und Freihandels fällt, ist er ein Störenfried. Und wieder kommen wir zum Kern dieser eigenartigen Sache mit Fremdheit und Überfremdung.

Warum sollen ganze TV-Serien und Oscar-Filme, Welteroberer wie multinationale Firmen, AKW's und Giftmischer nicht gefährlicher als etwa arme Schlucker aus der Dritten Welt sein?

Wir sollten nicht mit gefälschten Begriffen und Falsch-Werten - wie dem der Überfremdung - verschleiernd uns umnebeln. Es wäre ehrlicher, die Sache beim Namen zu nennen. Es geht nämlich gar nicht um Ängste und Furcht im primären Bereich, sondern um Interessen von bestimmten privilegierten Gruppen. Genauso wie beim Lobbying geht es auch im Bereich der Überfremdungs-Stürmer zu: Sie sagen das eine, und meinen etwas anderes. Unsere Privilegierten wollen Menschen aus der Dritten Welt oder ärmeren Gegenden nicht; sie wollen nicht teilen, keinen Anteil geben, keine Partner, keine neue Weltwirtschaftsordnung, genausowenig wie eine neue Informationsordnung. Sie wollen weiterhin Raub und Betrug und Übervorteilung zu ihren Gunsten. Deshalb wird das Almosen gefördert. Haben wir es erlebt, daß reiche Menschen uns überfremden könnten? Ein reicher Fußballer oder Tennisspieler, ein Bankier oder Immobilienhengst können sich stets einbürgern, ohne daß aus der Gemeinde Widerspruch wegen Überfremdung kommt.

Das sind die Realitäten. Sie müssen uns zu denken geben. Es braucht gar keine Kulturphilosophie zu „fremd" und „Überfremdung" - bloß eine neue Deutung (aus unserer Zeit heraus) des Klassen- und Machtkampfes. Daß dem so ist, zeigt etwa die Einbürgerung kritischer Menschen wie Schriftsteller und Künstler, die Fragen stellen, Opposition wahrnehmen und echte Demokraten sind: Da hat das Establishment Be-Denken, das heißt sein „Denken" besteht aus Abwehrgefühlen. Wer denkt und kritisch ist, ist ein Nestbeschmutzer und daher ein Fremder - und fremd soll er bleiben!

Es sei jedoch sofort gewarnt: Dieser Krankheit erliegt jeder, der etwas besitzt oder äußerlich erreicht hat. Deshalb trifft sich so leicht der Arbeiter mit dem Bankier, daher gehen Kolonialismus und Rassismus so leicht ineinander über: ersterer mehr beim Reichen, letzterer als Gefahr beim Kleinen und Armen. Daher verbreiten sich unter der Schweizerischen Arbeiterschaft so rasch und grausam der Rassismus und der sogenannte Fremdenhaß, und deshalb spielt die Klammer der Gewerkschaft genauso schlecht wie die Klammer des Christentums.

Wie in der Ökologie müßte künftig auch in diesem Bereich gedacht und gehandelt werden: Nicht auf Distanzen kommt es an, sondern aufs Einbeziehen in die Mitwelt. Der „Fremde“ ist genauso ein diskriminierender Begriff wie in der Ökologie der „Schädling“, das „Ungeziefer“ oder das „Unkraut“. Nur durch Vernetzung und Einbezug können diese Fehl-Kategorien aus der Überwelt der Privilegierten und Eroberer eliminiert werden. Hier kommt die Grenze westlichen Denkens und Handelns besonders deutlich an den Tag. Es muß uns zur Sorge werden, wieder mehrdimensional, das heißt in Verbindungen, oder Vernetzungen zu denken, dialektisch übers Kreuz, quer und widersprüchlich. Nur so fangen wir Realität ein. So gestalten wir wieder eine lebbare Gesellschaft. Nicht durch Ausschließen, sondern durch Einschließen; endlich auf Menschen bezogen und nicht auf Besitz und Konsumgüter; nicht auf Handel, sondern auf die Kunst der Lebensgestaltung.

Wissen allein genügt nicht; wichtiger ist das Teilen und Anteil geben und nehmen. Schicksalsgemeinschaften in einem Öko-Sozialsystem zu bilden, ist die Aufgabe der Gegenwart, um Zukunft im humanistischen Sinn zu schaffen. Frei-Sinn und Frei-Handel bewirken so etwas nicht mehr; noch weniger der Rechtsstaat mit Ruhe und Ordnung. Niemand findet Identität beim Rückwärtsgehen in Welten hinein, die es nie wieder rein noch vertraut gab. Jede neue Identität kommt nur in der Konfrontation zustande, und eigen wird nur das, was einer als eigen erkämpft und sich integriert. Identität hängt mit Identifikation zusammen, sie bedeutet letztlich ein Ja- oder Nein-Sagen zu sozialen Wirklichkeiten. Genauso wie der Mann die Frau und die Frau den Mann sucht, muß der Mensch das Andere suchen, damit er zum Menschen wird.

Überfremdung ist ein kolonialer Begriff: nach einer Unabhängigkeitserklärung rächt sich der Kolonialist durch die Erklärung der Fremdheit. Vor Überfremdung fürchtet sich bloß der Besitzende; wer nichts besitzt, ist überall zuhause. Das muß zu denken geben.

(mit freundlicher Genehmigung des Autors,
aus: Neue Wege, Zürich, Nr. 7/8, Juli/August 1986, 80. Jhg.)

Teil II

Die Realität interkulturellen Lernens

Gert Flaig

Interkulturelles Lernen: Islam und Christentum im europäischen Mittelalter

Der vorliegende Artikel entstand im Zusammenhang mit einer geplanten Ausstellung des Bildungswerks: Interkulturelle Kommunikation. Eines der Anliegen der Ausstellung war, die Notwendigkeit von interkultureller Kommunikation zu verdeutlichen und Beispiele anzugeben, wo und wie in unserer Geschichte interkulturelles Lernen stattfand.

Wichtig erschien uns, Epochen in unserer Geschichte zu benennen, in denen eine intensive Auseinandersetzung mit einer fremden Kultur die eigene Kultur bereicherte und damit Kräfte freisetzte, die zur gesellschaftlichen Entwicklung beitrugen, womit gerade soziale und kulturelle Stagnation verhindert und Wege aufgezeigt wurden, die Fanatismus, Intoleranz und Überheblichkeit zu überwinden halfen. Besonders begründet erscheint uns diese Herangehensweise angesichts unserer jüngsten Geschichte, in der während der zwölfjährigen Barbarei im „tausendjährigen Reich“ den arischen Herren „morgen die ganze Welt“ gehören sollte. Wer immer anderen kulturellen Ursprungs war oder es wagte, anders zu denken, wurde verfolgt und vernichtet. Fehlender Wille zur Verständigung und eingebildete Überlegenheit unserer westlichen Kultur verhindern auch heute vielerorts eine angemessene und tolerante Auseinandersetzung mit fremden Kulturen und den Lebensvorstellungen anderer Menschen.

In diesem Beitrag soll es vor allem darum gehen, Möglichkeiten interkulturellen Lernens am Beispiel einer historischen Epoche aufzuzeigen. Als ein Ansatzpunkt hierzu bot sich eine genauere Beschäftigung mit dem Mittelalter an, eine Zeit, in der eine blühende islamische Kultur über verschiedenste Kontaktsysteme auf die anfangs starke Feudalgesellschaft Europas stieß und gerade auf wissenschaftlichem und kulturellem Gebiet entscheidend dazu beitrug, Stagnation und alte Glaubenssätze zu überwinden und so den Boden für die Entwicklung der modernen Gesellschaft zu bereiten. Ein ganz besonderer Reiz – den wir erst langsam während des Literaturstudiums und der Materialsuche zu dieser Zeit verspürten – ist es, die Rede vom „finsteren Mittelalter“ ins Wanken zu bringen, aus dem die Menschheit auf einmal ans Licht trat und die Strahlen europäischen Wissenschaftler- und Forschergeistes genießen konnte.

Es gilt darüberhinaus zu zeigen, daß die Araber nicht, wie in den meisten Geschichtsbüchern dargestellt, einfach als Mittler und Überbringer der klassisch griechisch-hellenistischen oder indischen Kultur auftraten, sondern daß sie interkulturelles Lernen gleichsam schon geprobt hatten, indem sie eine tolerante und unvoreingenommene Zivilisation hervorgebracht hatten, die Geschichtliches und Gegenwärtiges aufnehmen, integrieren und weiterentwickeln konnte. Zweitens soll klar werden, daß immer dort, wo besonders intensive Kontakte zwischen islamischer und christlicher Welt bestanden und wo man sich gegenseitig akzeptierte, die Lernmöglichkeiten besonders groß waren und dadurch vor allem europäisch-christliche Kultur um vieles bereichert wurde, was heute wie selbstverständlich zu den abendländischen Errungenschaften gezählt wird. Zu den intensiven Kontakten rechnen in diesem Zusammenhang auch die während 200 Jahren ausgetragenen Kreuzzüge, anhand derer die Möglichkeiten interkulturellen Lernens in Kriegen und die tatsächlichen „Erfolge“ erörtert werden können.

Diese Punkte können verdeutlichen, daß die Überlegungen zu „interkulturellem Lernen“ nicht beliebige Vorstellungen oder eine von vielen Methoden des Lernens darstellen, sondern daß interkulturelles Lernen gerade Bestandteil und Voraussetzung für sich entwickelnde, tolerante Gesellschaften bedeutet, die den Willen zu gegenseitiger Verständigung haben.

Für das Mittelalter galt, daß interkulturelles Lernen am ehesten dort stattfand, wo verschiedene Kulturen auf relativ begrenztem Raum zusammentrafen, wie z.B. in Spanien oder Sizilien, oder wo einzelne Gruppen sich begegneten und Erfahrungen austauschen konnten, wie dies bei Händlern, Pilgern oder Wissenschaftlern der Fall war. Diese Voraussetzungen waren sicherlich nur für einen kleinen Teil der mittelalterlichen Gesellschaft vorhanden. Trotzdem führte das Lernen von anderen zu gewaltigen Veränderungen in nahezu allen Bereichen.

Es ist auffallend, wie gering über viele Jahrhunderte hinweg – trotz kriegerischer Auseinandersetzungen – die Berührungsängste bestimmter Gruppen aus der christlichen und islamischen Kultur waren. Einige Vertreter, vor allem des Abendlandes, hatten offensichtlich genügend Selbstbewußtsein, schätzten den Wert ihrer eigenen Herkunft hoch genug ein, um von den Errungenschaften der Fremden recht vorbehaltlos zu profitieren. Lernen von der anderen Kultur bedeutete nicht Preisgabe von Eigenem, sondern Bereicherung, Ergänzung. Selbst dort, wo auf offizieller Seite versucht wurde, sich gegenseitig abzuschotten, gab es selbstverständliche Kontakte, zumindest auf der Handelsebene. Diese offiziellen Versuche, die andere Kultur nicht wahrzunehmen oder gar vernichten zu wollen, wurden vor allem von religiösen Vertretern unternommen, die grundsätzlich einen Ausschließlichkeitsanspruch hatten, wenn dieser auch bei den islamischen Herrschern erst später voll zur Geltung kam und insofern lange Zeit einem toleranten Umgang mit anderen Kulturen kaum im Wege stand. Eine gewisse Ausnahmesituation stellen hier nur die Kreuzzüge dar, wo die Möglichkeiten kollektiven Lernens, wie noch zu zeigen sein wird, besonderen Charakteristika unterlagen.

Europa vor dem Zeitalter des Glaubens

Die europäische Kultur war vor dem Vordringen des Islam vor allem durch die römische Kultur geprägt, hatte jedoch auch umfangreiche Kontakte zu afrikanischen und asiatischen Ländern. Dies gilt hauptsächlich für die Merowingerzeit, in der durch einen unentbehrlichen Handelsverkehr und die ökonomische und soziale Bedeutung der Städte mit den Handelswaren aus dem Osten und aus Nordafrika auch die dort gebräuchlichen Techniken und die herrschende Gedankenwelt nach Mitteleuropa einströmen konnten. Die zu dieser Zeit schon mächtigen italienischen Kaufleute stützten sich auf jahrhundertealte Handelstraditionen der germanischen Völker, die eine für ihre Zwecke hervorragende Infrastruktur hervorgebracht hatten.

Schon längst waren Bergbauprodukte und Schmiedewaren ausgetauscht worden, Technik und Philosophie wurden durch Händler und über Jahrhunderte andauernde Völkerwanderungen weitergegeben. Eine interessante Theorie besagt, daß ursprünglich die Nordvölker und die Griechen die gleiche Zeitrechnung und im Grunde gleiche religiöse Formen hatten, da selbst in ältester Zeit direkte Kontakte zwischen Nord- und Südvölkern bestanden hätten. Cicero berichtet, er wisse aus „sicherer Quelle", daß Pythagoras die Lehre von der Unsterblichkeit der Seele von den Kelten übernommen habe (vgl. Patzelt, 1978, S. 123-124). Ob solche Ähnlichkeiten oder Übereinstimmungen nun wirklich durch Kulturkontakte zustandegekommen sind oder auf grundsätzlich vergleichbare Entwicklungsbedingungen verschiedener Völker zurückzuführen sind, soll in diesem Zusammenhang nicht weiter diskutiert werden. Sicher ist aber, daß die im 5. bis 4. Jahrhundert vor unserer Zeit entstandene Kunst eine eurasiatische war und daß die Völker, die sich im europäischen Raum niederließen, kulturelle Errungenschaften mitbrachten, die hier weiterentwickelt wurden und die Grundlage bildeten für eigene kulturelle, wirtschaftliche und soziale Leistungen.

Zu fragen bliebe allerdings, inwieweit diese Kulturkontakte, die sich gemächlich über Jahrhunderte hinweg herausbildeten, bewußt als interkultureller Austausch aufgenommen wurden. Zumindest wurde noch unter der Vorherrschaft der römischen Kultur der Gegensatz zwischen Afrika, Asien und Europa als nicht sehr stark empfunden. Dieser „Weltreichcharakter", in dem das Mittelmeer als „römischer Binnensee" (Th. Mommsen) fungierte, ging verloren, als sich die islamisch-arabische Kultur auf der einen und die christianisierte normannische und fränkische Kultur auf der anderen Seite gegenüberstanden. Insofern ist den Thesen jener Historiker recht zu geben (z.B. H. Pirenne), die im 9. Jahrhundert einen kulturellen Bruch mit der vorangegangenen Epoche konstatieren.

Das auf einer feudalen Struktur basierende Frankenreich mit der ökonomisch-sozialen Basis auf dem Land hatte keinerlei Interesse an der Entwicklung der Städte und der damit zusammenhängenden Fernhandelsstruktur. Die über Jahrhunderte gewachsene Stadtkultur zerfiel und mit ihr die ausgefeilte Arbeitsorganisation und Infrastruktur. Die sich nun selbst genügende Naturalwirtschaft, sowohl im westlichen als auch im östlichen Europa, brachte die Handelsströme und somit die kulturellen Außenkontakte weitgehend zum Erliegen.

In dieser Situation hatte die europäische Kultur der islamischen im Grunde nichts zu bieten, was für diese von Interesse gewesen wäre. Die Kontakte der arabischen Welt richteten sich verstärkt nach Ostasien. Dort waren infolge eines ausgedehnten Marktes technische Erfindungen und Neuerungen gemacht worden, die einen Austausch mit der arabischen Welt sinnvoll erscheinen ließen. Die Araber erst brachten die Erkenntnisse und Entdeckungen voll zur Geltung, indem sie sie mit übernommenem Wissen der Griechen kombinierten und weiterentwickelten.

Der ehemals als homogen empfundene Kulturkreis der vorrömischen und römischen Zeit war auseinandergebrochen, und völlig verschiedene Wege waren eingeschlagen worden, was sich ideologisch auch in der Festlegung verschiedener Glaubensregeln ausdrückte. Dort, wo diese unterschiedlichen Kulturen aufeinandertrafen, wurden nun bewußt Unterschiede wahrgenommen, die mit eigenen Erfahrungen konfrontiert und thematisiert werden konnten. Man war gezwungen, sich mit dem Fremden – ablehnend oder wohlwollend – auseinanderzusetzen, und stellte fest, daß die eigene Kultur nicht die einzig existierende war.

Trotz der weitgehenden Suspendierung des Handels und des damit verbundenen Beschneidens von Kulturkontakten wurde schon im 7. und 8. Jahrhundert in Europa der punktuelle Austausch zwischen den Kulturen „organisiert“. So begünstigte die Gründung irischer Klöster auf dem Kontinent das gegenseitige Lernen. Treffen von Gelehrten aus Orient und Okzident fanden auch in den Herrscherhäusern trotz sonst fehlender Kontakte durchaus statt. In der langobardischen Hauptstadt am Hofe Luitprands hielten sich regelmäßig Dichter und Wissenschaftler unterschiedlichster Regionen und Kulturkreise auf, und derselbe Karl Martell, der die Araber in der Schlacht von Tours und Poitier von weiterem Vordringen abhielt, schickte seinen Sohn Pipin nach Pavia zum „Studium“.

Auch andere Möglichkeiten interkultureller Beziehungen entwickelten sich schon sehr bald wieder in dem Maße, wie sich der christlich-europäische als auch der islamische Herrschaftsbereich versuchten auszudehnen und sich die Religionen konsolidierten. Regelmäßige Kontakte ergaben sich durch die Wiederbelebung und Ausweitung des Handels und durch die Pilgerfahrten. Eine ganz besondere Art der Begegnung der beiden Kulturen waren die Kreuzzüge. Die rege Übersetzertätigkeit der Araber und ihre wissenschaftlichen Leistungen erregten das Interesse des Abendlandes, die Errungenschaften der islamischen Welt kennenzulernen. In Europa hatten sowohl die Geschäftswelt als auch Wissenschaftler und Künstler damit begonnen, einengende Grenzen des Feudalismus zu überwinden und erste Fundamente für die Renaissance zu legen. Diese Gruppen waren es vor allem, die ein ganz persönliches Interesse daran hatten, mit der islamischen Kultur in engen Kontakt zu treten, da sie von solchen Kontakten nur profitieren konnten. Am fruchtbarsten waren die Begegnungen dort, wo sie regelmäßig stattfinden konnten, fast zum alltäglichen Leben der Menschen gehörten. Über Jahrhunderte hinweg war dies in Spanien der Fall. In Sizilien während der Normannenherrschaft kam noch hinzu, daß regelmäßige Kontakte von seiten des Königshauses bewußt gesucht und auf allen nur erdenklichen Ebenen gepflegt wurden. Es verwundert nicht, daß vor allem in diesen beiden Ländern die Übersetzungen arabischer Bücher ins Lateinische und in andere europäische Sprachen angefertigt wurden, die bis weit in die Renaissance hinein die wichtigsten Grundlagen des Wissens in Europa blieben.

Kulturkontakte durch Händler und Pilger

Die Ausweitung des fränkischen Reiches im 7. Jahrhundert nach Süden brachte eine Belebung des Handels mit orientalischen Waren mit sich. Zu dieser Zeit hatte das Omaijadenkalifat (661-750) seinen Hauptsitz in Damaskus, so daß der Orientierung nach Europa lange Wegstrecken nicht hinderlich waren. Europäer importierten Purpurstoffe, Gewänder, Goldbrokate, Edelsteine, Gewürze und Heilkräuter für die Geistlichkeit und die weltlichen Herrscherhäuser.

Selbst nachdem die Abbassiden im Jahr 762 ihren Sitz von Damaskus nach Bagdad verlegt hatten und damit eine stärkere Ostorientierung einleiteten, wurden die Bedürfnisse Europas nach orientalischen Waren weiter befriedigt. Die Bischöfe und Päpste beschafften sich für horrende Summen Stoffe aus Syrien, wo die Seidenfabrikation zu Hause war, sowie aus Ägypten und Arabien. Die christliche Kirche wurde zum Großkonsument für Waren aus dem islamischen Herrschaftsbereich trotz der ideologischen Unterschiede. Bis zum 9. Jahrhundert konnten Teppiche und wertvolle Stoffe in Europa nicht hergestellt werden, und auch danach waren europäische Produkte nur für den profanen Gebrauch geeignet. Die Kirchen wurden aber schon ein Jahrhundert früher mit orientalischen Teppichen ausgelegt und geschmückt. So kamen mit den Stoffen und Teppichen, den Bronze- und Messingkannen gleichzeitig morgenländische Vorstellungen über Ästhetik ins Abendland, die durch die Vielzahl der Kirchenbesucher bald einer breiten Masse vertraut waren. Die zunächst fremdartigen Motive und Ornamente wurden damit in die Vorstellungen der mittelalterlichen Christen über Kunst und Schönheit integriert.

Anfangs waren die Träger des Handels vor allem Syrer und Juden, die über die großen Verkehrsadern Konstantinopel-Mailand-Marseille oder Köln-Mainz-Basel-Oberitalien durch ihre Tätigkeit zu Mittlern zwischen den Kulturen wurden. Später, schon im 9. Jahrhundert, trafen sie sich vermehrt in Rom mit Sachsen, Franken und Friesen, die hier eine ständige Handelsniederlassung unterhielten oder konnten den christlichen Pilgern behilflich sein, die sich über den Großen St. Bernhard nach Italien und von dort nach Jerusalem quälten, wo sie auf ihre muselmanischen Pendants stießen.

In Jerusalem konnten christliche, jüdische und moslemische Händler und Pilger ungehindert ihren Glauben ausüben. In vielen Gebieten, die von den Arabern erobert worden waren, wurden christliche und mohammedanische Messen in denselben Gotteshäusern abgehalten. In Damaskus war die westliche

Hälfte der Kirche den Christen, die östliche den Mohammedanern zugeteilt worden.

Auch in anderen Lebensbereichen spielte sich das Leben miteinander zwangslos ab, so daß z.B. in den verschiedenen, gleichberechtigt nebeneinander bestehenden Nationen unter dem Abbassidenkalifat (750-1258), Angehörige verschiedener Kulturen eine entscheidende wirtschaftliche Rolle spielen konnten. Eine tolerante und recht weltliche Einstellung der Araber prägte das Zusammenleben mit anderen; so war aus pragmatisch-wirtschaftlichen Gründen selbst der religiöse Bekehrungswillen kaum ausgeprägt: Nicht-Muslime waren verpflichtet Steuern zu bezahlen, Muselmanen waren lange von dieser Last befreit.

Selbst Pilgerreisen wurden mit Kaufmannstätigkeit und wissenschaftlicher Betätigung verbunden, wozu persönliche Kontakte, Gespräche und Verhandlungen notwendig waren, die das gegenseitige Sich-Verstehen förderten. In dieser Situation war es für die Christen nur von Nutzen und sinnvoll, die andere Kultur zu akzeptieren und die Errungenschaften und Kenntnisse nicht nur anzuerkennen, sondern selbst den Dialog zu führen und Kontakte aufrechtzuerhalten. Für die Araber galt dies, schon durch ihre eigene Geschichte bedingt, ohnehin als Selbstverständlichkeit: Sie hatten die persische und byzantinische Verwaltung studiert, Elemente der Baukunst in ihre eigenen Konstruktionen integriert und waren dabei, das Wissen von Griechen, Persern und Indern für sich fruchtbar werden zu lassen.

Voraussetzung für diese beispiellose Auseinandersetzung mit der Geschichte und Kultur anderer Völker war die Toleranz und der Respekt vor anderen. Durch persönliche Kontakte und die Unterstützung von Juden, Christen, Indern und neu Konvertierten, gelang es in gemeinsamer Anstrengung, islamische Wissenschaft, Medizin und Kunst zur Blüte zu bringen. Die „Ungläubigen" brachten Wissen und Erfahrung aus anderen Kulturen mit, hatten genügend Sprachkenntnisse, waren unvoreingenommen gegenüber Neuem, und vor allem waren sie in der Lage, ohne Behinderung neue Kenntnisse zu vermitteln und zu verbreiten. Die arabisch-islamische Kultur hatte es nämlich wie keine andere Kultur vor ihr geschafft, ein politisch-gesellschaftliches Umfeld zur Verfügung zu stellen, das auf interkulturelles Lernen stimulierend wirkte. Christen, vor allem aber Juden waren bereit, am Dialog teilzunehmen, schon deswegen, weil den Intellektuellen, den Geschäftsleuten und Händlern von seiten der islamischen herrschenden Klasse genügend Unterstützung zuteil wurde und sie mit hohem gesellschaftlichem Ansehen rechnen konnten. So waren die besten der jüdischen Ärzte gleichzeitig auch Beamte von Sultanen und Wesiren oder bereisten in diplomatischem Auftrag andere Länder. Die Abbassiden stellten alle nur möglichen materiellen Voraussetzungen für ihre indischen, jüdischen und christlichen Heilkundigen zur Verfügung, damit diese ihrem Beruf nachgehen und Forschung betreiben konnten.

Was also den Aufstieg und die hohe Stufe der islamischen Kultur ermöglichte, war von Beginn an der interkulturelle Austausch, der bewußt vollzogene Antritt des Erbes vergangener Kulturen und gleichzeitig die Förderung und

Anerkennung der Leistungen jener, die anderen Kulturen entstammten. Dies Beispiel konnte nicht ohne Ausstrahlungskraft bleiben, so daß selbst Byzanz trotz herrschender Feindseligkeiten mit dem Islam neben den Handelskontakten auch den wissenschaftlichen Austausch nicht abbrechen ließ und auf diese Weise vom arabischen Nachbarn lernte, obwohl natürlich nach der Restauration der byzantinischen Macht mit Erfolg versucht wurde, die weitere Ausbreitung des Islam in Europa zu verhindern.

Nachdem die Abbassiden ihre Residenz von Damaskus nach Bagdad verlegt hatten und so ihre Interessen stärker nach Osten orientiert waren, endeckten sie in Afghanistan die reichsten Silberminen der islamischen Welt, was wiederum weitreichende Folgen für fast ganz Europa hatte: Europäische Händler dehnten ihre Tätigkeit aus und brachten neben den Reichtümern, die als Geburtshelfer des Kapitalismus dienen sollten, auch neue Erkenntnisse über die Kulturen im Osten mit. Ein direktes Ergebnis des Silberüberflusses war aber zunächst die Handels- und Münzreform im Frankenreich und in Skandinavien. Arabische, byzantinische und fränkische Münztypen dieser Zeit weisen deswegen verblüffende Ähnlichkeiten auf.

Die Handelsaktivitäten erstreckten sich bald über ganz Europa hinweg und nicht nur die venezianischen Kaufleute begründeten damit ihre Jahrhunderte andauerende Macht, sondern auch die Donaustädte und mit ihnen die Handelshäuser der Fugger und Welser, die die Luxusgüter für die europäischen Herrscherhäuser von Italien über die Alpenpässe schleppen ließen oder aus dem Osten über die Donau verschifften. Mit den morgenländischen Waren übernahmen die Europäer auch die bis heute noch gebräuchlichen Bezeichnungen dafür: Damast (der Stoff aus Damaskus), Satin, Atlas, Musselin, Taft, Baldachin (die schweren Seidenstoffe aus Bagdad), Barchent (Hunke, 1977, S. 347).

Am Rande: Um die Verbindung vom Orient zum Okzident noch zu verbessern, hatte schon der mit den Muselmanen in Hader liegende Karl der Große die grandiose Idee, durch eine Kanalverbindung von Altmühl und Rednitz Rhein und Donau zu verbinden (vgl. Patzelt, 1978, S. 238). Seine Vorstellungen gehen heute in Erfüllung, zählen jedoch eher zu den Großtaten grandiosen Unsinns.

Durch den Mittelmeerhandel brachten die Kaufleute Kenntnisse arabischer Schiffstypen, neues Wissen über die Navigation und Lehren über das Führen von Flotten mit nach Europa. Auf diesen Grundlagen aufbauend sollte es später den spanischen und portugiesischen Seeleuten gelingen, ihre Entdeckungsreisen zu meistern. Selbst Vasco da Gama benutzte noch arabische Seekarten und verließ sich auf das Wissen arabischer Lotsen. Durch die Araber lernte die christliche Seefahrt auch das Astrolabium kennen, ein astronomisches Meßinstrument, das zu einem solch begehrten Exportartikel wurde, daß ihn die Hersteller sogar mit lateinischer Schrift versahen. Dem Bereich der Seefahrt verdanken wir unsere arabischen Lehnwörter Dingi, Karavelle, Admiral, Besan-Segel oder Havarie. Durch die Zusammenarbeit von Seefahrern und Schiffsbauern aus dem Süden und Norden gelang es, wendige und hochseetüchtige Schiffstypen zu bauen, die bis ins 17. Jahrhundert vorbildlich blieben.

Wie im Seehandel profitierten auch im Handel über Land die Kaufleute von den technischen und verwaltungstechnischen Errungenschaften der Araber, die für eigene Zwecke sinnvoll genutzt werden konnten. Es wurden nach arabischem Vorbild Lager- und Gasthäuser errichtet, die zuerst an den Grenzen und in den norditalienischen Handelsstädten, später auch in den Städten der Hanse zu Treffpunkten der Reisenden wurden, wo Geschäfte abgeschlossen wurden, wo man sich über das *Arsenal,* den *Tarif* und das *Risiko* stritt oder sich den Luxus eines Bades leisten konnte, was seit der Verbreitung des Christentums in Europa zu den unsittlichen Bräuchen gehörte und erst unter arabischem Einfluß durch die Händler und Kreuzfahrer über das normannische Sizilien kommend in unserem Kulturkreis wieder eingeführt wurde.

Angesichts der christlichen Unsitten in Verbindung mit Schmutz vergaßen islamische Reisende, die europäische Siedlungen oder Länder besuchten, offensichtlich ihre sprichwörtliche Toleranz. So berichtet ein spanischer Muslim über Akkon, die Hauptstadt der Kreuzritter, im Jahre 1184: „Die Stadt Akkon, möge Gott sie zerstören und dem Islam zurückgeben. Dies ist die wichtigste Stadt der Franken in Syrien ... Der Sammelpunkt von Schiffen und Karawanen, der Treffpunkt von moslemischen und christlichen Kaufleuten aus allen Richtungen. Auf ihren Straßen und Wegen drängen die Menschen sich so dicht, daß man kaum vorwärtskommt. Aber es ist ein Land des Unglaubens und der Gottlosigkeit, wimmelnd von Schweinen und Kreuzen, voll von Schmutz und Kot, ganz und gar erfüllt von Unreinheit und Exkrementen...“ Sein Auge wird jedoch getröstet durch den Anblick der Braut bei einer christlichen Hochzeit: „Sie schritt von Anmut und Würde dahin, wiegte ihre Juwelen und andere Schmuckstücke, schwebte wie eine Taube oder eine vorbeiziehende Wolke - und Gott möge mich vor den bösen Gedanken bewahren, die ein solcher Anblick hervorrief.“ (Lewis, 1983)

Diese kleine Stellungnahme des Reisenden ist aber auch schon ein Beispiel für die aufkommende Intoleranz und den religiösen Fanatismus des Islam. Sie fiel in eine Zeit, in der die arabisch-islamische Kultur mehr und mehr resistent gegenüber äußeren Einflüssen geworden war. Die religiösen Führer, die zugleich auch die politischen Führer waren, befürchteten, daß mit einer Weiterentwicklung der islamischen Ideen oder Aufweichung einiger Dogmen ihre eigene Machtstellung in Frage gestellt würde. Bald bestanden nur noch wenige Inseln des gegenseitigen Verstehens und Voneinander-Lernens wie z.B. in Sizilien, wo ein aufgeschlossener König den von den Arabern eingeschlagenen Weg konsequent weiterführte. Mit der Abschottung des Islam nach außen ging eine Entwicklung einher, die religiöse Maßstäbe immer mehr in den Vordergrund rückte, weltlich-technologische Entwicklung ablehnte und auch die geistig-ideologische Auseinandersetzung nicht mehr führte. Neuübersetzungen wurden kaum noch angefertigt und einsetzende Entwicklungen im Abendland selten wahrgenommen, obwohl gerade dort die Anregungen aus der islamischen Welt langsam verarbeitet und weiterentwickelt wurden.

Dies mußte sich im Laufe der weiteren Entwicklung auch auf das alltägliche Leben und auf ganz praktische Dinge auswirken. So wurde z.B. im 16. Jahrhundert die Aufstellung von Uhren verboten, um die Autorität des Muezzins nicht zu untergraben. Später mußten dann Uhren importiert werden, obwohl im islamischen Kulturbereich schon seit langem komplizierte und genaue Geräte zur Zeitmessung vorhanden gewesen waren. Im 14. Jahrhundert hatte man in Europa mit der Uhrenproduktion begonnen und konnte diese auch bald exportieren. Man führte sie einige Zeit danach auch in die islamischen Staaten aus, wo das Können und Erkenntnisinteresse weit hinter dem der muslimischen Vorfahren zurückgeblieben war, so daß Voltaire 1771 an Friedrich II. über die Türken schreiben konnte: „Nun importieren sie schon seit sechzig Jahren Uhren aus Genf, und sie sind immer noch nicht fähig, eine herzustellen oder sie auch nur einzustellen." (zit. n. Lewis, 1983, S. 242-243)

Vielleicht wußte Voltaire nicht einmal, daß er in einem Land lebte, das viele seiner Errungenschaften nur durch Lernen aus derselben islamischen Kultur zustandegebracht hatte, die auch den Türken als Vorbild galt.

Möglichkeiten interkulturellen Lernens während der Kreuzzüge

Anders als für Händler und Pilger, die ihren Geschäften und Wallfahrten nur nachgehen konnten, indem sie mit wenig Vorbehalten auf die Menschen der ihnen fremden Kulturen zugingen, war für die Kreuzritter das Motiv gerade die Intoleranz und der Ausschließlichkeitsanspruch der christlichen Kultur.

Die Frage nach Chancen kollektiven Lernens während der Kreuzzüge bleibt aber gerade deswegen interessant: Wurden Vorurteile über die andere Kultur revidiert, wurde Unbekanntes genauer analysiert, wurde für eigene Zwecke Nützliches übernommen, wurden neue Verhaltensmuster eingeübt oder wurden vorhandene Feindbilder und Überlegenheitsgefühle, die Lernen verhindern, eher zementiert und verstärkt?

Mit anderen Möglichkeiten interkultureller Kontakte im Mittelalter hatten die Kreuzzüge zumindest eine Gemeinsamkeit. Sie waren im Gegensatz zu kleineren kriegerischen Scharmützeln oder kurz andauernden Schlachten mit lange anhaltenden Aufenthalten in völlig fremden Ländern verbunden und stellten ein besonderes, über zwei Jahrhunderte dauerndes Kontaktsystem zwischen islamischer und christlicher Kultur dar.

Welche Folgen, die auf interkulturelles Lernen zurückzuführen wären, hatten die Begegnungen von Kreuzrittern und Muslimen, wenn man von den weitreichenden politischen Konsequenzen für das feudale System in Europa absieht, die auf die Niederlage der europäischen Christen im Orient zurückzuführen sind?

In seiner Dissertation über „Kulturkontakte und soziales Lernen im Mittelalter" (vgl. Literaturliste), wirft Volker Rittner die Frage auf, ob die Wahrnehmung von differenten Wertsystemen, Sozialstrukturen, Normen und Lebensformen spurlos an den Handelnden vorübergeht oder aber gewisse Erkenntniserträge und im besten Falle das Anerkennen der fremden Kultur befördert.

Konnte also das Bild des Islam durch die konkrete Konfrontation modifiziert und konnten die Menschen der islamischen Kultur als gleichwertig anerkannt werden?

„Die Kenntnisnahme fremder Sitten und Gebräuche, sowie die mögliche Existenz anderer Kulturen überhaupt, stellen Interpretationsprobleme für eine Perspektive dar, die weitgehend durch den Ethnozentrismus einer sich als überlegen fühlenden universalen Religion gekennzeichnet ist." (Ritter, 1973, S. 28)

Ethnozentrismus und Überlegenheitsgefühl waren nun aber nicht nur für die Haltung der Kreuzritter kennzeichnend, sondern sie stießen bei den muselmanischen Gegnern auf ähnliche Einstellungen, auf einen eigenen Wahrheitsanspruch und eine eigene, nicht minder gut begründete Heilsbotschaft, als es die christliche war. Sie hatten nicht den moralisch und intellektuell von vorneherein Unterlegenen und Minderwertigen vor sich, sondern es sollte sich im Gegenteil bald herausstellen, daß der Feind Eigenschaften, Werte und kulturelle Formen hatte, die die eigenen Normen nur zu oft desavouierten.

Der erste Schock war aber vor allem die technologische Überlegenheit der Muselmanen, die eingestanden werden mußte und dazu zwang, sich damit auseinanderzusetzen, um wenigstens auf diesem Gebiet aufzuholen. Die pure Not gebot nun zweierlei: Erstens mußten eigene Einstellungen und Normen daraufhin untersucht werden, ob sie der neuen Situation in Auseinandersetzung mit dem Feind überhaupt angemessen waren und zweitens mußte ein bis dahin fehlinterpretiertes System einer wirklichkeitsgetreueren Analyse unterzogen werden, um überhaupt eine Erfolgschance zu haben. Hier zeigt sich, daß zumindest die länger im Morgenland Weilenden, ähnliche - wenn auch aus anderer Motivation kommende - Lernschritte vollzogen, wie z.B. spanische Christen, die Normannen in Sizilien oder die Händler und Pilger: Die Kreuzritter begannen damit, die Individuen des Gegners als solche wahrzunehmen und zu unterscheiden, lernten verschiedene Völker und Gruppen und deren Führer kennen. Das heißt, eine bis dahin undifferenzierte Masse mußte über Fakten- und Datenstudium in ihrer Zusammensetzung erschlossen werden, die Motivation der Akteure, ihre Sitten und Gebräuche mußten erklärt und mit den eigenen verglichen werden.

Auf diese Weise lernten die Kreuzritter die Wappen der einzelnen moslemischen Gruppen kennen, wobei sie diese Unterscheidungsmerkmale offensichtlich als sinnvoll genug ansahen, um sie im 12. Jahrhundert auch in Deutschland einzuführen. Der Doppeladler - das Hoheitszeichen des Kaiserreiches - ist genauso von den Muslimen übernommen wie das französische Lilienwappen und die Lilie im Wappen der Fugger. (vgl. Hunke, 1977, S. 26)

Bis zum ersten Aufeinandertreffen mit den Muslimen konnten Berichte und Erzählungen über die Angehörigen jener Kultur nie empirisch auf ihren Wahrheitsgehalt hin überprüft werden, was zur Folge hatte, daß der Mythos des grausamen Volkes, das vernichtet werden oder aber der eigenen Kultur unterworfen werden müsse, bei den abendländischen Rittern fest verankert war. Nun aber stellte man fest, daß hier Verhältnisse herrschten, die zum Teil sogar Erträumtes und Ersehntes in sich bargen und den im Grunde lernunwilligen Rittern ein

Bild ihrer eigenen Wünsche und Vorstellungen entgegenhielten. Hier „entdeckten“ sie im Bloch'schen Sinne „reale Gegenbilder“, die verwirklichte Utopie. Die Gegner demonstrierten eine verwirrende Eigenständigkeit, ihr Auftreten verkörperte Individualität, sie waren gut gekleidet, sie waren in der Lage, sich in europäischen Sprachen zu unterhalten, hatten oft sogar Europäer - ehemalige Christen - in ihren Reihen. Ihre Geschenke, die sie bei diplomatischen Kontakten und zu Verhandlungen mitbrachten, waren so erlesen, daß die eigenen Mitbringsel diese nur schwerlich aufwiegen konnten. Vertragliche Abmachungen wurden genau eingehalten, womit sich der Gegner dem eigenen ritterlichen Ehrenkodex gemäß verhielt, Gefangene wurden gut behandelt und genossen eine medizinische Versorgung, wie sie in Europa überhaupt nicht existierte. Hier lernten die Kreuzritter, daß der muslimische Arzt die Pflicht hatte, auch seine Feinde mit derselben Bereitschaft und Pflege zu behandeln wie die Angehörigen der eigenen Kultur. Sie wurden in Krankenhäuser gebracht, die später als Vorbilder für eigene Einrichtungen dieser Art dienten, obwohl noch lange nach Beendigung der Kreuzzüge europäische Krankenhäuser nicht den Standard selbst einfachster Krankenstationen der Muslime erreichten.

Der „ritterliche Kampf“, auf den sie sich als einzige zu verstehen glaubten, wurde von den Gegnern in gleicher Weise beherrscht. Entsetzt mußte man sogar feststellen, daß Tartarenfrauen, die keine Kinder hatten, mitkämpften und einen eigenen Sold bezogen. Selbst die Frauen waren den ritterlichen Herren in diesen Ländern also ebenbürtig!

Was blieb in dieser Situation von den eigenen Lebensformen und Werten, die man aus ethnozentristischer Überheblichkeit angetreten war zu verbreiten, noch übrig? Zunächst herrschte sicherlich nur heillose Verwirrung und bei jenem Teil der Kreuzritter, der lange genug mit dem Feind in Berührung kam, die Einsicht, daß es andere mögliche Kulturen als die eigene gibt, und daß das Wissen über diese Kulturen eigene Handlungsmöglichkeiten begünstigt und neue Perspektiven aufzeigen kann. Man mußte erfahren, daß die fremde Kultur eine spezifisch eigene Entwicklung und Geschichte hatte. Diese Erfahrungen müssen aber gerade als Bedingung und Voraussetzung interkulturellen Lernens angesehen werden.

Doch ist interkulturelles Lernen nur dann sinnvoll, wenn es für die beiden Kulturen auf längere Zeit fruchtbar bleibt und nicht nur an die jeweilige spezifische Situation der Begegnung gebunden ist. Für die meisten Kreuzfahrer war dies aber der Fall, so daß sie, einmal in ihrer gewohnten Umwelt wieder eingetroffen, sehr schnell in alte Vorurteile und Vorstellungswelten zurückfielen und kaum etwas zur kulturellen Neuerung, zu Veränderung und sozialem Wandel des Abendlandes beitragen konnten. Verglichen mit den Wissenschaftlern und Händlern und mit jenen Christen, die in enger Nachbarschaft mit den Muslimen wohnten, waren die Erträge interkulturellen Lernens marginal und hätten ohne das Zutun der genannten Gruppe auch kaum Bedeutung erlangt.

Die Kreuzritter hatten während ihrer Aufenthalte im Morgenland durchaus gelernt, auf rationale Art mit den fremden Kulturen umzugehen, doch standen zu viele Faktoren einem echten interkulturellen Lernen im Wege. Von diesen

„lernhemmenden Faktoren" war der wichtigste sicherlich die Kriegssituation. Der Gegner mußte zwar während des Aufenthaltes im islamischen Kulturkreis gezwungenermaßen als gleichwertig anerkannt werden, er blieb jedoch ein zu bekämpfender Feind. „Haften blieb nur, was sich ins eigene Vorstellungssystem bequemte, woran das Bewußtsein festhalten mochte ... Wissen, das nicht mehr ständig praktiziert werden muß, leistet keinen Beitrag zur unmittelbaren Daseinsbewältigung, es verliert an Relevanz." (Rittner, 1973, S. 154)

Arabische Wissenschaft und wissenschaftlicher Austausch

Wichtige Voraussetzungen für das rasche Aufblühen und die Verbreitung der arabischen Wissenschaft waren nicht nur die schon erwähnte Unvoreingenommenheit gegenüber Neuem und die Toleranz gegenüber anderen Völkern, sondern natürlich auch die Möglichkeit, überhaupt Zugang zu schon vorliegenden Erkenntnissen zu bekommen und diese schnell verbreiten zu können. Das islamisch-arabische Reich war hierzu durch seine enorme Ausdehnung, gekoppelt mit einer hervorragenden Verwaltung, bestens geeignet. Der Macht- und Einflußbereich der Araber erstreckte sich von Indien bis Spanien, der größte Teil dieses Gebietes hatte sehr bald die islamische Religion und eine gemeinsame Schriftsprache zur Grundlage. Im gesamten Reich herrschte Handelsfreiheit und Gelehrten und Pilgern wurde Freizügigkeit zugestanden.[1] Da die Zentralregierung den einzelnen Landesteilen und Städten größtmögliche Entscheidungsfreiheit beließ, konnten überall Zentren sowohl wirtschaftlicher Entwicklung, als auch geistigen Schaffens und des wissenschaftlichen Austausches entstehen. „Der Islam wurde zum Brennpunkt asiatischen und europäischen Wissens." (Bernal, 1970, S. 250)

Nachdem die großen Eroberungsfeldzüge erst einmal beendet waren, gingen selbst die geistlichen Führer daran, sich vorhandenes Wissen nutzbar zu machen und zu erweitern. In Bagdad, der Hauptstadt der Abbassiden, wo sich gelehrte Perser, Griechen, Juden, Syrer und auch Wissenschaftler aus ferneren Ländern eingefunden hatten, begann man im 7. Jahrhundert zuerst damit, die Hauptwerke der griechischen Wissenschaft ins Arabische zu übersetzen. Später folgten andere Städte diesem Vorbild und versuchten Bagdad durch eigene wissenschaftliche Leistungen zu überflügeln: Alexandria, Damaskus, Kairo, Antiochia, Córdoba wurden zu gleichberechtigten Zentren der islamischen Kultur.

Die ersten in Bagdad angefertigten Übersetzungen entsprangen meist ganz praktischen Überlegungen, was zu dieser Zeit bedeutete, sich neues Wissen über Alchimie und Medizin anzueignen. Bald jedoch folgten auch Werke zur Staatskunst und zum Hofzeremoniell aus dem Persischen und zur Mathematik aus dem Indischen. Bis zum 10. Jahrhundert waren wichtige Werke zu Philosophie, Astronomie, Geographie und Optik aus dem Griechischen übersetzt und in privaten wie öffentlichen Bibliotheken vorhanden und zugänglich gemacht. Noch weit später umfaßte der Bücherbestand eines reichen gebildeten Arabers oft mehr Werke, als sie das gesamte Abendland vorweisen konnte, die darüber hinaus in Europa hinter Klostermauern gut versteckt waren. Im 14. Jahrhundert besaß die medizinische Fakultät der Universität Paris ein einziges Werk, eine Enzyklopädie nach Aufzeichnungen des arabischen Arztes Rhases.

In dieser Situation waren die europäisch-christlichen Wissenschaftler, die ihr Wissen vervollkommnen wollten, also entweder gezwungen, in eine der islamischen Städte zu reisen, um sich dort mit ihren Kollegen auszutauschen, oder aber sie ließen sich von Händlern die wichtigsten Werke der arabischen Wissenschaft besorgen, mußten sie dann aber auch auf Arabisch lesen können. So verwundert es nicht, daß im 12. Jahrhundert das erste lateinisch-arabische Wörterbuch erschien und im 13. Jahrhundert auch der Koran ins Lateinische übersetzt war.

Natürlich hatten die europäischen Wissenschaftler immer mit dem Bannstrahl der Kirche zu rechnen, weswegen es einige gleich vorzogen, im islamisch-arabischen Einflußbereich zu bleiben, um dort das ihnen gerne gewährte Asyl anzunehmen: Hier hatte die Wissenschaft weltlichen Charakter und stand in guter Verbindung mit den reichen Kaufleuten und auch den Kalifen. Die europäischen Wissenschaftler schafften diese Befreiung von der Bevormundung durch eine doktrinäre Geistlichkeit erst in der Renaissance. Bis dahin aber waren sie schon etliche Jahrhunderte bei den Arabern in die Schule gegangen, um dort neben Toleranz auch zu lernen, wie man an Dogmen rüttelt und aufbegehrt.

Als die islamischen Herrscher später damit begannen, es der christlichen Geistlichkeit gleichzutun und fanatisch alles zu verfolgen, was nicht ihrer Lehre entsprach, sondern nach Neuerung strebte und auf rationalem Wege nach neuen Erkenntnissen suchte, hatte sich die europäische Wissenschaft soweit gefestigt, daß sie nun auch mit Hilfe der Kaufleute den kirchlichen Dogmatikern die Stirn bieten konnte: Kurze Zeit, nachdem Ibn Chaldun (1332-1406), der letzte große Denker des islamischen Reiches als Verfolgter gestorben war, konnte im christlichen Italien ein Leonardo da Vinci mit Unterstützung weltlicher Herren seine Forschungen betreiben.

Philosophie und Medizin

Im islamischen Kulturkreis war es üblich, daß die bedeutenden Mediziner nicht nur politische Berater und Staatsmänner waren, sondern sich auch als erfolgreiche Übersetzer und Philosophen betätigen. Dies erklärt auch den anfangs nicht unbedingt einleuchtenden Zusammenhang zwischen Philosophie und Medizin. Die europäischen Scholastiker nahmen anfangs nur die von den Arabern übermittelten philosophischen Werke der Griechen wahr, obwohl die islamischen Wissenschaftler, gerade weil sie auch Praktiker waren, nicht nur die philosophischen Fragestellungen interessierten. Erst später, als das alte Weltbild und die europäische Feudalgesellschaft bereits in Auflösung begriffen waren, erkannte man auch den weit über die Lehren der Griechen hinausgehenden praktischen Nutzen der Werke, die aus der arabischen Kultur nach Europa gelangt waren.

Die offizielle Grundlage aller islamischen Wissenschaft waren das philosophische System des Platon und des Aristoteles, die in der Medizin noch durch die Abhandlungen des Galen vervollständigt wurden. Allerdings unterschied man nicht zwischen dem Neuplatonismus und der aristotelischen Lehre, weshalb Platon und Aristoteles im Grunde gleich behandelt wurden. Darüber hinaus war schon die Aneignung der griechischen Philosophen nicht nur reine Übersetzertätigkeit, sondern systematische Auslegung. In dieser Auslegung und der Vermischung von Aristoteles und Platon gelangte die Philosophie nach Europa, so daß sie schon als die Scholastiker ihr Weltbild damit begründeten, weniger „aristotelisches System" als vielmehr Interpretation der arabischen Wissenschaftler Al Farabi und Ibn Sina (Avicenna) war. (vgl. Schramm, 1985, S. 350)

Trotz der interpretatorischen Eingriffe in der Gleichbehandlung von Plato und Aristoteles blieb die arabisch-islamische, genau wie vorher die griechisch-hellenistische Wissenschaft, anfangs von einem metaphysischen und scholastischen Charakter geprägt, der eine stringente Verbindung zwischen Makro- und Mikrokosmos herzustellen versuchte: Das Wesen der Dinge sei der Idee nach unveränderlich und durch vollständige Definition erkennbar. Hiermit wurden das logische Schlußverfahren und die deduktive Methode aller Wissenschaft begründet. Natürlich mußte dies in der europäisch-christlichen Feudalgesellschaft, wo alle theoretische Beschäftigung damit zu tun haben mußte, die „natürliche Ordnung" der Welt zu belegen und die Unveränderbarkeit der Verhältnisse zu beweisen, auf offene Ohren stoßen. Die arabischen Wissenschaftler ließen sich hier weit weniger an die Kandare ewiger wissenschaftlicher Wahrheiten nehmen und setzten sich, wie z.B. der Philosoph Ibn Ruschd (Averroes; 1126-1198), kritisch mit der herrschenden Lehre auseinander.

Die sowohl in der praktischen Arbeit als auch in theoretischer Auseinandersetzung stehenden Gelehrten rüttelten bald allerorts am engen Gerüst, das ihnen die griechischen Klassiker vorgegeben hatten. Dies wollen ihnen unsere Geschichtsbücher bis heute nicht zugestehen. Dort werden die Araber zwar als fleißige, doch recht einfallslose Überbringer des griechischen Erbes abgestempelt.

Nicht umsonst aber hatten sich die Araber auch das Wissen anderer Kulturen angeeignet und, wo nötig, vervollständigt. Nicht umsonst hatten sie überall versucht, praktischen Nutzen mit theoretischen Erkenntnissen zu verbinden und das zu tun, was der Situation angemessen erschien. Und wer könnte eher über den Schatten einer eng metaphysisch begründeten Wissenschaft springen als ein philosophisch denkender praktizierender Arzt, der mit Kollegen aus den verschiedensten Kulturen in engem Dialog steht?

So gingen die Ärzte, nachdem die wichtigsten Übersetzungen wissenschaftlicher Werke ins Arabische vorlagen, daran, Erfahrungswissen zu sammeln und erste Experimente zu unternehmen. Hierbei stießen sie bereits auf die Zusammenhänge von Klima, Ernährung, Hygiene und menschlicher Gesundheit. Die bedeutendsten Ärzte-Philosophen Rhases und Avicenna beschäftigten sich gleichzeitig mit Astronomie, Botanik oder Chemie, um die Gesetzmäßigkeiten der Natur zu studieren oder um neue Erkenntnisse zu sammeln, die für die Herstellung von Heilkräutern und Drogen wichtig waren. Ihre Experimente und Beobachtungen faßten sie in Enzyklopädien zusammen, die, nachdem sie im 12. Jahrhundert in Lateinische übersetzt waren, über Jahrhunderte maßgebenden Einfluß auf die europäische Medizin ausübten. Hier in Mitteleuropa sollte es allerdings noch einige Zeit dauern, bis man gemeinsam daran ging, aus der engen Welt der Scholastik auszubrechen und die wissenschaftlichen Methoden des Experiments und der systematischen Beobachtung zu übernehmen.

Vor allem jene europäischen Gelehrten, die die Möglichkeit hatten, im muselmanischen Spanien oder in Sizilien mit islamischen Kollegen in Kontakt zu treten oder aber ihre Werke studieren konnten, erkannten, welche Fortschritte die arabische Wissenschaft gegenüber der griechischen gemacht hatte und wie wichtig der interkulturelle Kontakt für das eigene Wirken war. Gleichzeitig bemerkten aber auch die geistigen Führer der Kirche, welche Sprengkraft und welches Veränderungspotential gerade in den Werken der großen arabischen Mediziner verborgen lagen. Wie sollte man auch das einfache Volk weiter davon überzeugen, daß durch Gebet und Buße und durch den Glauben an Gott und seine Vertreter auf Erden Krankheiten geheilt werden könnten, daß man sich in sein armseliges Schicksal zu ergeben hätte und die Pest, die ganze Städte dahinraffte, eine Prüfung Gottes sei, während die großen arabischen Ärzte gänzlich irdische Möglichkeiten gefunden hatten, Krankheiten zu verhindern oder zu heilen? In fast allen größeren Städten ihres Machtbereiches hatten die Araber Apotheken eingerichtet und Krankenhäuser gebaut, um jedem unterschiedslos nicht nur Trost zu geben, sondern praktische Hilfe zu leisten.

Die Pest war von den arabischen Ärzten im Jahre 1348 als Infektionskrankheit erkannt worden. Relativ rasch konnte man nun die weitere Ausbreitung eindämmen, während im Abendland sich der „tanzende Tod" noch Hunderttausende von Opfern holte, die meinten, der böse Blick hätte sie getroffen, und sich erhofften, durch das Anlegen von Pestamuletten dem Mann mit der Sense entwischen zu können.

1382 wurde dann die Erkenntnis der Araber zuerst in Italien und Frankreich übernommen, wo über wissenschaftlichen Austausch und den Handel genügend Kontaktsysteme zu den Muselmanen bestand.

Über diese Kontaktsysteme kamen auch jene europäischen Denker mit arabischer Wissenschaft in Berührung, die heute als Vorboten der modernen Wissenschaft gelten. Sie waren die ersten, die hier nicht mehr allein auf die logische Deduktion vertrauten, sondern das wissenschaftliche Experiment einführten: Roger Bacon (1235-1315), der europäische „Vater der experimentellen Methode", setzte sich deshalb vehement mit den großen Vertretern der herrschenden Lehre Albertus Magnus und Thomas von Aquin auseinander. Selbst diese beiden Autoritäten aber waren ihrerseits von Avicenna und Averroes beeinflußt. Auch Peter der Pilger, ein Vorbild von Roger Bacon, hatte die arabische Wissenschaft studiert und verhalf der experimentellen Methode durch seine Untersuchungen zum Magnetismus zum Durchbruch.

Die Chirurgie des Abendlandes entwickelte sich genauso wie die heute bekannten Heilverfahren aus den arabischen Erfahrungen und Beobachtungen und der dort üblichen Vorgehensweise. Arabische Lehrbücher, in denen z.B. chirurgische Instrumente und der exakte Umgang damit beschrieben waren, wurden als Kostbarkeiten gehandelt, solange der Buchdruck nicht erfunden war.

Lange Zeit war der Beruf des Chirurgen in Europa überhaupt nicht bekannt gewesen. Während in islamischen Staaten Ärzte einer staatlichen Approbationsordnung unterlagen und eine qualifizierte Ausbildung erhielten, renkte in Europa noch der „Bader“ die Knochen ein, und seine Zähne ließ man sich auf dem Jahrmarkt ziehen. Wo diese dilettantische Hilfe nicht fruchtete, blieb wirklich nur der Glaube an die Heilkraft Gottes. In den von den Muslimen beherrschten oder beeinflußten Ländern dagegen wurden die Menschen unter besten hygienischen Bedingungen in Krankenhäusern behandelt. Die dort gesammelten Erkenntnisse gelangten im 11. und 12. Jahrhundert, wie schon beschrieben, über die Kreuzfahrer, v.a. aber über die Ärzteschule von Salerno nach Europa. Hier wirkten zum erstenmal im christlichen Kulturkreis weltliche Ärzte aus verschiedenen Kulturkreisen und konnten ungehindert alles Wissen zusammenfassen und den weltweiten Ruf der Schule von Salerno begründen.

Man beschäftigte sich hier nach arabischem Vorbild mit Biologie und Chemie, um Heilpräparate herstellen zu können. Bei wissenschaftlichen Versuchen gelang es dann, auf arabischen Vorarbeiten aufbauend Alkohol zu destillieren und dadurch eine wichtige Grundlage für die Erneuerung der europäischen Chemie und Physik schaffen. Auch hier verweist schon der Name auf den arabischen Ursprung: Wörtlich übersetzt bedeutet Alkohol „das Zarteste“, was damals eine arabische Bezeichnung für das in der Augenheilkunde verwendete Antimonpulver war. (Hunke, 1977, S. 170)

Bis ins 16. Jahrhundert waren europäische Forscher stolz darauf, medizinisches Wissen aus der islamischen Kultur lehren und anwenden zu können. Andreas Vesalius, der als einer der Begründer der abendländischen Medizin gilt, lernte noch arabisch, um die Schriften des Rhases lesen und neu herausgeben zu können. An den Universitäten von Tübingen und Frankfurt/Oder standen Avicenna und Rhases bis Anfang des 17. Jahrhunderts auf dem Lehrplan, obwohl Paracelsus schon lange vorher die Schriften Galens und Avicennas öffentlich verbrannt und damit die Entwicklung einer eigenständigen europäischen Medizin eingeläutet hatte. Doch galt es abgesehen von Medizin und Philosophie in Europas Universitäten insgesamt auch im 16. und 17. Jahrhundert noch als unabdingbare und ehrenhafte Pflicht, sich mit der arabischen Wissenschaft und Kultur zu beschäftigen und damit die eigene Kultur zu bereichern.

Mathematik und experimentelle Forschung in den Naturwissenschaften

Jene Gründe, die die arabischen Wissenschaftler dazu bewogen, sich mit Biologie und Chemie zu beschäftigen, waren es auch, die zu entscheidenden Fortschritten in anderen wissenschaftlichen Bereichen führten: Man suchte Lösungen für praktisch-menschliche Probleme. Die Optik bot hier eine Möglichkeit, mathematische Überlegungen mit dem Experiment zu verbinden, um auch diese Wissenschaft sinnvoll für die Bevölkerung zu nutzen. Anlaß, sich intensiv mit dem Bau des Auges zu beschäftigen, waren die v.a. in Wüstengegenden häufig auftretenden Augenkrankheiten. Nachdem Aufbau und Funktionsweise des menschlichen Auges erst einmal erforscht waren, war es kein weiter Weg mehr, Vergrößerungslinsen zu entwickeln und durch Versuche auf optische Gesetzmäßigkeiten zu stoßen. Die islamische Kultur legte damit den Grundstein für die moderne abendländische Forschung, die angefangen bei der Erfindung der Brille bis hin zum Bau von Teleskopen und Mikroskopen auf den Kenntnissen des Morgenlandes und dem dortigen Umgang mit Wissenschaft beruhte.

Bei dem Bemühen, nicht nur die Wissenschaft, sondern auch die ausgedehnte Verwaltungsarbeit systematisch und rationell betreiben zu können, kam den Arabern eine Beobachtung zugute, die sie bei den Indern gemacht hatten: Die Verwendung von Ziffern in einem dezimalen System und die Positionsschreibweise, die sich bis heute auch in unserem Kulturkreis erhalten haben. Die gesamte moderne westliche Welt benutzt heute „arabische Ziffern", die Leonardo Fibonacci dem Abendland vermittelte und damit verbunden in langwierigen Lernprozessen auch erklären konnte, daß es möglich ist, mit Unbekannten zu rechnen. Selbst hatte Fibonacci dies in einem Handbuch des Al-Khwarizmi gelernt, welches in seinem Titel das Wort „Algabr" trug, das die lateinischen Übersetzer dann als „Algebra" übernahmen und dem europäischen Kulturkreis zugänglich machten. Auf jenen Al-Khwarizmi geht auch das Wort Algorithmus zurück. René Descartes trieb dann Mitte des 17. Jahrhunderts diese Forschungen weiter und vervollständigte sie.

Ähnliche Pionierleistungen, die von den abendländischen Forschern, wann immer sie Gelegenheit hatten, studiert wurden, vollbrachten die Araber auch in der Trigonometrie. Die praktischen Möglichkeiten dieser Disziplin lernten darüber hinaus auch die europäischen Seefahrer und Entdecker kennen und vermittelten ihre Kenntnisse in Europa. Mit Hilfe der Trigonometrie war es nun möglich, Landvermessungen exakt und einfach anzugehen und sogar relativ genaue Berechnungen des Erdumfangs anzustellen. Auch astronomische Berechnungen wurden genauer, wodurch nicht nur die Seefahrer ihren Kurs auch nachts bestimmen konnten, sondern schon die Voraussetzungen für das revolutionierende kopernikanische Weltbild gelegt waren.

Auf astronomischen Karten, die die Araber benutzten, hatten die Zeichner die Sternbilder in Gestalt von Menschen und Tieren dargestellt. Auch diese

Karten gelangten wegen ihrer Genauigkeit und nicht zuletzt wegen der schönen Bilder rasch nach Mitteleuropa, weswegen wir heute noch von den Sternbildern des „Walfisch“, des „Großen“ und des „Kleinen Bären“ oder der „Jungfrau“ reden.

Obwohl im allgemeinen sowohl in islamischen als auch in christlichen Staaten im Mittelalter Astrologie und Astronomie kaum unterschieden wurden, hatten zuerst die fähigsten und dogmatische Grenzen überschreitenden arabischen Wissenschaftler darauf hingewiesen, daß Astrologie reine Spekulation sei. Avicenna bezeichnete diese über Jahrhunderte betriebene Kunst gar als blanken Unsinn und handelte sich prompt den Widerspruch theologischer Autoritäten ein. Leute mit ähnlich kritischem Geist wie Avicenna aber waren es, die in Andalusien auch jene Werke anfertigten, die 1220 in Bologna veröffentlicht wurden und zum Entsetzen der mittelalterlichen Scholastiker kritische Passagen über Ptolomäus enthielten. Kopernikus benutzte diese Bücher wahrscheinlich als Grundlage. Ihm standen auch die Werke der in Toledo und Andalusien lebenden Astronomen zur Verfügung, die im 15. und 16. Jahrhundert übersetzt worden waren und nun auch von anderen europäischen Wissenschaftlern zum Teil mit erhellenden Kommentaren versehen wurden.

Dies war die Zeit, zu der in allen Teilen Europas die neuen wissenschaftlichen Methoden langsam und gegen große Widerstände zur Geltung kamen und auch Bauern und Handwerker ihren praktischen Nutzen daraus ziehen konnten. Die Leistungen der Araber hatten ein neues Verständnis der Welt befördert und hatten kulturelle Stagnation überwinden helfen. Dem Abendland waren technische Mittel und Möglichkeiten in die Hand gegeben, die zusammen mit der nun freigewordenen Kreativität die Grundlage für den rapiden Aufstieg dieser Kultur waren. Nicht zuletzt dadurch konnte Europa jene Macht entfalten, die zur Beherrschung fast der ganzen Welt führen sollte.

Anmerkungen

1) Für die Entwicklung der Wirtschaft, der Kultur und Wissenschaft darf auf keinen Fall die Wichtigkeit von Handelsfreiheit, gepaart mit der Freizügigkeit der Bürger unterschätzt werden. Im kleinen Deutschland mußte noch im 19. Jahrhundert Friedrich List für den freien Binnenhandel kämpfen, um endlich mit der Wirtschaft der Nachbarländer konkurrierenden zu können. Noch heute ist in Europa die Freizügigkeit seiner Bürger nicht durchgesetzt.

Literatur

Bernal, John Desmond, 1970: Sozialgeschichte der Wissenschaften, Bd.1, Reinbek b. Hamburg

Bloch, Ernst, 1973: Das Prinzip Hoffnung, Frankfurt/Main

Crespi, Gabriele, 1983: Die Araber in Europa, Stuttgart-Zürich

Fischer, Wolfdietrich, 1985: Begegnungen mit der Literatur der islamischen Völker in Europa, in: Zeitschrift für Kulturaustausch, Nr.3, 35. Jg., S. 362-371

Fueck, Johann, 1981: Arabische Kultur und Islam im Mittelalter, Weimar

Hunke, Sigrid, 1976: Kamele auf dem Kaisermantel. Deutsch-arabische Begegnungen seit Karl dem Großen, Stuttgart

Hunke, Sigrid, 1977[3]: Allahs Sonne über dem Abendland. Unser arabisches Erbe. Frankfurt/Main

Küng, Hans, 1985: Christentum und Islam, in: Zeitschrift für Kulturaustausch, Nr.3, 35. Jg., S. 311-321

Kulturaustausch zwischen Orient und Okzident, 1985: Deutsche UNESCO-Kommission, Bonn

Lewis, Bernhard, 1983: Die Welt der Ungläubigen. Wie der Islam Europa entdeckte, Frankfurt/Main

Mercier, André, 1976: Islam und Abendland. Geschichte und Gegenwart, Bern-Frankfurt/Main

Patzelt, Erna, 1978: Die fränkische Kultur und der Islam, Aalen

Pirenne, Henri, 1939: Die Geburt des Abendlandes. Mahomet und Karl der Große, Leipzig

Rittner, Volker, 1973: Kulturkontakte und soziales Lernen im Mittelalter, Köln

Schramm, Matthias, 1985: Naturwissenschaft im Islam - Ihr Einfluß auf die abendländische Kultur, in: Zeitschrift für Kulturaustausch, Nr.3, 35. Jg., S. 349-361

Jörg Becker

Informations- und Kommunikationstechnologien (I + K) und transnationale Kultur: Gibt es eine europäische Antwort?*

1. Medien- und Kulturimperialismus

Auf dem internationalen „Inter Media Congress“ in Hamburg im November 1985 hielt Klaus Pütter, Präsident der Euro-Afrika-Gruppe innerhalb des Coca-Cola-Konzerns (vgl. z.B. Fritz 1985), einen Vortrag über Marktstrategien für Coca-Cola angesichts der zukünftigen sog. Neuen Medien (Pütter 1985).** Die zentralen Aussagen dieses Vortrages sollen hier deswegen kurz dargestellt werden, weil sie, zwar unkritisch, aber mit viel Realitätsgehalt, alle wichtigen Dimensionen des Themas berühren.

Bereits zu Anfang seines Vortrages weist der Autor darauf hin, daß „der Erfolg von Coca-Cola in hohem Maße ein Erfolg der Werbung und der Medien war“. Deshalb auch begrüßt er die „schnell wachsenden Medien, die in ganz Europa verfügbar werden“, da sie die „einengenden Auswirkungen der Staatsgrenzen“ unwichtiger machen. Bei einem solchen Grenzabbau strebt Coca-Cola „weltweit Gemeinsamkeiten“ an „mit identischem Produkt, identischer Schutzmarke, identischem Erscheinungsbild und identischen Zielgruppen“. Diese Marktstrategie, bei der „die Gemeinsamkeiten im internationalen Coca-Cola-Geschäft größer sind als die Unterschiede“, konnte mit Hilfe einer firmeninternen Datenbank entwickelt werden, die Markt-, Kunden- und Verbraucherdaten enthält. Als Werbemittel setzt Coca-Cola weltweit das Fernsehen als „primäres Werbemedium“ ein. Während der TV-Anteil an den Werbeaufwendungen von Coca-Cola in den USA 90 % beträgt, in Mexiko sogar 98 % und in Brasilien 90 %, liegen die TV-Anteile in Europa erheblich niedriger. Sie machen z.B. für die Niederlande nur 23 % aus, für die Bundesrepublik belaufen sie sich auf 44 %. Die niedrigen europäischen Wer-

---

* Vortrag auf der internationalen COM 8-Konferenz des Instituts für Sozialforschung der Universität Tilburg und der FAST-Kommission der Kommission der Europäischen Gemeinschaft, Den Haag, 17.2.1986

** Erstveröffentlichung in: Arendtenta. Von Witz und Weisheit. Festschrift für Dieter Arendt zum 65. Geburtstag, hrsg. von Dietrich Grünewald, Gießen 1986 (unv. masch. Ms.).

te führt der Autor auf zwei Gründe zurück: 1. unattraktive TV-Programme, 2. suboptimale Sendezeiten für TV-Werbung. Um diese für den Coca-Cola-Konzern ungünstige Situation überwinden zu können, weicht dessen Werbung 1. auf zielgruppenorientierte „Special-Interest-Zeitschriften" aus und geht 2. von einem schnell wachsenden Satelliten- und Kabelfernsehmarkt aus. Abschließend heißt es in diesem Vortrag:

„Wir schauen daher hoffnungsvoll in die Zukunft. Die Coca-Cola-Marken werden zu den Nutznießern der weiteren Entwicklung des Mediums Fernsehen in Europa gehören. In dem Maße, in dem die Zuschauerzahlen des Fernsehens oder genauer des Werbefernsehens anwachsen, werden auch unsere Investitionen in die Werbung wachsen, vorausgesetzt, das Preis/Leistungsverhältnis der Neuen Medien stimmt. (...) Dies wird ein erheblicher Anstoß für die weitere Entwicklung des Erfrischungsgetränkemarktes in Europa sein, der nicht nur uns, sondern vielen Partnern nutzen wird, unserer Industrie, den Lieferanten, den Kunden, den Agenturen und last, but not least, den Medien selbst. Wir begrüßen die Aussicht, daß durch die Neuen Medien unsere audio-visuelle Botschaft nicht mehr länger in nationale Grenzen eingeengt werden wird." (Pütter 1985, 14)

Überträgt man die Gedanken dieses Vortrages in die analytische Sprache der Sozialwissenschaften, dann läßt sich seine zentrale Botschaft in folgendem Resümee festhalten: Werbung ist ein notwendiger Teil für die Dynamisierung sowohl des europäischen als auch des Weltmarktes. Um die angestrebte Dynamisierung optimal erreichen zu können, müssen nationale und kulturelle Besonderheiten homogenisiert werden. Diese Homogenisierung von Märkten läßt sich mit grenzüberschreitenden Satelliten- und Kabelfernsehtechniken erreichen. Dies allerdings nur unter der Voraussetzung, daß das Fernsehen privatisiert wird, da nur auf diesem Wege die für ein solches Vorgehen notwendige Mischung von massenattraktiven Unterhaltungsprogrammen mit Werbung während der „prime time" zu erwarten ist. Während der massenkommunikative Teil der I & K-Technologien (Satelliten- und Kabel-TV) der Kontrolle und Rationalisierung (d.h. Homogenisierung) der externen Umwelt eines Medien- und Werbekonzerns dient, erfüllt der fachkommunikative Teil dieser Technologien (Datenbanken) die Funktion einer unternehmensinternen Kontrolle und Rationalisierung.

Daß ein solches Resümee auf dem „Inter Media Congress" in Hamburg entwickelt wurde, ist keinesfalls zufällig. Um den Übergang in die Zweite Industrielle Revolution einigermaßen ungeschoren überstehen zu können, will die dortige sozialdemokratische Landesregierung Hamburg zu einem internationalen „Telekommunikationsort" ausbauen, und der „Inter Media Congress" war eine von vielen PR-Maßnahmen im Hinblick auf dieses Ziel. Sehr ähnlich geht die sozialdemokratische Landesregierung in Bremen vor; mit dem angestrebten Ausbau eines „High-Tech-Zentrums Nord" versucht sie dem Niedergang der Werftindustrie zu begegnen. Den Großraum Liverpool vor Augen, der nach Irland, Ulster, Sizilien und Kalabrien inzwischen zur fünftärmsten Region der EG abgesunken ist (Hoelzgen 1985), also auch ein früheres Weltzentrum der Schiffahrt, das durch die Entwicklung der Produktivkräfte an den Rand der Geschichte gedrängt wurde, sind sich beide großen parteipolitischen Kräfte in Westeuropa, die Christ- und die Sozialdemokraten, darin einig, daß allein „High-Tech“ die adäquate industriepolitische Antwort auf die gegenwärtige Strukturkrise ist. Unterschiedlich ist ihre Position lediglich beim Toleranzgrad gegenüber den mit einer solchen Wachstumsstrategie notwendigerweise verbundenen sozialen Folgekosten und bei der Frage einer schnellen oder langsamen gesamtgesellschaftlichen Implementation der I & K-Technologien.

Insofern diese Wachstumsstrategien aber grenzüberschreitende und kulturhomogenisierende Bestandteile benötigen, könnten sie möglicherweise von Anfang an „auf Sand gebaut“ haben, sind sie möglicherweise zu vorschnell in ihrer Einschätzung von Kultur als einer x-beliebigen, jederzeit auch zu instrumentalisierenden Variablen. In Anknüpfung an jüngere Konzeptionen aus dem Bereich der Medien- und Kulturimperialismusforschung (Salinas/Paldan 1979; Lee 1980; Fejes 1981) müssen also grundsätzliche Fragen des Zusammenhangs zwischen I & K-Technologien und Kultur gestellt und analysiert werden. Die „abstrakt-kritische Massenkommunikationsforschung“ (so Prokop 1985, 530) hat in der letzten Dekade qualitativ hochstehende und umfangreiche Analysen darüber vorgelegt, daß es ein Wechselspiel zwischen ökonomischer und ideologischer Penetration der Dritten Welt durch oligopolistische Medienkonzerne aus den westlichen Industrieländern mit ihrem immanenten Zwang zur massenhaften und weltweiten Produktion notwendig falscher Inhalte gibt (Becker 1985). Der aus diesen Zusammenhängen resultierende Kulturimperialismus dürfte in der Geschichte der Menschheit der umfassendste und flexibelste Versuch eines kulturellen Genozids im Namen von westlichem Fortschritt und abendländischer Zivilisation sein. So zutreffend auch diese abstrakte Analyse aus moralischer und wissenschaftlicher Perspektive ist, so sehr gilt es, sie mit folgenden grundsätzlichen Bemerkungen zu differenzieren.

Die affirmative Development-Communication-Forschung der 50er und 60er Jahre und die kritische Medien- und Kulturimperialismusforschung seit den 70er Jahren haben ungewollt folgende Gemeinsamkeit. Während die einen empirische Beweise für den wirksamen Medieneinsatz bei der Überwindung von Rückständigkeit und „Primitivität“ vorlegten, legten ihre Kritiker Untersuchungen vor, die nachwiesen, daß der Einsatz metropolitaner Medien in der Dritten Welt zu einer Zerstörung der dortigen kulturellen Identität geführt habe. Beiden Denkrichtungen ist gemein, daß sie in mechanistischer Weise davon ausgehen, daß eine endogene Kultur statisch ist und von außen variabel gesteuert werden kann. Beiden Denkrichtungen müssen folgende Argumente entgegengehalten werden.

a. Mit Tran Van Dinh (1983) ist zu betonen, daß es eine Permanenz des in sich Widersprüchlichen jedes Menschen, jeder Sache und jeder Interaktion gibt. Solche Widersprüchlichkeiten gelten insbesondere für interkulturelle Kommunikation; sie birgt grundsätzlich nicht nur die Chance für einen gleichberechtigten Dialog in sich, sondern immer auch den Keim für Widerstand, Revolte und Ablehnung. Die Geschichte Lateinamerikas ist ein beredtes Zeugnis solcher kulturellen Auflehnung und Selbstfindung. Immer wenn der militärisch/ökonomisch/technische Druck der USA auf Lateinamerika besonders stark wurde, gab es dort eine ausgeprägte kulturelle Gegenoffensive, sei es der „Indigenismo“ in den 20er und 30er Jahren (Rubén Dario, José Mariatequi, Jacques Roumain, Nicolas Guillén) oder gegenwärtig die Theologie der Befreiung, der nikaraguensische Sandinismus oder der lateinamerikanische Sozialismus eines Gabriel García Márquez. Es sind gerade diese kulturellen Gegenoffensiven in den Ländern der Dritten Welt gewesen, die ganz entscheidend zur Entkolonialisierung beigetragen haben.

b. Amilcar Cabral (1983, 298) hat sich vehement gegen die These zur Wehr gesetzt, die Afrikaner seien aufgrund des Kolonialismus ihrer kulturellen Identität beraubt worden. Er sieht einen solchen Identitätsverlust nur bei der relativ kleinen, westlich ausgerichteten afrikanischen Elite. Der afrikanische Bauer jedoch – und er repräsentiert mit mehr als 80 % den Großteil der afrikanischen Bevölkerung – habe die kulturelle Parole „Zurück zu den Quellen!“ nicht nötig, da er sich nie von ihnen entfernt habe. Ähnlich dieser unscharfen und falschen Parole ist gegenwärtig auch der Begriff der „Re-Islamisierung“ einzuordnen, unterstellt er doch, daß der Islam für seine Gläubigen zeitweise an Relevanz verloren habe. Gerade die iranische Revolution hat dem gegenüber gezeigt, daß die Kontinuität islamischen Lebens, Denkens und Fühlens bei weitem stärker ist als die einem außerhalb dieser Kultur stehenden Beobachter sichtbaren Anzeichen einer fremd verursachten Diskontinuität. Und genau aus diesem Grund erweisen sich auch ultra-linke Spekulationen darüber, ob der 1978 erfolgte Einzug von Coca-Cola nach China den Anfang vom Ende einer authentischen chinesischen Kultur einläute, als das, was sie sind, nämlich geschichtslose und kulturabstrahierende Projektionen europäischer Intellektueller. Es wäre eine höchst partikularistische, und zudem arrogante, Perspektive, anzunehmen, daß die massenhafte Verbreitung von Blechdosen mit einem braunen, süßen Getränk eine zweieinhalbtausendjährige konfuzianische Kulturtradition ändern könne. Daß sich Veränderungsprozesse endogener Kulturen in der Dritten Welt durch Außeneinflüsse keinesfalls als quasi automatisches Nebenergebnis von ökonomischer Außenabhängigkeit ergeben, gründet in dem spezifischen Herrschaftsverhältnis im Kolonialismus. In seiner Auseinandersetzung mit dem Herr-Knecht-Verhältnis bei Hegel (1980) hat Frantz Fanon (1980, 137ff.) sehr prägnant den Unterschied zwischen einem kolonialen und einem nichtkolonialen Herrschaftsverhältnis herausgearbeitet. Bei Hegel wird der Herr, ursprünglich ein selbständiges Wesen, insofern unselbständig, da er sich seine Bedürfnisse durch die Arbeit des Knechtes erfüllen muß. Dieser kann seine Selbständigkeit, d.h. seine Identität, dadurch erlangen, daß er durch Arbeit Werte schafft; insofern ist Arbeit dem Knecht eine mögliche Quelle der Befreiung. Anders ist dagegen das koloniale Herr-Knecht-Verhältnis zu sehen, da einem Sklaven nicht einmal die abhängige Rolle eines menschlichen Objekts zukam. In der Rolle als auswechselbares Nichts, als

Werbung der Fluggesellschaft Cathay-Pacific

Quelle: Die Zeit, 1.3.1985, S. 24

entindividualisiertes Individuum konnte es im kolonialen Herrschaftsverhältnis zwischen dem Sklaven und dem europäischen Herren nicht einmal zu einem „Dialog“ ungleicher Partner kommen; das koloniale Herr-Knecht-Verhältnis kannte seinem Wesen nach nur Nicht-Kommunikation. Es sind genau diese historisch-spezifischen Kolonialbeziehungen, die bis heute nachwirken, und die darin resultieren, daß die Verweigerung gegenüber einer möglichen Wirkung von Kulturimperialismus in der Dritten Welt wenigstens als genauso bedeutend eingestuft werden muß wie ihr Gegenteil. Angesichts der massierten, in die Milliarden gehenden Investitionen der euro-amerikanischen Medien- und Kulturindustrien in der Dritten Welt muß sich doch die Frage aufdrängen, warum dieser Imperialismus – bei aller erfolgten Zerstörung – nicht weitaus erfolgreicher war. Es sind eben nicht nur schlecht geplante Marketingstrategien, wenn sich mehrere westeuropäische Bierbrauereien nach jahrelangen Werbekampagnen aus Griechenland deswegen frustriert zurückziehen mußten, weil sie die Weinpräferenz der griechischen Bevölkerung nicht verändern konnten, oder wenn seinerzeit der Esso-Slogan „Pack den Tiger in den Tank!“ in Malaysia alles andere als spaßig empfunden wurde (Killough 1983, 65). Vielmehr sind solche erfolglosen Werbekampagnen doch auch Ausdruck einer prinzipiellen, im System liegenden Verweigerung eines Dialogs mit dem Kolonisator. Kontraproduktiv, also gegen die Intentionen seiner Produzenten, hat dieser Kulturimperialismus außerdem und zusätzlich aber in allen Ländern der Dritten Welt eine einzigartige, kulturübergreifende, sozio-psychische Konstante herausgebildet, nämlich die eines Bildes vom „Häßlichen Amerikaner“ (Lederer/Burdick 1958). In latenter oder manifester Form ist dieses Bild bei Menschen aller politischen Schattierungen in der Dritten Welt anzufinden.

c. In der Tradition der „abstrakt-kritischen Kommunikationsforschung“ stehend, schrieben Nordenstreng/Schiller (1979, 6), daß es „genau das internationale soziopolitisch-ökonomische System sei, das den Verlauf von Entwicklung innerhalb jeder Nation entscheidend determiniere“. So richtig die hier vorgenommene Gewichtung des Einflusses exogener Faktoren auf die endogene gesellschaftliche Entwicklung innerhalb der Dritten Welt auch ist, so unzutreffend ist der hier geäußerte Determinismus, insbesondere dann, wenn es um Kommunikationsprozesse geht. Besonders französische und italienische Strukturalisten und Semiotiker haben darauf verwiesen, daß die politisch-ökonomische Herrschaft über die Kommunikationsquelle (z.B. der industriell organisierte Medienkonzern) und den Kommunikationskanal (z.B. Satellitentechnologie) keinesfalls mit einer Kontrolle über die Decodierungsfähigkeit der kommunikativen Botschaft durch den Empfänger gleichzusetzen ist. Dazu heißt es z.B. bei Umberto Eco mit Recht: „Immerhin hat der Empfänger ja beim Empfang der Botschaft noch einen Rest von Freiheit, nämlich sie anders zu lesen“ (Eco 1985, 149). Dieser Freiheitsrest[1] ist nach Umfang und Qualität von der jeweils spezifisch historischen, kulturellen, individuellen und situativen Situation der Empfänger her zu bestimmen: Er reicht von der getreulichen Reproduktion des europäischen Neger-Imagos auf der Filmleinwand durch den schwarzen Antillaner (Fanon 1980, 107) über die Freude eines muslimischen Patriarchen in Algerien darüber, daß die Ewings in der TV-Serie „Dallas“ wie er selbst in einem großen Familien-Clan leben (Stolz 1983, 84) bis zum völligen Ausverkauf der von der Bevölkerung verhaßten, zensierten Ausgabe einer Tageszeitung unter Shah Reza Pahlevi, nur weil diese ein Bild des hoch verehrten Ajatollah Khomeini enthielt, selbst wenn der Text dieser Zeitungsausgabe Khomeini scharf attackiert hatte (Taheri 1980, 7). Imitation, Uminterpretation und Umkehr der Kommunikatorintention in ihr völliges Gegenteil sind nur drei herausragende Möglichkeiten bei der Decodierung von Botschaften durch den Empfänger.[2] Es ist durchaus nicht ohne Ironie, daß die US-amerikanische Kommunikationsforschung kaum in der Lage ist, solche Kommunikationsprozesse in der Dritten Welt wahrzunehmen. Ist die weltweite Ausdehnung des behaviouristischen und neo-positivistischen Wissenschaftsverständnisses aus den USA selbst bereits unmittelbarer Ausdruck von Kulturimperialismus, so verhindert sein instrumentelles Vorgehen Einsichten in qualitative soziale Veränderungsprozesse in fremden Kulturen. Da die globale Dominanz der USA wegen ihrer Reichweite, Größe und sektoralen Vielfalt offensichtlich nur mit instrumentellen Mitteln aufrechterhalten werden kann, ist diese Dominanz gleichzeitig ausgesprochen verwundbarer und fragiler Natur. Während das Gesellschaftssystem der USA in Hollywood einerseits eine Perfektion der instrumentellen Medienwirkungsforschung hervorbringt, wo bei Test-Zuschauern von TV-Serien Pulsbeschleunigungen, Hormonveränderungen und Adrenalinausschüttungen gemessen werden, erweisen sich die Diplomaten und Experten dieses gleichen Gesellschaftssystems im Iran des Shahs als qualitativ unfähig, die oppositionelle religiöse Kommunikation und ihre Wirkung überhaupt wahrzunehmen oder auch als unfähig, über diese religiöse Opposition im Washingtoner Regierungsapparat so zu kommunizieren, daß eingefahrene kognitive Dissonanzen überwunden werden können. Je stärker sich also als Konsequenz einer Logik der kapitalistischen Informationsgesellschaft diese Dominanz instrumentell-technisch durchzusetzen versucht, desto mehr entgleitet gerade Kultur einem solchen Zugriff.

d. Spätestens seit Karl Marx dürfte der Hinweis darauf, daß Kultur ein Reflex auf konkrete geschichtliche Prduktionsverhältnisse ist, banal sein. Ebenso banal wäre der Hinweis darauf, daß Kultur immer auch Ausdruck von konkret zu bestimmenden Klassenverhältnissen ist, daß es also auch innerhalb jeder Nationalkultur eine herrschende und unterdrückte Kulturen gibt. Jenseits dieser zutreffenden Einordnungen ist Kultur aber auch gleichzeitig außerhalb der Dialektik von Basis und Überbau anzusiedeln, als eine Art „Überphänomen“, das–vergleichbar der Sprache (Stalin 1969) – das Verhältnis von beidem zueinander beeinflußt. Bei allem soziolinguistisch zu differenzierenden Herrschafts- und Klassencharakter von Sprache spricht aber eben ein russischer Feudalherr nicht in Kisuaheli mit seinem Kulaken, sondern in Russisch. Oder anders ausgedrückt: Zwar schafft sich im Kapitalismus der produktive Sektor notwendigerweise seinen Spiegel in einer kompetitiven und aggressiven Kultur, doch ist eine solche Kultur gleichzeitig auch Voraussetzung dafür, daß er entstehen kann, und genau deswegen nahm der Kapitalismus seinen Ursprung in Europa und nicht bei den Hopi-Indianern in den USA. Mit Johan Galtung (1985, 122) könnte man diesen umfassenderen, Klassen übergreifenden, Kulturbegriff auch „soziale Kosmologie" nennen. Sie umfaßt die für viele Kulturkreise ausgeprägt unterschiedlichen menschlichen Bezugssysteme gegenüber Zeit, Raum, Natur, Mensch und Arbeit. Solche sozialen Kosmologien sind als kulturspezifische Mentalitäten offensichtlich so alt und so tief im kollektiven Unbewußten eines Volkes internalisiert, daß sie nahezu resistent gegenüber Veränderungen sind. Während Kultur natürlich vermarktet und industrialisiert werden kann, scheinen sich solche sozialen Kosmologien einer Industrialisierung zu entziehen. Ermöglicht erst das Fernsehen so etwas wie eine „electronic church", so heißt das noch lange nicht, daß damit das Wesen religiöser Spiritualität domestiziert wurde.

Zusammenfassend soll festgehalten werden, daß kultureller Transfer via Massenmedien nicht nur Dominierungs- sondern immer auch Widerstandspotential enthält, daß dieser Transfer im Empfängerland nie auf ein kulturelles Vakuum stößt und daß schließlich die bereits präkommunikativ vorhandenen Restfreiheiten des Empfängers, die empfangenen Botschaften in seinem ihm eigenen Sinne zu decodieren, durch diesen Kulturtransfer kaum berührt werden. Läßt sich Kultur zwar industrialisieren, so scheint sich die soziale Kosmologie, quasi das kollektive Korrelat zum Begriff der Individuation in der Psychoanalyse, eines Kulturkreises einer instrumentalisierten Kontrolle von außen zu entziehen.

2. I & K-Technologien und europäischer Kulturwandel

Lange bevor es den Kapitalismus gab, war die soziale Kosmologie Europas entscheidend durch Charakteristika geprägt, die dann durch den Weg der kapitalistischen Entwicklung voll entfaltet werden konnten: Ausdehnung von Raum und Zeit nach draußen, Herrschaft gegen und über die Natur, Selbstverwirklichung und Wertschöpfung durch und über Arbeit. Der gegenwärtig sich entwickelnde Verschmelzungscharakter der I & K-Technologien ist eine intentional äußerst konsequente Fortführung dieser sozialen Kosmologie: Computer-Echtzeiten vervollkommnen das Bedürfnis nach Zeitausdehnung, die Flexibilität zukünftig transnationaler ISDN-Netze macht eine Kategorie des Raumes und des Ortes obsolet (und damit auch eine so schöne politische Parole wie „Global denken, lokal handeln"), und die angestrebte Herrschaft gegen und über die Natur erreicht mit bemannten Raumflügen, der Eroberung des Mondes, mit Bio-Chips und geklonten Pflanzen neue Dimensionen. Konnte Maxim Gorkij, noch voll in der Tradition der Arbeiterbewegung, sagen, „Die neue Kultur beginnt mit der Achtung vor dem arbeitenden Menschen", so gilt dieser Teil der europäischen Kosmologie freilich immer weniger. Lebendige menschliche Arbeit wird durch die I & K-Technologien immer unwichtiger für die Schöpfung des Mehrwertes einerseits und für die Identität stiftende Wertschöpfung eines arbeitenden Menschen andererseits. Erwächst allein aus dieser Relativierung von Arbeit für den Europäer eine immer stärkere kulturelle Identitätskrise, das gilt innerhalb Europas besonders für den protestantisch-nordeuropäischen Raum und seine Webersche Arbeitsethik, so verstärkt sich die kulturelle Krise auch durch die inneren Rückwirkungen bei der zunehmenden Außenherrschaft über Zeit, Raum und Natur. War und ist Europa das Zentrum, von dem aus der Globus imperialistisch gestaltet wird, so wird das Zentrum selbst immer mehr von zerstörerischen Mechanismen befallen, die einst als Herrschaftsmittel über die Menschen in der Peripherie gedacht waren. Es findet also sozusagen eine verspätete Rache des Kolonialismus statt; der einstige Täter wird zum Opfer seines eigenen Tuns. Diese Rache zeigt sich gegenwärtig nirgendwo deutlicher als im Bereich einer immer technischer vermittelten Kultur. Vier generelle Tendenzen schälen sich hierbei im Verhältnis von I & K-Technologien zu Kultur heraus.

a) Die erste und offensichtlichste Tendenz ist die der Kommerzialisierung und Privatisierung von Kultur. War Kultur bislang stets noch eine kleine soziale Nische, in die das Prinzip der Kapitalverwertung nur im Ansatz eingebrochen war, so wird Kultur jetzt – als „free lunch" der Werbung – zum Vehikel und Nebenprodukt von kommerziell vermarkteten Dienstleistungen. Durch die Speicher- und Transportfähigkeit von Computern und Netztechniken kann Kultur industrialisiert werden, kann sich in der Realität genau das vollenden, was kritische Sozialwissenschaftler seit 50 Jahren in Umrissen sowieso gesehen haben. Diese Industrialisierung von Kultur verläuft nicht ohne höchst merkwürdige ideologische Verrenkungen seitens ihrer politischen Protagonisten. Hatten die kanadischen Regierungen in den 70er Jahren mit ihrer „Third Option"-Politik über den Hebel einer kanadischen kulturellen Identität eigentlich einen Zugewinn an Handlungsräumen über eigene kanadische I & K-Technologien erreichen wollen, und haben sie mit diesem Konzept Schiffbruch erlitten, so wehrt sich Diana Lady Dougan, US-Koordinatorin für internationale Kommunikationspolitik beim State Department, vehement dagegen, den Kulturbegriff ökonomisch zu betrachten:

> „Wir müssen besonders davor aufpassen, daß sich die Ansicht, 'Information' sei eine ökonomische Ware, nicht weiter ausbreitet. Denn aus einer solchen Ansicht wird die Möglichkeit abgeleitet, Information messen, sie der Besteuerung, Tarifen und sogar einem ökonomischen Embargo unterwerfen zu können. Dieser ökonomische Ansatz hat eine besondere Attraktivität für die Regierungen, die Informationsdienstleistungen gerne als Einnahmequelle für Steuern ansehen. Ein solcher Ansatz könnte eine verstärkte Regierungskontrolle über den freien Informationsfluß sanktionieren." (Dougan 1983, 3)

Mit diesen Ausführungen steht Diana Lady Dougan oberflächlich im Gegensatz zur Politik und Rechtssprechung der EG-Kommission und des Europäischen Gerichtshofes. Indem diese beiden Institutionen durch das Grünbuch „Fernsehen ohne Grenzen" (Kommission 1984) und entsprechende Gerichtsurteile bereits jetzt festgelegt haben, daß Kultur eigentlich Dienstleistung sei, entziehen sie einer nationalen Gestaltung von Kulturpolitik weitgehend den Boden und erklären – im juristischen Vorgriff – nationale und regionale Quotierungen bei grenzüberschreitendem TV-Programmaustausch für unzulässig. Freilich zeigt sich zwischen der Position des State Department und der der EG-Kommission nur ein äußerer, ein taktischer Gegensatz. Muß die EG-Kommission mit ihrer Argumentation eine eigenständige Kulturpolitik als potentiellen Störfaktor von Technologiepolitik ausschalten, indem sie den Kulturbegriff, der in den unter völlig anderen technischen Prämissen entstandenen Römischen Verträgen von 1957 nicht vorgesehen sein konnte, politisch einfach wegdefiniert, so verfolgt das State Department mit seiner genau umgekehrten Argumentation das gleiche Ziel. Indem der ökonomische Charakter grenzüberschreitender Kommunikation und Kultur einfach wegdefiniert wird, sollen mögliche Stolpersteine auf dem Weg einer US-amerikanischen Dienstleistungsdominanz präventiv ausgeräumt werden.

b) Eng mit dieser Tendenz zur Kommerzialisierung ist zweitens eine Tendenz zur Enttabuisierung verbunden (Postman 1982; Postman 1985). Der den kapitalistisch bestimmten Produktionsbedingungen der Massenmedien notwendigerweise immanente Zwang zur stets schnelleren Produktion neuartiger und noch nie dargebotener Inhalte enthält aufklärerische und genau gegenteilige Elemente. Lebt eine bürgerlich-liberale Kunst gerade davon, daß sie die herrschende öffentliche Doppelmoral dadurch entlarvt, daß sie gesellschaftliche Tabus bricht und an den Pranger stellt, so müssen privatwirtschaftliche Massenmedien solche Enttabuisierungen vermarkten. Bricht ein Theaterstück zum ersten Mal die Doppelmoral gegenüber Homosexuellen auf, so pazifizieren die Massenmedien mit einem gewissen Zeitverzug erstens den ursprünglich kritischen Impetus dieser Aussage und geben zweitens dem einstmaligen Tabu im Laufe der Zeit eine eigene Medienrealität. Während Homosexualität auf diese Weise zur massenmedialen „Normalität" werden kann, kann gleichzeitig die Diskriminierung der Homosexualität in der Realwelt „fröhliche Urstände" feiern. Im Wettlauf zwischen notwendiger Enttabuisierung und ihrer Vermarktung wurden auf der TV-Bühne der Bundesrepublik in einer Kunstaktion inzwischen lebendige Schweine geschlachtet, verstümmelte sich ein Poet bei einer öffentlich übertragenen Preisverleihung vor der TV-Kamera mit einem Küchenmesser. Die ins Haus stehende, vielfältige Vermehrung von Übertragungswegen für TV-Programme wird die hier beschriebene Spirale noch beschleunigen. Der Kunst verbleiben nur noch sehr wenige Räume gesellschaftlicher Realität, die sie enttabuisieren kann. Ist die mediale, nur scheinbare, Transparenz sämtlicher gesellschaftlicher Tabus endgültig vollzogen, dann hat Kunst selbst keinerlei progressive Funktion mehr, die reale Doppelmoral kennt dann nicht länger einen öffentlichen Ankläger.

c) Eine dritte Tendenz im Verhältnis von I & K-Technologien zu Kultur ist die der Marginalisierung. Zeigt sich in den ungleichen, abhängigen Entwicklungen innerhalb der einst führenden ehemaligen Kolonialländer England, Frankreich, Spanien oder Portugal bereits seit langem die Rache des Kolonialismus (ausländische Immigranten, Zentralismus und Widerstand dagegen in Form von Regionalismus), so tragen die I & K-Technologien erheblich dazu bei, solche Tendenzen noch zu verstärken.[3] Wie bei jedem anderen Technologieschub so trägt auch der durch die I & K-Technologien zu einer distinkten Differenzierung zwischen Zentrum und Peripherie, zwischen Machtballung und Ohnmacht, zwischen der Herrschaft weniger über viele bei. Diese Entwicklung gilt innerhalb der EG für das Verhältnis zwischen technisch fortgeschrittenen und technisch rückständigen Regionen, sie zeigt sich innerhalb der einzelnen Länder, sie zeigt sich nicht zuletzt auch als Ausdruck von sozialen Unterschieden und politisch-ökonomischer Herrschaft. Auch wenn die „increasing-knowledge-gap"-Forschung noch viele weitere empirische Befunde benötigen würde, um zu validen und differenzierten Aussagen zu kommen, sprechen z.B. die Nutzungsdaten von Fachmedien und berufsspezifischen I & K-Technologien eine sehr eindeutige Sprache im Sinne dieser Überlegungen. Dazu einige exemplarische empirische Ergebnisse: aktivste Nutzer der On-line-Kataloge in 15 wissenschaftlichen Bibliotheken der USA sind sowieso Häufignutzer von Bibliotheken; bei über 60 % der Nutzer handelt es sich um Männer, 70 % gehören der Altersgruppe zwischen 20 und 34 Jahren an und rd. 70 % der Nutzer sind Studenten höherer Semesterzahlen (Jones 1983). Mit anderen Worten: Solche Nutzungsdaten zeigen nur allzu eindeutig das bekannte und vertraute Bild einer kleinen, etablierten Informationselite. Weitere Daten könnten die hier bereits sichtbar gewordene Tendenz verdeutlichen: Die I & K-Technologien tragen zu einer politisch und sozial brisanten Auseinanderentwicklung in „information rich" und „information poor" bei. Bezieht man in diese Überlegungen die zukünftige Entwicklung im Massenmediensektor mit ein, so spricht Vieles für die Wahrscheinlichkeit der folgenden Entwicklung: Das Unterhaltungsbedürfnis für den informationsarmen Teil der Bevölkerung wird in steigendem Maße durch neue, billige elektronische Massenmedien (Video, Kabel-TV, Pay-TV) abgedeckt – der sowieso informationsreiche Teil der Bevölkerung wird sich teure, aber qualitativ sehr hochwertige und detaillierte Informationen über spezialisierte Print- und elektronische Text- und Speichermedien aneignen.

d) Eine vierte Tendenz im Verhältnis von I & K-Technologien und Kultur ist schließlich die der Segmentierung. Auch hier liegt ein Verstärkungseffekt von bereits sowieso sichtbaren Entwicklungen vor. Das Konzept der „Zwei Kulturen" (Hoffmann-Axthelm 1978) hat solche Segmentierungsprozesse beschrieben und analysiert. Wird wie in den westeuropäischen Industriegesellschaften eine gewisse Diskrepanz zwischen möglicher individueller Selbstverwirklichung und staatlich reglementierter Verplanung, zwischen Lusterfüllung und Arbeit, zwischen den verschiedenartigsten und widersprüchlichen Rollenerwartungen an einunddasselbe Individuum, zwischen inneren und äußeren Lernprozessen unerträglich groß, dann zerfällt eine einst die Gesamtgesellschaft auch klassenübergreifend zusammenbindende soziale Kosmologie in nicht oder nur locker noch miteinander verbundene einzelne Segmente. Paradigmatisch läßt sich dieser pathologische Verfallsprozeß in West-Berlin beobachten. Ist der dortige Stadtteil Kreuzberg nach Istanbul und Ankara, rein quantitativ, bereits eine der größten türkischen Städte auf dem Globus, so hat die Verslumung dieses Stadtteils, durchaus auch eine Folge des Vordringens von Arbeitsplatz rationalisierenden I & K-Technologien, außerdem eine sehr ausgeprägte Punk-Kultur hervorgebracht. Während sowohl die türkische als auch die Punk-Kultur in West-Berlin in sich durchaus identitätsstiftend wirken, gibt es zwischen der verschleierten muslimischen Hausfrau und dem arbeitslosen, tätowierten Punker nur Non-Kommunikation. Es gibt nichts mehr an gemeinsamer und gleichzeitig konfligierender Sinnstiftung. Die zukünftigen I & K-Technologien verstärken diese Segmentierungsprozesse. Im massenmedialen Sektor findet der Kleinbürger seine selektive Bestätigung bei „Dallas“, die türkische Gastarbeiterfamilie in türkischen Videos (Klitzke 1982), die Feministin in ihrem Frauenprogramm, der Manager im Wirtschaftsmagazin, und Mitglieder von alternativen Gruppen finden ihre Bestätigung im Angebot von lokal erkämpften Rundfunkstationen. Im produktiven Sektor finden ähnliche Prozesse statt. Flexible Arbeitszeiten, extreme Zunahmen von Arbeitsteilung und die Auslagerung von Arbeit in elektronisch ausgestattete Privatwohnungen führen zu Vereinzelung, Isolation und zur Aufhebung des Gruppen- und Solidaritätsprinzips als der bisher notwendigen Voraussetzung gewerkschaftlicher Existenz.

Kommerzialisierung, Enttabuisierung, Marginalisierung und Segmentierung – diese vier Tendenzen der Veränderung von Kultur in ihrem Wechselverhältnis zu den I & K-Technologien bilden selbstverständlich auch Widersprüche heraus, wo sich Restfreiheiten artikulieren können. Geht es bei der Kommunikation um die Restfreiheit bei der Decodierung von Inhalten und Bildern, so geht es beim Technologietransfer vom Produzenten zum Nutzer um Restfreiheiten im konkreten Verwendungszusammenhang. Das Format, die äußeren Bedingungen, sogar die formalen Bedienungsvorschriften von Technik: diese formalen Aspekte der Nutzung scheinen sehr viel stärkere Prozesse einer kulturellen Homogenisierung zu bewirken als es die Inhalte der Massenmedien je vermochten. Die Restfreiheiten werden auf einer weiteren Ebene eingeengt. Während es schwerfällt, bei den Prozessen der Segmentierung und Enttabuisierung auch gegenläufige Tendenzen im Sinne solcher Restfreiheiten zu sehen, liegen sie bei den anderen beiden Tendenzen klar auf der Hand.

Einer Kommerzialisierung von Kultur entspricht auch die Notwendigkeit zu einer „Kulturalisierung“ des Kommerzes. Solche Tendenzen lassen sich bereits in den Schriften internationaler Management-Institute aus den 60er Jahren finden. Sehr deutlich wird hier die Notwendigkeit kultureller Sensibilität für den geschäftlichen Erfolg transnationaler Konzerne aus den USA und Westeuropa betont. Zwei Beispiele mögen diese Form der „Kulturalisierung" des Kommerzes verdeutlichen. In der Ära nach Franco brach sich das Medienkapital in Spanien u.a. dadurch Bahn, daß es mit der Etablierung des privaten Fernsehsenders TV 3 das Regierungsmonopol für Fernsehen brutal aufbrach. Andererseits handelt es sich bei TV 3 um einen katalanischen Sender, der nun der jahrzehntelang unterdrückten katalanischen Kultur die Möglichkeit einer Selbstdarstellung und Identitätsfindung gibt (Darnton 1984). Damit vergleichbar sind völlig andere nachrevolutionäre Phänomene im Iran. Ist der Iran, besonders durch seinen Erdölsektor, natürlich nach wie vor auf das Allerengste mit der westlichen Bankenwelt verbunden, so wurden dort wie in anderen islamischen Ländern gleichwohl neuartige Rechtsbegriffe im Bankwesen nötig. In dem Bemühen, überall in der islamischen Welt eine eigene islamische Ökonomie als eine Art Dritten Weg zwischen Kapitalismus und Sozialismus aufzubauen (Dia 1975), mußten Wege gefunden werden, dem Wucher- und Zinsverbot des Koran zu entsprechen. So können heute europäische mit islamischen Partnern zwar Zinsen vereinbaren, doch müssen sie anders benannt werden (z.B. payment commission oder fee). Der Rückgriff auf den Koran als alleinige Rechtsquelle bestimmt zudem in einer Sure eine Art „Kollisionsregel" bei Verträgen zwischen Muslims und Nicht-Muslims, wonach ausschließlich islamisches Recht maßgeblich und andere Rechtsvereinbarungen kraft Gesetzes ausgeschlossen sind (Hoeppner 1984). US-amerikanische TV-Serien in katalanischer Sprache - elektronisches Bankwesen nach islamischem Recht: Solche Phänomene zeigen sowohl eine Kommerzialisierung von Kultur als auch eine „Kulturalisierung" von Kommerz, und der erfolgreiche Kampf einer Peripherie um die ihr eigene kulturelle Symbolwelt kann durchaus eine Schubkraft entwickeln, die zu einem späteren Zeitpunkt die Kommerzialisierung von Kultur relativiert und vielleicht sogar aufhebt. Besorgt heißt es deswegen bei einem deutschen Industrieberater:

> „Das Nebeneinander islamischen und internationalen Rechts bereitet deutschen Unternehmen zunehmend Kopfzerbrechen. Schließlich handelt es sich bei Saudi-Arabien und Iran um die derzeit wichtigsten Exportmärkte der Bundesrepublik außerhalb Europas." (Hoeppner 1984, 50)

Auch einer Marginalisierung von Kultur sind, wie bereits ausgeführt, kulturelle Verweigerung und kultureller Widerstand seitens der Peripherie immer inhärent. Ein Ausbau der telekommunikativen Infrastrukturen zwischen Spanien und Portugal und den Kernländern der EG zielt natürlich darauf ab, diese beiden Länder abhängig zu integrieren. Und bei aller Hoffnung darauf, daß die nordeuropäisch-protestantische Kultur, in ihrer Flanke traditionell offen gegenüber den USA, durch die Süderweiterung der EG endlich das ihr notwendige Gegengewicht in Form und Inhalt lusitanischer Sinnen- und Lebensfreude oder spanischer Widerstandskunst (Flamenco, Francisco Goya, Federico García Lorca) erhielte, spricht die historische Erfahrung dafür, daß die dominanten Austauschmuster zunächst einmal genau umgekehrt verlaufen werden. Durch die EG-Erweiterung wird es einem originären spanischen TV-Film wahrscheinlich ersteinmal genauso ergehen wie der spanischen Tomate. Konnte man in den Supermärkten der Bundesrepublik vor dem EG-Beitritt Spaniens zu bestimmten Jahreszeiten noch schrumpelige, gefleckte und unterschiedlich große spanische Tomaten kaufen, die sehr gut schmeckten, so ist das seit dem 1.1.1986 nicht mehr möglich. Eine Unzahl von Lebensmittelverordnungen der EG-Kommission schreibt den spanischen Landwirten jetzt die Produktion von Tomaten vor, die ähnlich schal wie die plastikähnlichen Gewächshaustomaten aus den Niederlanden schmecken. Dennoch: Sieht man sich die westeuropäische Geschichte der letzten 20 Jahre an, dann wird recht schnell deutlich, daß politischer Widerstand, immer in eine Atmosphäre kultureller Widerstandssymbole eingetaucht, gegen die mitteleuropäischen „Zementgesellschaften" nur aus der Peripherie kommen kann. Finnland im höchsten Norden und Malta im südlichsten Süden sind aktive Mitglieder der Blockfreien Bewegung, Norwegen und Grönland verweigern sich der EG und Griechenland, Spanien und Portugal haben gesellschaftliches Lernpotential in einem Ausmaß demonstriert, wie es für die Kernländer der EG kaum denkbar wäre. Und so ist es denn auch alles andere als zufällig, daß sich Melina Mercouri, eine Kulturministerin aus der EG-Peripherie, und Jack Lang, ein Kulturminister fest verwurzelt in der romanisch-europäischen Tradition, auf der Weltkulturkonferenz der UNESCO 1982 in Mexico vehement für kulturelle Identität und gegen dieweltweite Homogenisierung und Kommerzialisierung von Kultur einsetzten. Als wäre er die ungewollte Bestätigung von Jack Langs Thesen über den Kulturimperialismus, attackierte Charleton Heston, Symbolfigur für Hollywoods Kommerzkino und US-amerikanischer Delegierter auf dieser Konferenz, Melina Mercouri derart mit infamen Zwischenrufen, daß diese sensible und selbstbewußte, aufrechte demokratische Griechin weinend ihre Rede abbrach. Umso mehr gilt es ernst zu nehmen, was Jack Lang auf dieser MONDIACULT-Konferenz ausgeführt hatte:

> „Kultur und Wirtschaft - ein und derselbe Kampf. (...) Ich frage mich, (...) warum man diese Nivellierung hinnehmen soll? Ist dies wirklich das Los der Menschheit? Der gleiche Film, die gleiche Musik, die gleiche Kleidung? (...) Wir möchten (...) zu einem wahren kulturellen Widerstand aufrufen, zu einem wahren Kreuzzug gegen - nennen wir die Dinge bei ihrem Namen - gegen diesen finanziellen und intellektuellen Imperialismus." (Lang 1983)

3. I & K-Technologien und außereuropäische Kulturbeziehungen

Wenn sich im technischen Potential der I & K-Technologien mit einer verstärkten Herrschaft über Zeit, Raum und Natur sowieso das widerspiegelt, was für die europäische soziale Kosmologie und ihre gegenwärtige Ausprägung in einer kapitalistischen Informationsgesellschaft typisch ist, dann sprechen alle Anzeichen dafür, daß sich Westeuropas Außenbeziehungen in bekannter Form fortsetzen. In den kulturellen Außenbeziehungen wird Westeuropa fortfahren, die Kulturkonflikte und das dazugehörige Widerstandsmoment zuzuspitzen. Bedenkt man, daß der Binnenmarkt der EG seit seiner Gründung 1957, zieht man die Märkte der neuen EG-Mitglieder ab, nur ganz unwesentlich gewachsen ist, dann zeigt sich hinter diesem Phänomen nicht nur eine ökonomisch-technische Strategie, die ihre Profite offensichtlich leichter und schneller auf Drittmärkten realisieren kann. Hinter diesem Marktverhalten steht auch die traditionelle kollektiv-unbewußte Außenorientierung von Gesellschaften, die offensichtlich kaum zu eigenen, inneren Lernprozessen fähig sind. Westeuropas Antwort auf die Herausforderungen der I & K-Technologien könnte nur dann sozial und partizipativ werden, wenn es sich sowohl ökonomisch als auch sozialpsychologisch im Sinne der Theorien von autozentrierter Entwicklung sehr viel mehr als bisher auf sich selbst konzentrieren würde.

Aus zwei Gründen wird es Westeuropa sehr schwer fallen, seine kulturellen Außenbeziehungen zu den USA zu verändern. Zum einen teilt es mit den USA die gleiche soziale Kosmologie, zum anderen wirkt sich das nichtkoloniale Verhältnis der beiden ungleichen Partner negativ auf den notwendigen Emanzipationsprozeß Westeuropas aus. Mit anderen Worten: Eine Befreiung vom dominierenden Vater ist psychisch schwerer als die vom inhumanen Sklavenhalter. Auch hier ereilt Westeuropa eine verspätete koloniale Rache. Wie kann es sich, selbst durchaus noch in der Rolle des Kolonisators gegenüber der Dritten Welt, von einem Freund befreien? Und noch einmal anders formuliert: Ist es nicht viel schwieriger für Westeuropa, Freundbilder als Feindbilder zu entmythologisieren?

Da die Herausbildung der I & K-Technologien Westeuropas Verhalten gegenüber der Dritten Welt nur in den bereits vorgegebenen Mustern verstärken wird, werden die dort erzeugten Kulturkonflikte zwischen Anpassung und Widerstand sehr viel ausgeprägter und schärfer werden als bislang bekannt. Europas Zwang zu Aktivität, Energie, Leistung, Aufbau, Veränderung und Fortschritt gilt als Verhaltensmuster bei Außenbeziehungen für alle politischen Kräfte von rechts bis links; gegenüber der Dritten Welt kann es normativ dort als gut gewertet werden, wo es sich dem zutiefst humanistischen Ziel von Freiheit überzeugend verpflichtet sah und sieht. Zur Verwirklichung eines anderen, dazu manchmal in Widerspruch stehenden, aber ebenso zutiefst humanistischen Ziels, dem der kulturellen Selbstbestimmung der Völker, hat Europa bislang nichts beitragen können. Während der Widerspruch zwischen einem universalen Ziel nach Fortschritt und Freiheit und dem der Relativierung solcher Begriffe durch andere, aber eigene, unter Umständen ziellose, Vorstellungen von Freiheit und Gerechtigkeit für einen Europäer kaum auszuhalten ist (Schöfthaler 1983), scheint sich die empirische Entwicklung in der Dritten Welt immer weniger um solche europäischen Skrupel zu kümmern.[4] Indem Westeuropa unfähig zu einem kulturrelativistischen Dialog ist, wird es seinen Dialog mit den universalistischen

Tabelle 1: Kulturelle Entwicklungsstrategien in der Dritten Welt

Kulturelle Strategien \ Herrschaft		Herrscher	Beherrschte
Kulturrelativistische Strategie		I	II
	Akteure	- Iran, Ajatollah Khomeini - Libyen, Muammar al-Gaddafi - Burma, U Ne Win	- Rastafaris in Jamaika - Aborigines in Australien - Native Americans in den USA - Opposition in Afghanistan - Miskitos in Nicaragua
	Theoretiker	- in erster Linie Anthropologen, Psychologen und Linguisten	- Frantz Fanon, Ali Schariati, Linton Kwesi Johnson, Jack D. Forbes Russel Means[5]
	Sozialer Wandel	- Kontinuität vs. Stagnation	- Kontinuität und Identität
Kulturuniversalistische Strategie		III	IV
	Akteure	- Singapur, Lee Kuan Yew - Kenia, Daniel Arap Moi - Afghanistan, Babrak Karmal	- gewerkschaftliche Opposition in Lateinamerika - frühere Opposition in den Philippinen unter Corazon Aquino
	Theoretiker	- in erster Linie Ökonomen und Sozialwissenschaftler; sozialistische und konservative Versionen	- linke Intellektuelle, Gewerkschafter, Frauengruppen
	Sozialer Wandel	- Diskontinuität; Modernismus vs. soziale Entwurzelung	- Sozialismus und soziale Gerechtigkeit

Kräften in der Dritten Welt intensivieren, seien diese nun in der Position von Herrschaft oder von Unterdrückung. Die in Tab. 1 festgehaltenen Beziehungsmuster zwischen der Dritten Welt und Westeuropa zeigen, daß es für Westeuropa eine klare Präferenz zu Aktionen mit den Feldern III und IV gibt. Mit mehr als der Hälfte aller Menschen wird die Erdbevölkerung im Jahre 2000 überwiegend muslimisch sein, also die Felder I und II besetzen. Es sind genau die kulturrelativistischen Strategien des Islams oder der Rastafaris auf Jamaika, die sich einer europäischen Politikeinschätzung von „Links" oder „Rechts" völlig entziehen, die sich kulturell kaum von außen penetrieren lassen und deren Kommunikation und Massenmedien einen hohen Grad an kultureller Autonomie aufweisen. Interessanterweise scheint dieser hohe Autonomiegrad nicht nur für die traditionelle, vor-industrielle Kommunikation zu gelten, wie es das religiöse Kommunikationsnetz des Bazars, der Moscheen, Kanzeln und Predigten im Iran demonstriert hat (Borthwick 1973; Fathi 1977; Fathi 1979). Der höchst effektive Einsatz von Tonbandkassetten und Videofilmen während der iranischen Revolution und die Kontrolle der Rastafaris über den Reggae mit weitgehend eigenen Tonstudios, eigenen Bands, eigenen Plattenfirmen und eigenem Elektrohandel (Campbell 1980; Cuthbert 1985) deuten darauf hin, daß kulturelle Autonomie und Widerstand gegen Kulturimperialismus auch bei Nutzung moderner Massenmedien möglich sind.

4. Resümee

Europa hat sich seine soziale Wohlfahrt, die weitgehende Befriedigung der materiellen Grundbedürfnisse und die (labile) Abwesenheit von Krieg durch einen Verlust seiner kulturellen Identität erkaufen müssen. Dieser Kulturzerfall zeigt sich im nordeuropäisch-protestantischen Raum viel stärker als im südeuropäisch-romanischen. Die I & K-Technologien der Zweiten Industriellen Revolution werden diese Verfallsprozesse und ihre Gegenmomente in noch schärferem Maße ausprägen. Wo sich die hinter dieser Revolution stehende instrumentell-technische Herrschaft immer mehr auf soziale Kosmologien ausdehnt, die gänzlich anders sind, wird ein Kulturimperialismus immer hohler und tönerner.

Dieser Essay soll mit einem Ausflug in die Zoologie beendet werden, der mit dem chinesischen Neujahrsfest am 9. Februar 1986 in das „Jahr des Tigers" führt. Als der nigerianische Schriftsteller Wole Soyinka das Aperçu prägte, „Ich kann mir nicht denken, daß es der Tiger nötig hat, dauernd auf seine Tigritude zu verweisen" (zit. nach Jahn 1968, 265), meinte er, daß die afrikanische Poesie zu schön sei und zu gefestigt in sich selbst ruhe, als daß sie es mit einem Begriff wie „Négritude" noch nötig habe, sich demonstrativ von der europäischen Literatur abzusetzen. Diesem Bild ist ein anderes von Mao Tse-tung hinzuzufügen:

„Vom Wesen her, auf lange Sicht und vom strategischen Standpunkt aus gesehen muß man daher den Imperialismus und alle Reaktionäre den Tatsachen entsprechend als Papiertiger ansehen. Auf diesen Punkt muß sich unser strategisches Denken gründen. Auf der anderen Seite sind sie wiederum wirklich lebendige Tiger aus Eisen, die Menschen fressen können. Auf diesen Punkt muß sich unser operatives und taktisches Denken gründen." (Mao Tse-tung 1969, 47)

Daraus folgt: Je stärker der europäische Tiger faucht, desto mehr verwandelt er sich in einen Papiertiger. In diesem Verwandlungsprozeß ist ein anderer, echter Tiger in den Kulturen von Lateinamerika, Afrika und Asien längst aufgewacht.

Anmerkungen

1) Es geht hier selbstverständlich nur um einen Freiheits*rest*, denn die Wahl der Decodierung durch den Empfänger kann ja nur im kulturimperialistisch vorgegebenen Rahmen stattfinden. Nur wenn die Kommunikationsquelle direkt im Kopf des Empfängers implementiert wäre, gäbe es keine Decodierungsfreiheit mehr. Da Freiheit grundsätzlich sozial vermittelt und nie absolut ist, sollte man auch diesen Freiheitsrest nicht leichtfertig vergessen; auch er kann eine mögliche Quelle für Emanzipation und Widerstand sein.

2) Jede Wissenschaft scheint eine für bestimmte Fragen sich selbst blind machende Versessenheit zu besitzen. Für die Kommunikationswissenschaft äußert sich diese Blindheit gegenüber dem Phänomen der Non-Kommunikation. Wie bereits gesagt: Untersucht der eine den Modernisierungsfaktor in der Kommunikation, so stürzt sich sein Kontrahent auf die Marginalisierungsfunktion, die dem schwächeren Kommunikationspartner dabei widerfährt. Beide gehen jedoch davon aus, daß Kommunikation überhaupt stattfindet. Ich gehe demgegenüber davon aus, daß gerade interkulturelle Kontakte viel eher von systematischer Verzerrung, Mißverständnis und Verweigerung bis hin zu völliger Non-Kommunikation gekennzeichnet sind. Für eine Kommunikationsforschung, die an autozentrierter Entwicklung und Widerstand interessiert ist, wäre eine systematische Aufarbeitung solcher Non-Kommunikation im Nord-Süd-Konflikt ein dringendes Desiderat.

3) Für die Task Force „Informationstechnologien und Telekommunikation" in der Generaldirektion III der EG-Kommission wurden inzwischen Forschungsarbeiten vorgelegt, die die Auswirkungen der I & K-Technologien auf die Peripherie der EG (Irland, Griechenland und Italien) untersuchen. Diese Studien sind ein guter Beleg für die Strategie einer abhängigen Anbindung der Peripherie an das Zentrum (vgl. Baltimore Technologies 1985; Terrovitis 1985; IRI 1985).

4) In der Tradition der verschiedenen Kommunistischen Internationalen kann man verbalrhetorisch noch sehr lange über die Probleme der verschiedenen Wege des Sozialismus, von Nationalismus vs. Sozialismus oder Sozialismus im eigenen Land vs. Weltsozialismus fürtrefflich streiten. Die realen kulturrelativistischen Entwicklungen in der Dritten Welt, die aus der Perspektive eines dogmatischen Sozialismus nie mehr als Populismus sein können, sind solchen Diskussionen längst davongelaufen.

5) Die sozialrevolutionären Schriften des iranischen Soziologen Ali Schariati (1933-1977) sind in ihrer analytischen Schärfe und Bedeutung denen von Frantz Fanon durchaus vergleichbar. Gegenwärtig beruft sich auf ihn sowohl die Staatselite im Iran als auch die oppositionellen Volksmodschahedin. Linton Kwesi Johnson (geb. 1952), Reggae-Musiker aus Jamaika, ist seit 1973 politisch und künstlerisch in London tätig. Jack D. Forbes und Russel Means sind führende Aktivisten der Native Americans in den USA. Von Jack D. Forbes liegt eine Veröffentlichung in deutscher Sprache vor (1981). Russel Means war einer der führenden Kräfte bei der Besetzung von Wounded Knee 1973. Ende 1985 ging er nach Nicaragua, um die Miskito-Indianer in ihrem bewaffneten Kampf zu unterstützen.

Literatur

Baltimore Technologies (Hrsg.) (1985): Use of Telecommunications for Regional Development: Ireland. Report to the Commission of the European Community, Brussels 1985 (mimeo).

Jörg Becker (1985): Massenmedien im Nord-Süd-Konflikt, Frankfurt: Campus 1985.

Bruce M. Borthwick (1973): The Islamic Sermon as a Channel of Political Communication, in: Michael H. Prosser (Hrsg.): Intercommunication Among Nations and Peoples, New York: Harper & Row 1973, S. 369-382.

Amilcar Cabral (1983): Die Theorie als Waffe. Schriften zur Befreiung in Afrika, Bremen: Edition CON 1983.

Horace Campbell (1980): Rastafari: culture of resistance, in: Race & Class, 1/1980, S. 1-22.

Marlene Cuthbert (1985): Cultural Autonomy and Popular Music. A Survey of Jamaican Youth, in: Communication Research, 3/1985, S. 381 - 393.

John Darnton (1984): Private Catalan TV Station Ends Spain's Government Monopoly, in: International Herald Tribune , 1.1.1984.

Mamadou Dia (1975): Islam. Sociétés Africaines et Culture Industrielle, Dakar: Nouvelles Editions Africaines 1975.

Diana Lady Dougan (1983): Remarks to Senate Panel (2, 140) U.S. Information, Communication Policies Outlined, 31.10.1983 (mimeo).

Umberto Eco (1985): Über Gott und die Welt. Essays und Glossen, München: Hanser 1985.

Frantz Fanon (1980): Schwarze Haut, weiße Masken, Frankfurt: Sydikat 1980.

Asgar Fathi (1977): The 'Minbar' as Medium of Public Communication in Islam, in: Communications and Development (Teheran), 1/1977, S. 11-12.

Asgar Fathi (1979): The Role of the Islamic Pulpit, in: Journal of Communication, 3/1979, S. 102-106.

Fred Fejes (1981): The Theory of Media Imperialism: An Assessment. Paper presented to the conference on Culture and Communication, Temple University, April 9-11, 1981 (mimeo).

Jack D. Forbes (1981): Die Wétiko-Seuche. Eine indianische Philosophie von Aggression und Gewalt, Wuppertal: Hammer 1981.

Helmut Fritz (1985): Das Evangelium der Erfrischung. Coca-Colas Weltmission, Reinbek: Rowohlt 1985.

Johan Galtung (1985): Social Communication and Global Problems, in: Philip Lee (Hrsg.): Communication for All. The Church and the New World Information and Communication Order, Indore: Satprakahan Sanchar Kendra 1985, S. 118-131.

Georg Wilhelm Friedrich Hegel (1980): Phänomenologie des Geistes, Frankfurt: Suhrkamp 1980.

Joachim Hoelzgen (1985): „Nur die Hoffnungslosen bleiben." Über den Niedergang der britischen Industriestadt Liperpool, in: Der Spiegel, 47/1985, S. 180-192.

Rolf-Roger Hoeppner (1984): Islamisierung. Allah ist groß, in: Industriemagazin, 3/1984, S. 44-50.

Dieter Hoffmann-Axthelm et al. (Hrsg.) (1978): Zwei Kulturen? Tunix, Mescalero und die Folgen, Berlin: Ästhetik und Kommunikation 1978.

(IRI) Istituto per la Ricostruzione Industriale (1985): Use of Telecommunications for Regional Development. Economic Study for Italy. Report to the Commission of the European Community, Brussels 1985 (mimeo).

Janheinz Jahn (Hrsg.) (1968): Neo-African Literature. A History of Black Writing, London: Faber & Faber 1968.

C. Lee Jones (1983): Die Auswirkungen der Technologie auf die Benutzer wissenschftlicher Bibliotheken. Referat auf der IFLA Generalkonferenz, München 1983 (mimeo).

James Killough (1983): Grenzüberschreitende Werbung: Barrieren und Chancen, in: Harvard Manager, 1/1983, S. 60-67.

Dietrich Klitzke (1982): Das 4. Programm. Studie zum türkischen Videomarkt, Berlin: Edition Express 1982.

Kommission der Europäischen Gemeinschaft (1984): Fernsehen ohne Grenzen. Grünbuch über die Errichtung des gemeinsamen Marktes für den Rundfunk, insbesondere über Satellit und Kabel, Brüssel 1984 (Kom. 84, 300 endg.) (mimeo).

Jack Lang (1983): Aufruf zum kulturellen Widerstand, in: epd-entwicklungspolitik, 3-4/1983, S. a-c.

William J. Lederer und Eugene Burdick (1966): Der häßliche Amerikaner. Im Zwielicht der Diplomatie, Reinbek: Rowohlt 1966.

Chin-Chuan Lee (1980): Media Imperialism Reconsidered. The Homogenizing of Television Culture, London: Sage 1980.

Mao Tse-tung (1969): Das Rote Buch, Frankfurt: Fischer 1969.

Ulrich Schmidt

Das scheinbar Fremde – Unterhaltungsindustrie und interkulturelles Lernen am Beispiel R. Attenboroughs Film „Gandhi"

1. Interkulturelles Lernen

1.1 Bedingungen interkulturellen Lernens

Fremde Kulturen werden stets nach dem eigenen Bezugsrahmen wahrgenommen, es gibt sie nur für mich, nicht an sich. Das eigene Muster kann bei geringer Erfahrung und großer Verunsicherung sehr eng sein und Feindseligkeit produzieren, das Verhältnis vieler Deutscher zu der türkischen Minderheit bestimmt sich daraus; es kann sich im Prozeß des Umgangs miteinander erweitern, je mehr Sinn im Verhalten des andern wahrgenommen wird, der die eigene Verhaltensweise als nur eine von möglichen auszeichnet, der Entwicklungshelfer, der das Leben in einem Land der Dritten Welt akzeptiert, verändert sich so; es kann in die Bewunderung des Fremden umschlagen, der Sanyassin, der aus Mülheim/Ruhr stammt, ist hier ebenso gemeint wie die schwärmerische Rezeption der indianischen Kulturen; die Wahrnehmungsweisen können also sehr verschieden sein, dennoch bleibt ihnen eine Verwurzelung im eigenen kulturellen und gesellschaftlichen Sinn-Zusammenhang: das Fremde ist jeweils das andere zum eigenen, beide stehen in einer Spannung, die sich aus den Verhältnissen der eigenen Gesellschaft ergibt.

Insofern unterliegt eine Rezeption fremder Kulturen, die zu interkulturellem Lernen führen soll, Bedingungen. Sie muß die fremde historische und kulturelle Situation wahrnehmen, d.h. sie in ihrer Differenz zur eigenen historischen Situation erkennen und akzeptieren. Ohne eine Betonung und Anerkennung dieser Differenz ist das Fremde nur eine merkwürdige Verdoppelung des eigenen, im schlechtesten Fall nur eine unvollkommene Frühphase.

Differenz setzt aber gleichzeitig auch Vergleichbarkeit, alle kulturelle Differenzierung muß ihren Grund finden in der Einsicht, daß das Fremde ebenso wie das Eigene Manifestation des allen gemeinsamen Mensch-Seins ist. Fehlt diese gemeinsame Wurzel, erzeugt die Erkenntnis der Differenz nur Xenophobie oder unverbindliches Exotentum.

Die fremde Lösungsstrategie für das Problem, menschlich leben zu können, muß als solche erkannt, in ihren wesentlichen Momenten verstanden und in ihrer Verankerung im fremden Kontext realisiert werden. Sie als fremd zu erleben meint, auf den ersten Blick sie im eigenen historischen und kulturellen Bereich zumindest als ungewöhnlich, unüblich, wenn nicht sogar als undenkbar zu betrachten. Umgekehrt muß sie aber einen Gehalt in sich tragen, der die Reflexion darauf reizt, ob das Unübliche bzw. Undenkbare in Problembereichen des eigenen Kontextes nicht doch Antworten auf bisher ungelöste Probleme zu geben vermag, um so fantasievolle Fragen nach den Schranken und den Möglichkeiten freizusetzen. Letztlich wird interkulturelles Lernen dann eine Transformation, eine Adaption, eine Anpassung des Fremden gemäß den eigenen Bedingungen und dem gemeinsamen utopischen Ziel möglich machen.

Interkulturelles Lernen umfaßt also zwei Ebenen: akzeptieren des Fremden als Fremden, was den Denkspielraum vergrößert, weil neben das eigene Selbstverständliche noch das Fremde als selbstverständlich tritt, und transformieren des Fremden in den eigenen Rahmen, was den Handlungsspielraum vergrößert, indem es neue Werte und Verhaltensweisen in das eigene Repertoire integriert.

1.2 Interkulturelles Lernen durch Massenmedien

Eine wesentliche Schwierigkeit für interkulturelles Lernen liegt in der Art und Weise, wie der fremde Gehalt rezipiert wird. Bewußtsein entsteht in Praxis und kehrt verändernd in sie zurück, Lernen, das diese Einsicht vernachlässigt, bringt bestenfalls totes Wissen hervor, mündet leicht in illusionäre Tagträume.

Für interkulturelles Lernen gilt gleiches, auch hier muß die Praxis und die Erfahrung, daß durch den Lernprozeß die Praxis sinnvoll verändert werden kann, im Vordergrund stehen. Insofern ist dem direkten Kontakt, der konkreten Auseinandersetzung mit der fremden Kultur der Vorzug zu geben vor allem vermittelten Lernen. Die Begegnung mit dem türkischen Kollegen, dem pakistanischen Nachbarn öffnet im Einlassen auf ihre Probleme eher die Augen als mancher aufklärende Fernsehfilm, der abends zwischen Dallas und Erdnüssen mitkonsumiert wird.

Umgekehrt bleibt aber die tägliche Erfahrung mit fremden Kulturen begrenzt, nicht überall gibt es den türkischen Kollegen, in ihm erschöpft sich nicht die Vielfalt der Kulturen. Auch die touristische Mobilität der Bevölkerung, in ihrer Massenhaftigkeit kanalisiert in das Touristengetto im anderen

Land vermag nicht viel mehr zu erbringen als die Wiederholung des Klischees.

So bleiben bei aller Beschränktheit die Massenmedien ein wichtiger Weg für interkulturelles Lernen. Sie stehen aber in den westlichen Industriestaaten unter einem leicht erkennbaren Zwang, denn sie konkurrieren um den Rezipienten gegen andere Angebote; ihr Tauschwert in einer Welt, in der jeder Wert letztlich wieder zu Kapital wird, ist die Unterhaltung, versagt sie, entziehen sich viele Rezipienten, denn sie sind nicht gezwungen, sich mit Inhalten auseinanderzusetzen. Ohne die Masse der Rezipienten läßt sich aber das in der Kulturindustrie investierte Kapital nicht realisieren, so muß das kulturindustrielle Produkt möglichst den Klebstoff für die Rezeption mitliefern.

Eine massenmediale Botschaft wird umso leichter und lustvoller angenommen, je mehr Selbstverständlichkeiten und Bestätigungen sie für den Rezipienten enthält, je mehr das gelieferte Weltbild dem allseits vertrauten entspricht. Umgekehrt sinkt der Unterhaltungswert, je mehr Dissonanzen zwischen medialer Botschaft und Rezipientenbewußtsein besteht.

Unter diesem Gesichtspunkt sind die Massenmedien getreue Verdoppler der gesellschaftlichen Verhältnisse, Multiplikatoren von Herrschaft. In dem Maße aber, wie Gesellschaft selbst widersprüchlich ist, nicht nur Herrschaft, sondern auch Widerstand dagegen in sich trägt, nicht nur die Sonnenseite des Industrialismus, sondern auch seine Krise wirkt, in dem Maße finden sich auch Möglichkeiten, emanzipative politische Inhalte über die Medien zu verbreiten.

Interkulturelles Lernen, das über Massenmedien stattfinden soll, bewegt sich also in dem Widerspruch, einerseits kulturindustrielles Produkt zu sein, Kapital, das mediale Form angenommen hat, andererseits von seiner Intention her an der grundlegenden Überwindung der Systemkrise teilnehmen zu wollen. Damit ist auch die Gratwanderung für die massenmedialen Produkte, die sich mit interkulturellen Phänomenen beschäftigen, gesetzt. Ist der Zugang zur fremden Kultur scheinbar sehr einfach, so ist anzunehmen, daß die Differenz zur eigenen Kultur relativ niedrig ist. Zwar wird damit die kognitive und emotionale Dissonanz gering, die Bereitschaft zur Rezeption groß gehalten, aber ein dauerhaftes Akzeptieren des Fremden als gleichberechtigter Entwurf ist bei der Masse der Rezipienten wegen der von ihnen über Angst erworbenen latenten Abwehr gegen Fremdes kaum möglich. Die Intention versandet. (Dem widerspricht die Form vieler Berichte über Kulturen aus der Dritten Welt nicht, die den Exotismus betonen. Dieser ist letztlich nicht anderes als das abstrakte Gegenteil des unmittelbar zugänglichen: Bestätigung, daß das Fremde als Fremdes seltsam, abgegrenzt und unzugänglich ist.)

Liegt umgekehrt die Schwelle zum Verständnis der fremden Kultur recht hoch, ist die Darstellung realitätsgerechter, so sind auch kognitive und emotionale Dissonanzen hoch, die Chancen einer Neuorientierung steigen, gleichzeitig sinkt aber das Rezeptionspotential, das Produkt wird besser, während die Zahl derer, die sich damit auseinandersetzen wollen, sinkt. Das Interesse der Medienindustrie erlahmt.

Ein massenmediales Produkt, das interkulturelles Lernen fördern will, muß in seinem Inhalt also einerseits beziehbar sein auf die Widersprüchlichkeit der Gesellschaft, in der es entsteht, da es selbst Ausdruck eines wie auch immer gearteten Widerstands gegen die Fehlentwicklungen des Industrialismus ist, andererseits muß es eine Form finden, die für die Intention tolerierbares Mittel zwischen dem Unterhaltungs- und Aufklärungswert darstellt.

2. „Gandhi - die wichtigste Biografie in der Filmgeschichte“

Diese Überlegungen sind abstrakt, sie haben sich am konkreten Objekt zu bewähren als heuristische Hinweise, Anregungen zur Ideologiekritik, Hilfen zur Analyse.

Ein mögliches Objekt dafür ist Richard Attenboroughs Film über Gandhi. Einerseits steht die Person Gandhis selbst schon für den Versuch der Realisierung der Intentionen interkulturellen Lernens. „Indem er nicht bereit war, die entscheidenden Bindungen an die Kultur seiner Heimat aufzugeben, noch leichtfertig die Chance, sich westliche Bildung zu erwerben, ausgeschlagen hat, die am Ende zu seiner Fähigkeit beigetragen hat, die englische Hegemonie brechen zu helfen, hat Gandhi in all diesen scheinbaren Widersprüchen seine intime Vertrautheit mit den Gegebenheiten seiner Epoche bewiesen. Denn in allen Teilen der Welt steht heute der Kampf um die antizipatorische Entwicklung umgreifender Identitäten auf der Tagesordnung.“ (E. Erikson, Gandhis Wahrheit, Frankfurt/M 1978, S. 518) Andererseits ist der Film gemessen an dem investierten Kapital, den publizierten Intentionen der Filmproduzenten, der massenhaften Rezeption, dem öffentlichen Echo einer der größten Versuche der letzten Jahre auf dem Gebiet der Vermittlung zwischen Kulturen.

„Der Film, hoffe ich, präsentiert die optische Wahrheit über Gandhi ebenso wie die philosophische.“ (R. Attenborough in: Gandhi. Eine bebilderte Biographie von Gerald Gold, Bergisch-Gladbach 1983, S. 227) Um dieses hochgesteckte Ziel, Widerspiegelung eines Gesamtzusammenhangs, zu erreichen, bemühte sich Attenborough um größte optische Authentizität der Bilder, indem er die Schauspieler nach Ähnlichkeiten mit den historischen Figuren aussuchte, indem er während der Dreharbeiten einzelne Szenen genau nach alten Fotografien nachstellte, indem er die historische Kulisse exakt nachbauen ließ.

Aber auch inhaltlich soll der Film Gandhi widerspiegeln. „Mein wichtigstes Ziel bei diesem Film war, den Geist des Mannes so getreu wie möglich einzufangen. ... Wenn ich bestimmte historische Fakten ausließ, was unumgänglich ist, wenn man 79 Jahre zu einem Film von gut 3 Stunden zusammenrafft, dann sollte mir genaues Erkunden bewußt machen, welche kinematischen Freiheiten ich mir nahm." (ebd., S. 227) Der filmische Gandhi ist der wirkliche, das filmische Indien ist das wirkliche, die erzählte Geschichte ist die wirkliche, allenfalls gerafft, aber unverändert in ihrem Gehalt.

Und das Publikum entnimmt dem Film die Botschaft: in faschistichen Staaten wie der Republik Südafrika oder Chile löst er innenpolitische Debatten aus, weil er eine Möglichkeit des politischen Widerstands zeigt, in verschiedenen westeuropäischen Staaten wirkt er als aufklärendes Glied zwischen der schweigenden Mehrheit und der gegen die Krisenerscheinungen aufbegehrenden gewaltfreien Opposition.

In der Dunkelheit des Kinos, jenseits allen offiziellen Betriebs rührt der Film viele seiner Besucher an: ich habe selten bei einem politischen Film ein so intensives Zuschauen bei dem Publikum erleben können, selten so viele Menschen während eines Filmes weinen sehen. Auch bei späteren Diskussionen findet sich ein überwiegend positives Echo: bei einer Umfrage unter Schülern, die den Film gesehen hatten, hielten ihn über 90 Prozent für sehr gut, niemand urteilte schlechter als gut. Auf vorsichtige Kritik an dem Film reagierten die meisten Angesprochenen mit heftiger Abwehr: der Film ist gut und wertvoll, weil er klar ein überzeugendes Modell von gewaltfreiem Widerstand gegen übermächtiges Unrecht zeigt. Es ist ein Film über Indien, einen indischen Politiker, aber auch unsere Probleme werden behandelt, wir können lernen. Etwaige Mängel sind allenfalls aus der filmischen Realisation zu erklären, die Botschaft des Films ist identisch mit der Botschaft Gandhis.

An unseren eigenen ersten spontanen Reaktionen auf den Film, emotional, wenig reflektierend, aber ehrlich-heftig können wir diese Haltung gut nachvollziehen: Kino, großes Kino als Teil eines fortschrittlichen Lernprozesses. Aber irgendwo meldet sich dann doch der Zweifel: produziert der Film den ihm nachgesagten Effekt, politisiert er in der vermuteten Richtung; konkreter: zeichnet er Gandhi so, daß dieser einerseits angemessen verstanden werden kann und daß andererseits der Zuschauer dieses Verständnis mit seinen eigenen Problemen produktiv vermitteln kann? Gelingt es dem Film, den Widerspruch zwischen kognitiver und emotionaler Dissonanz zum Bezugssystem des durchschnittlichen Zuschauers und einer intendierten massenhaften Wirkung so aufzuheben, daß die Intention auf interkulturelles Lernen nicht versandet? Was macht den Film für viele Menschen hier so attraktiv?

Richard Attenborough hat – beraten von Pandit Nehru und Indira Gandhi – einen Film komponiert, der mit dem Mord an Gandhi beginnt, um dann in einer weiten Rückblende die wichtigsten Stadien und Formen des Kampfes Gandhis bis zu seinem Tode zu schildern. Im Mittelpunkt steht dabei Gandhis gewaltloser Widerstand gegen das britische Empire einerseits, der übermächtige Einfluß, den Gandhi auf die indischen Volksmassen, die immer wieder zu Gewalttätigkeiten neigen, hat, andererseits.

Eingebettet in diesen historischen Handlungsablauf sind einige Szenen, die eher den privaten Gandhi zeigen: mutig und gottvertrauend, als er einer

Gruppe südafrikanischer Jugendlicher gegenübertritt, auffahrend, als sich seine Frau gegen als diskriminierend empfundene Anweisungen wehrt, verzweifelt, als er den Schauplatz des Massakers von Amritsar besichtigt, fröhlich, als er einigen Journalisten die Szene seiner Eheschließung vorspielt. Aber diese Eigenschaften sind eher äußerlich, menschliche Züge eines Größeren, der Film visualisiert den Eingangssatz Albert Einsteins: „Künftige Generationen werden kaum glauben, daß einer wie er in Fleisch und Blut auf dieser Erde gewandelt ist."

In der Fülle der Bilder, Personen, Ereignisse des Films geht der Zuschauer zunächst unter, zurück bleibt die Erinnerung an verschiedene bunte, direkt aufeinander folgende Episoden, deren wesentliche Konstante Gandhi ist. Um in diesem bunten Bilderbogen unsere Ausgangsfrage zu klären, erscheint es uns günstig, die Darstellung der Entwicklung des gewaltfreien Kampfes Gandhis zu untersuchen, um so etwas über das Verständnis dieses Kampfes, das der Film vermittelt, aussagen zu können.

Auffallend ist zunächst, daß es im Film keine Entwicklung des Konzepts des gewaltfreien Kampfes gibt. Die Methode ist von Anfang an vorhanden, sie ist fertige Waffe, es gibt nur unterschiedliche Formen:

- Abwehr von ungerechten staatlichen Maßnahmen,
- aktiver Kampf für ein politisches Ziel,
- Fasten zur Abwehr von Gewaltausbrüchen.

Die Form des Abwehrkampfes findet sich im wesentlichen in der südafrikanischen Zeit im Widerstand gegen die Paß- und Asiatengesetze. In beiden Fällen wird Gandhi als der mutige, sich mit seinem Körper einsetzende Widerstandskämpfer gezeigt: während er von einem Polizisten zusammengeschlagen wird, verbrennt er unbeirrt weiterhin indische Pässe; für den Widerstand gegen das Asiatengesetz wird er eingesperrt.

Als Motiv für diesen Einsatz zeigt der Film zunächst einmal die bittere Erfahrung der Diskriminierung am eigenen Leibe: der britische Rechtsanwalt, der völlig fassungslos ist, wenn er als „coolie" nicht im 1.Klasse-Abteil der südafrikanischen Eisenbahn fahren darf; daneben tritt eine große innere Stärke und ein immenses Vertrauen in Gott und die Existenz eines natürlichen Rechtsempfindens auch bei dem borniertesten Mitmenschen, wenn er in der Auseinandersetzung mit den südafrikanischen Jugendlichen, die ihn zwingen wollen, vor ihnen vom Bürgersteig auf die Straße zu treten, nach „dem ersten Streich" lieber noch „die andere Wange hinhält", um mit klarem Blick auf seinem Recht zu beharren.

Zu diesen Erfahrungen und Eigenschaften tritt dann noch, allerdings wenig aus dem Zusammenhang begründet, der zentrale Glaubenssatz: „Ich bin bereit, für unsere Sache zu kämpfen, ich bin bereit, für sie zu sterben, aber ich halte keine Sache der Welt für so wichtig, ihretwegen zu töten."

Die Schwierigkeit für den Film, diese Form des Abwehrkampfes nicht nur als in der Persönlichkeit Gandhis begründet zu zeigen, sondern auch befriedigend klarzulegen, wie sich die Motive des gewaltfreien Kampfes entwikkeln konnten, liegt vor allem in dem gänzlichen Verzicht, seine Kindheit und

Jugend darzustellen, Gandhis Bewußtsein und Persönlichkeit aus einem gesellschaftlichen und kulturellen Zusammenhang zu erklären. Zwar wird später in einer kurzen Episode angerissen, daß Gandhi in einer Umgebung aufwuchs, die Hinduismus und Islam zu verbinden wußte, aber auch hier fehlt völlig eine vermittelnde Einführung in die traditionellen Werte der Vaishnavit-Religion und der Jain-Kultur, von denen Gandhi geprägt war: Vegetariertum und Reinigung, das Ablegen von Bekenntnissen und Gelübden, und besonders „ahimsa", die Scheu, lebendigen Wesen Schmerz zu bereiten. Durch diesen Verzicht wird aus dem Hindu Gandhi in Südafrika ein besserer Christ, der in seinem Gottvertrauen selbst den Priester Andrews übertrifft.

Den aktiven Kampf führt Gandhi in Indien: Befreiung Indiens vom britischen Empire durch Organisation eines gewaltfreien, religiös begründeten Generalstreiks, Bauernkampagnen, Spinnbewegung, Salzmarsch usw. Die Anlässe, zu denen diese Aktionen stattfinden, werden äußerst dünn gezeichnet, die äußere Aktion steht im Vordergrund, nicht ihre Geschichte und Struktur. Dem Zuschauer bleibt der politische Hintergrund verborgen.

So geht der erste darsgestellte Generalstreik z.B. auf britische Ausnahmegesetze zurück, die Verhaftungen ohne Haftbefehle möglich machen, das Entscheidende an ihm ist, daß sich Hindus und Moslems in einer gemeinsamen Aktion verbinden. Der Kinobesucher erfährt davon nichts. Im Gegenteil: der historische Gegensatz zwischen Hindus und Moslems wird erst im letzten Teil des Films bei der Teilung des Subkontinents in die Indische Union und Pakistan relevant. Dort erscheint er dann allerdings so eng mit dem persönlichen Ehrgeiz Jinnahs verknüpft, daß seine allgemeine Basis einfach verschwindet. Die jahrzehntelange politische Leistung Gandhis, die auseinanderstrebenden Position zu integrieren, wird einfach unterschlagen.

Die Darstellung der Kampagne in Champaran zeigt zwar Ansätze der überaus intensiven Untersuchungsarbeit, die Gandhi jeder Aktion vorausgehen ließ, um so überhaupt Material für den von ihm angestrebten Kompromiß zu gewinnen, in dem jede der beiden Seiten ihren Vorteil erkennen konnte, aber sie reduziert die kämpfenden Bauern entweder auf abgerissene alte Männer und Frauen, die sich kaum noch auf den Beinen halten können und deswegen den Mahatma zu Hilfe rufen, oder auf eine gröhlende Menschenmenge, die sich über Gandhis kompromißloses Auftreten vor Gericht freut. Von den sorgfältigen Überlegungen, die das Aufstellen von Forderungen, die gewaltfrei zu erreichen sind, erst möglich machen, von dem Mut der Bauern, vor den Untersuchungskommissionen auszusagen, von den Schwierigkeiten der intensiven Schulungsarbeit, die im Rahmen der Kampagne jeweils durchgeführt wurde, zeigt der Film nichts. Ähnliches gilt für die anderen genannten Aktionen. Durch diesen Verzicht auf die Darstellung der Breite des organisierten Widerstands, seines kollektiven Charakters, der Verflochtenheit der Maßnahmen, der Fantasie, die Gandhi und seine Anhänger auf ihre Durchführung verwendeten, die Einbettung in den historischen, kulturellen Kontext verwandelt der Film den Kampf in eine ahistorische Ein-Mann-Bewegung und wird damit gerade nicht Gandhis Leistung gerecht, in dem gewaltfreien Kampf die moralischen Gehalte der hinduistischen Kultur massenhaft mit dem Widerstand in der Lebenswelt verbinden zu können. „Er erkannte Indiens damalige politische Situation: riesigen, unbewaffneten und jeden Waffengebrauchs entwöhnten Menschenmassen hatte ihre Kultur jahrhundertelang Leidensfähigkeit, passive Unterordnung unter nackte Gewalt von oben und Schicksalsergebenheit als Ideal der sozialen Wertskala anerzogen. Ein herkömmlicher Volkstribun wäre an einem solchen Substrat einer Revolution gescheitert – und so scheiterte der Kongreß jedesmal, wenn er sich zu einem aktiveren Vorgehen entschloß, so scheiterte Subhas Chandra Bose mit seinem Versuch, einen regelrechten Befreiungskrieg von außen zu entfalten. Gandhi dagegen verstand, aus der Not eine Tugend zu machen. Für Gandhi und die kleine Schar seiner Schüler beinhaltete Satyagraha natürlich viel mehr, aber für die breiten indischen Massen lag zumindest unbewußt ein enormer Anziehungsfaktor in dem Umstand, daß sich auf diese Weise physische Gewaltlosigkeit mit scharfer psychischer Aggressivität verbinden ließ." (C. Ullerich, in: Nachwort zu: Mahatma Gandhi, Mein Leben, Frankfurt 1983, S. 278)

Im Film gerinnt diese Leistung Gandhis, der die Volksmasse eben mehr ist als nur die lärmende Folie für den Super-Mann, abwechselnd zu einer originellen Schlagfertigkeit (z.B., als die Führer der Kongreßpartei den Generalstreik beschließen) oder zum Ausdruck einer unbestimmten universellen moralischen Haltung: der indische moralische Politiker existiert auf dieser Ebene kaum, gewaltfrei zu kämpfen wird zu einer Angelegenheit der einsamen Führer.

Noch deutlicher wird dieser Verlust an inhaltlicher Substanz bei der dritten Form des gewaltfreien Kampfes: dem Fasten. Der Film zeigt zwei von ca. 30 Fastenaktionen Gandhis: einmal nach dem Generalstreik, als der „Mob" außer Kontrolle gerät und Polizeiposten angreift (nachdem, wie gezeigt wird, sich die Polizisten provozierend verhalten haben), zum anderen nach der Unabhängigkeit, als Hindus und Moslems sich gegenseitig in vielen Städten abschlachten und die Regierung ratlos ist. Beide Male hat das Fasten disziplinierende Funktion: mit dem Einsatz seines Körpers erpreßt der Mahatma den „geifernden Pöbel", die außer Kontrolle geratenen Massen. Fasten ist so nichts anderes als ein – zwar verzweifelter – Handel: Gandhis Leben gegen die Wut des Volkes. Damit verfehlt der Film aber gerade das, was die moralische Überzeugungskraft dieser Aktionen ausmacht. Für Gandhi waren diese Fastenaktionen nicht Erpressungen, sondern Versuche, ausgehend von der Einsicht in die Wahrheit des angestrebten Ziels, d.h. von der Einsicht in die absolute Kongruenz von Moral und Konfliktlösungsstrategie, über ein Gelübde, dessen Ernsthaftigkeit durch das Fasten ausgedrückt wird, der Wahrheit zum Durchbruch zu helfen. Aus dieser Sicht ist Fasten eine Läuterung, äußerstes Zeichen der Enthaltsamkeit von Gewalt, äußerste Konzentration auf ein Ziel, Beispiel extremer Selbstbestimmung – und nur im Verständnis dieser Inhalte wirksam.

Erik Erikson arbeitet in seinem Buch „Gandhis Wahrheit" diesen Aspekt heraus. Er zitiert anläßlich der Analyse des 1. öffentlichen Fastens, das Gandhi im Rahmen eines Textilarbeiterstreiks durchführt, Gandhi mit seiner Begründung für die Fastenaktion: „Aus der alten Kultur Indiens ist mir eine Wahrheit aufgegangen, die, auch wenn sie augenblicklich nur von wenigen Menschen hier bei uns beherzigt wird, diesen wenigen Herrschaft über die ganze Welt geben könnte... Wenn ein einmal abgelegtes Versprechen, wie ich es beispielhaft gegeben hatte, leichtfertig gebrochen werden sollte und dadurch das Gottvertrauen erschüttert werden sollte, müßte die sichere Vernichtung von *dharma* die Folge sein... Um also diese zehntausend Männer (die streikenden Arbeiter - U.S.) vor einem Fall zu bewahren, habe ich mich zu diesem Schritt entschlossen. Das war es, weswegen ich dieses Gelübde abgelegt habe, und seine Auswirkung war elektrisierend. Ich habe das niemals so erwartet. Den Zehntausenden von Menschen, die anwesend waren, traten Tränen in die Augen. Sie erwachten zur Wirklichkeit ihrer Seelen, ein neues Gewissen regte sich in ihnen, und sie schöpften Kraft daraus, zu ihrem Versprechen zu stehen. Ich war augenblicklich überzeugt, daß *dharma* in Indien noch nicht geschwunden ist, daß die Menschen von einem Appell an ihre Seele gepackt zu werden vermögen." (Gandhi, 15. Flugblatt, zit. nach E. Erikson, a.a.O., S. 426/27)

Die Kraft des Fastens ergibt sich also für Gandhi aus der positiven Aufgabe, der belehrenden Funktion, dem Versuch, die Wahrheit der Gewaltfreiheit zu materialisieren. Verstehbar wird sie erst aus der Einsicht in die komplexe Verbindung von persönlichen Idiosynkrasien Gandhis, seiner Verwurzelung in der hinduistischen Tradition und der spezifischen Verbindung zu den indischen Massen.

Aus dieser Sicht sind die Gewalttätigkeiten, die Ausschreitungen nicht Manifestationen der gewalttätigen Volksseele, wie viele Bilder und Szenen des Films nahelegen, sondern Bruch des Versprechens, gewaltfrei zu kämpfen; diesem Bruch kann auch gerade deswegen mit einem besonderen, aus der inneren Logik des gesamten Kampfes erwachsenden positiven Mittel begegnet werden. Im Verzicht auf eine genau Analyse dieser Zusammenhänge verfälscht der Film den Gehalt von Gandhis Kampf, er läßt den europäischen Zuschauer allein und gibt ihm so letztlich nur die Möglichkeit, den Szenen den Sinn zu unterlegen, den er aus sich selbst schöpft: Bändigung der Kinder durch den Vater, Sieg der überlegenen Moral des Führers über die niederen Instinkte der Massen, Schacher und Erpressung, der Zweck heiligt die Mittel.

Indem der Film Gandhi und den indischen Befreiungskampf so kaum auf einem konkreten historischen, gesellschaftlichen und kulturellen Hintergrund entfaltet, der dem gewaltlosen Widerstand und dem Fasten Gandhis einen besonderen, konkreten traditionellen Sinn verleiht und den der Rezipient in seiner spezifischen Differenz zu seinem eigenen Sinn wahrnehmen kann, reduziert er die Handlungen zu Manifestationen einer allgemeinen menschlichen Haltung: ihr spezifischer Charakter verschwindet vor dem allgemeinen. Wichtig, weil einzig sichtbar, wird die Aktion gewaltloser Widerstand und Fasten, vernachlässigt wird ihr Sinn; so konkret die Bilder auf der Leinwand sein mögen, so genau die Geschichte erzählt sein mag, so abstrakt und oberflächlich ist sie letztlich, weil sie kein Verstehen ermöglicht. Hier lernen nicht Kulturen voneinander, die Rezipienten können nur ganz Eigenes, das verstanden wird, oder ganz Fremdes, das unverständlich bleibt, erkennen. Es verschwindet die für interkulturelles Lernen so notwendige überschreitbare Dissonanz, der Film wird leicht goutierbar.

Spätestens an dieser Stelle erschlägt die Kulturindustrie den aufklärerischen Impuls des Themas, die Produktionsform den Inhalt. Eine Denkhaltung, die Vielfältigkeit, Stärke, Energie, Humor, aber auch Zweifel, Zögern, Kritik, Selbstkritik, Ungeduld, Gewalt gegen sich in sich trägt, wird in pompösen Bildern aufgeblasen zu einer ahistorischen Heiligenlegende, innere Zusammenhänge, Abhängigkeiten, Folgen und Voraussetzungen werden nicht auseinanderentwickelt, sondern durch ihr Aneinanderschneiden als solche behauptet; das schnelle Aufeinanderfolgen von Ereignisse, die Menge der agierenden Personen, die Massenszenen, die Pracht der Farben: das exotische Indien machen eine Überprüfung der inneren Logik für den Zuschauer kaum möglich, Nachdenken wird durch Unterhaltung ersetzt. Ziel der Veranstaltung ist nicht mehr der „fremde Blick, der das Gegebene in Zweifel zieht“ (B. Brecht), sondern Ziel ist die Produktion eines der „größten Filme der Geschichte“. Dem Betrachter wird es leicht gemacht, die eigenen Handlungsmuster, die eigenen Sehnsüchte den Protagonisten zu unterschieben, d.h. Fremdes eben nicht als Fremdes, das - kritisch geprüft - vielleicht sinnvoll sein könnte, sondern als ganz Eigenes bzw. unverständlich Fremdes zu interpretieren. Die Wahrnehmungsschwelle für das Gesehene wird so niedrig oder unübersteigbar, aber sie rückt das Neue eben nicht in den Bereich des Greifbaren, für das die eigene Anstrengung lohnenswert erscheint.

Nicht die Schwierigkeit des Verstehens und die Chance, die darin liegt, werden entwickelt, sein gelungener Vollzug wird suggeriert, der Film wirft nicht Fragen auf, die nach Antworten in der eigenen Praxis drängen, sondern er beantwortet alle Fragen: Gandhi war ein gewaltloser Heiliger, und er macht uns Mut wie alle Heiligen. Was wir von dem politischen indischen Menschen mit all seinen Stärken und Schwächen für unsere poltische Praxis lernen können, bleibt unklar, weil sich die Praxis des Film-Gandhi auf ein universales Moraltraktat verkürzt.

Damit wird der Film immer weniger Ausdruck eines kulturpluralistischen fortschrittlichen Konzepts als Umsetzung einer kulturellen Variante der Modernisierungstheorie, die zwar kulturelle Unterschiede als existent ansieht, sie letztlich aber unter dem Gesichtspunkt der Vereinheitlichung im historischen Prozeß für vernachlässigbar hält.

Verstärkt wird diese Tendenz noch durch einige politische Akzentsetzungen des Films. Der indische Befreiungskampf wird reduziert auf einen Kampf um die Loslösung Indiens von Großbritannien. Zwar spricht Gandhi im Film einmal davon, daß das neue Indien ein Indien der kleinen Bauern und Handwerker sein müsse, aber dieser demokratische und soziale Teil seines Programms wird kaum näher in Aktion gezeigt, denn massenhafte Beteiligungen an Demonstrationen, aufwendige Massenszenen machen noch nicht einen demokratischen Gehalt aus.

Insofern erspart sich der Film auch die kritische Frage, ob für eine wirkliche Befreiung der indischen Volksmassen nicht nur der Austausch der regierenden fremden Elite notwendig gewesen wäre, sondern eine soziale Umgestaltung, die erst imstande gewesen wäre, die Kluft zwischen arm und reich, zwischen Luxus und bitterer Not grundlegend zu überwinden. Hagiographisch, wie er über weite Strecken angelegt ist, kritisiert der Film Gandhis Votum für ein Bündnis mit der herrschenden indischen Bourgeoisie nicht, zeigt keinen Standpunkt auf, in den spätere historische Erfahrung eingeht, der bei aller Verehrung nicht auf eine eigenständige Wertung verzichtet, sondern er immunisiert gegen historische Einwände, indem er ihre Bedingungen schlichtweg unterschlägt. Gandhis Koalition mit den Mächtigen des Landes, seine Taktik des Abwiegelns bei spontanen Volkserhebungen, die sich zu radikalisieren drohen, seine Führerpose gegenüber den jubelnden Massen erscheinen als einzige und damit auch als einzig denkbare Politik. In diesem Zusammenhang scheut Attenborough nicht einmal vor Geschichtsklitterung zurück, wenn er z.B. Chandra Bose, der durch ein Konzept des militanten revolutionären Widerstands ein wichtiger Opponent Gandhis war, einfach aus dem historischen Prozeß eliminiert: es gibt ihn nicht. Kritik am Idol ist nicht erlaubt. So wird unter der Hand auch ein Muster des „richtigen" antiimperialistischen Kampfes an den Rezipienten weitergegeben, ohne klarzumachen, daß es auch eine Opposition gegen Gandhis Weg gab, die eine radikalere, tiefgreifendere Befreiung Indiens wollte.

Auch hier drängt sich wieder der Verdacht auf, daß der Film modernisierungstheoretische Ansichten vertritt, ungenannten Interessen dient, da seiner Botschaft nach zwar ein antikolonialer Kampf notwendig ist, aber keine antiimperialistische Revolution. Insofern ist es wirklich Programm, daß es ein Film über Gandhi und Gandhis Indien ist und nicht einer über Mao Tsetung und die chinesische Revolution – und daß dieser Film z.T. von der indischen Regierung finanziert wurde.

Diese politischen Akzente scheinen eher die Grundhaltung eines industrialistischen Publikums zu bestätigen, als in der Lage zu sein, kritische Reflexionen in Gang zu setzen. Zwar fühlen sich viele Rezipienten nach dem Film politisiert, aber ihre Politisierung ist quasi folgenlos. Der Film animiert nicht zu einer aktiven massenhaften Untersuchung von unerträglichen Lebensbedingungen, gegen die man gewaltlos kämpft, sondern er bestätigt die politische Sehnsucht, daß sich Friede und Fortschritt durch die opfervolle Verpflichtung auf eine als moralisch empfundene Position gewaltlos gewinnen lassen. Der Verzicht auf die der Realität angemessene Darstellung der Kontextgebundenheit, der Begrenztheit des Kampfes, der Verzicht auf die kritische Frage, die Hermetik des Filmes, die sich als Universalität ausgibt, legen eine nahtlose Übertragung auf die eigenen Verhältnisse, z.B. in der Friedensbewegung, nahe. Appelliert wird dabei an die gemeinsame Sehnsucht, menschlich leben zu wollen, aufgehoben wird damit der emotionale

Abstand, aber über diese Aufhebung wird vernünftige Kritikfähigkeit eher gebunden als entbunden.

Wenn der Film dennoch als Politisierung von vielen Rezipienten wahrgenommen wird, so drückt das eher das unentfaltete politische Bewußtsein aus, dem zunächst schon die Existenz der Möglichkeit, erfolgreich Widerstand gegen gesellschaftliche Macht zu leisten, als Politikum, Mobilisierungsmöglichkeit, Neuheit erscheint, das sich in seiner Emotionalität noch wenig um die konkreten Bedingungen dieses Widerstands kümmert. Deshalb darf die Betroffenheit, die der Film auslöst, nicht überheblich abgetan werden, sondern es muß sorgfältig geklärt werden, daß diese Betroffenheit zwar ein notwendiger Teil politischer Kompetenz ist, aber noch nicht hinreichend für politisches Handeln qualifiziert, daß der Film hier in seiner ahistorischen und idealisierenden Konzeption Momente enthält, die eine Herausbildung von politischem Bewußtsein behindern, und daß erst in der Kritik dieser Momente eine wirkliche Politisierung einsetzen kann.

3. Aussicht

Die Analyse am Objekt erweist die Schwierigkeit: zwar gibt es viele massenmediale Produkte, die interkukturelles Lernen intendieren, zwar gibt es viele Rezipienten, die meinen, an solchen Produkten interkulturelles Verständnis zu erwerben, bei genauerer Betrachtung zeigt sich jedoch, daß die andere Kultur, der man sich zu nähern geglaubt hat, nur nach dem gängigen Klischee der Fremden der eigenen Welt geformt wurde. Nicht wirkliche Annäherung ist die Folge, denn diese ergibt sich nur aus dem mühsamen Durchgang durch die Differenz der kulturellen Bezugsrahmen, sondern Verdoppelung des ohnehin Bekannten.

Interkulturelles Lernen heißt nicht nur Offenheit für fremde Erscheinungen, die in ihrer Ungewohnheit faszinieren, ist nicht Orientierung am Vorbild, dem man einfühlsam folgt, kann nicht Additum zum unveränderten Gewohnten sein: Nasi Goreng als Abwechslung zum Einerlei der bürgerlichen Küche, sondern muß die Bereitschaft umfassen, sich auf einen veränderten Sinn einzulassen, der aus einem fremden Gesamtzusammenhang und der gemeinsamen Utopie entstanden ist.

Produkte, die interkulturelles Lernen wirklich fördern wollen, müssen diese Radikalität in sich tragen, müssen den Bruch mit den alten Denkgewohnheiten möglich werden lassen, mit der Chance, daß sie dann nicht „gigantisch“ sein müssen, sondern bescheiden und wahrhaftig sein können. Sie müssen nicht nur ihrer Intention nach interkulturelles Lernen fördern wollen, indem sie fremde Inhalte vorstellen, sondern sie müssen in Form und Inhalt zur Kritik des eigenen Bezugsrahmens verhelfen.

Heinz-Peter Gerhardt

Interkulturelles Lernen - Erfahrungen als Hochschullehrer in Brasilien

Einleitung

Die Entwicklung der Hochschulen in der Dritten Welt hat sich nach Goldschmidt (1986, 20) in drei Stufen vollzogen:
„- Von colleges und Universitäten nach den begrenzten Bedürfnissen der Kolonialmächte;
- über breiter angelegte colleges und Universitäten entsprechend dem euro-amerikanischen Vorbild, wie man es sich anzueignen suchte, sobald die staatliche Unabhängigkeit gewonnen war;
- bis hin zu Institutionen, die sich so weit von diesem Vorbild wieder zu emanzipieren suchen, daß sie den praktischen wie kulturellen Bedürfnissen ihrer Länder besser gerecht werden, ohne doch den internationalen Wissenschaftschor zu verlassen."

An einer Hochschule des letztgenannten Typus lehrte ich von 1980-85 als Erziehungswissenschaftler. Wenn ich im folgenden meine Erfahrungen an diesem Arbeitsplatz, Erfahrungen mit Kollegen, Studenten und der Institution selbst zusammenfasse, so bediene ich mich einer Methode, die in der Psychologie der Jahrhundertwende als Introspektion bezeichnet wurde. Der Psychologe benutzte Introspektion, um Erfahrungsmomente des täglichen Lebens nach Form, Intensität und Dauer zu differenzieren. Er wollte zur „Apperzeption" gelangen, der Vereinigung von Einzelerfahrungen zu einer kognitiv höherstehenden Synthese.

Die Grundelemente der hier vorgestellten Synthese stellen Tagebucheintragungen dar, hinzu kommen die jährlichen Berichte an die Entsendeorganisation. Das so gewonnene Substrat wurde um Daten zur brasilianischen Hochschulszenerie bereichert. Zudem berücksichtigte ich weitgehend die spärliche Literatur zur Frage des „Interkulturellen Lernens" an einer Hochschule der Dritten Welt.

1. Die Gastuniversität

Im Rahmen eines im Jahre 1978 abgeschlossenen Abkommens zwischen Brasilien und der Bundesrepublik Deutschland war ich als Hochschullehrer an der Bundesuniversität von Rio Grande do Norte in Natal tätig. Ich lehrte und forschte am Department für Erziehungswissenschaften.

Zusammen mit 108 Kollegen übernahm ich Lehrverpflichtungen für 700 Studenten, sowohl in den „undergraduate" als auch in den „graduate" (Magister) Kursen. Insbesondere der Magisterkurs benötigte zum Zeitpunkt meines Eintreffens personelle und inhaltliche Stärkung. Den gemeinsamen Anstrengungen ist es zu verdanken, daß der Graduierten-Studiengang im nationalen Vergleich des Jahres 1985 zwei Richtpunkte auf einer Viererskala nach oben rückte.

2. Erfahrungen und ...

2.1. Die Kollegen am Department

Meine Integration in den Departmentbetrieb stieß anfangs auf Schwierigkeiten, die sich zwar im Laufe der Zeit verminderten, aber nie ganz beseitigt werden konnten. Kurz vor meiner Ankunft waren die Verträge zweier amerikanischer Gastprofessoren nach nur einjähriger Dauer gekündigt worden. Ihnen wurde „wissenschaftsimperialistisches" Verhalten (die Anwendung amerikanischer Bibliographien, Methoden und Inhalte) und direkte Einmischung in „interne Angelegenheiten" des Departments vorgeworfen.

In diesem Klima kam die Zustimmung zu meiner Berufung nur unter ausdrücklichem Verweis auf meine empirische Feldarbeit im Nordosten Brasiliens vor 1980 zustande (Gerhardt, 1979). Einige Kollegen kannten mich bereits persönlich aus dieser Zeit.

Das generelle Mißtrauen konnte ich in dem Maße abbauen, in dem es mir gelang, direkt mit den Kollegen zusammenzuarbeiten. Die Möglichkeit hierzu ergab sich sowohl in einer Studiengruppe zur Strukturierung der Forschung am Department als auch in den Arbeitsgemeinschaften, welche die Lehre in den verschiedenen Fächern vorbereiteten.

Diese Kleinarbeit war extrem zeitaufwendig, weil neben der inhaltlichen Diskussion das vorsichtige Abtasten des „Fremden" stand. Durch diesen Rahmen und durch eine Vielzahl informeller Kontakte wurde mein interkultureller und professioneller Lernprozeß jedoch entscheidend gefördert und geprägt. Beide Punkte, „Zusammenarbeit mit den Kollegen" und der „Gastwissenschaftler als Fremder", sind eine ausführliche Betrachtung wert.

2.1.1. Zusammenarbeit

Die berufliche Zusammenarbeit mit Kollegen aus einer fremden Kultur bringt ein hohes Maß an kognitivem und psychischem Streß mit sich. Eingeübte Umgangs- und Denkformen finden in der neuen Umgebung nur bedingt Echo. Wert- und Zielvorstellungen beruflicher und sozialer Praxis gewinnen andere Dimensionen. Im Universitätsmilieu sind die Unterschiede aufgrund der zunehmenden Internationalisierung von Wissenschaft zwar abgeschwächt, dennoch, der Kulturschock[1] tritt ein; sicherlich verstärkt auf Seiten desjenigen, der die vertraute Umgebung verläßt, denn auf Gastgeberseite.

In der Sprache der kognitiven Psychologie ausgedrückt handelt es sich um die Integration neuer Sichtweisen in bereits etablierte Denk- und Handlungsschemata bzw. deren Veränderung, Anpassung und Neuschöpfung angesichts der neuen Herausforderung (Cole 1984). Die beteiligten Interaktionspartner streben dabei jeder für sich ein bestimmtes Niveau von kognitiver Konsistenz an. Oder anders ausgedrückt, je nach mentaler Elastizität pendeln sich neuartige und bereits vorhandene Sichtweisen zu einem neuen Gleichgewicht aus. Der Erziehungswissenschaftler spricht von einem gelungenen Lernprozeß, wenn sich ein solches Gleichgewicht interindividuell, z.B. unter den Mitgliedern einer universitären Arbeitsgruppe herstellt.

Es ist nicht verwunderlich, daß Erfolge dieser Art zumeist mit Kollegen zustande kommen, deren Referenzrahmen durch ein Auslandsstudium mitgeprägt wurde, oder solchen, die in den Zentren der Peripherie (in Brasilien wären das z.B. Rio de Janeiro und São Paulo) an der Internationalisierung von Wissenschaft teilhatten.

Zu Anfang der Lehrtätigkeit habe ich dieserart Kontakte intensiv genutzt, um erste Orientierungen zu erleichtern. Sie begleiteten mich durch alle Höhen und Tiefen meines Aufenthalts und garantierten weitgehend den beruflichen Erfolg meiner Tätigkeit. Doch mit der Zeit lernte ich auch die Zusammenarbeit mit den sogenannten „Einheimischen“. Da diese Kollegengruppe weniger in den gängigen, international durchgesetzten Paradigmen ihrer jeweiligen Wissenschaftsdisziplin sozialisiert waren und sich ihr Wissen teilweise autodidaktisch und „on the job“ angeeignet hatten, konnte ich bei vielen aus dieser Gruppe ein hohes Maß an Kreativität und ein feines Gespür für das vor Ort Machbare feststellen. Sicherlich wurde auf diese Weise häufig erziehungswissenschaftliches Grundwissen an anderem Ort und an anderem Material wiederentdeckt. Doch für die Erziehungssituation des brasilianischen Nordostens, die Kollegen und Studenten brachten diese Neuentdekkungen wichtige Vorteile:

- Die Beteiligten konnten sich als Entdecker und Innovatoren fühlen; ein großer Anreiz für künftige Erfindungen.
- Die Region wurde zum Experimentierfeld akademischer Wissensschöpfung mit dem Nutzeffekt, daß die Resultate dem Ort und seinen Menschen

wahrscheinlich angemessener waren als die Importware, deren Einfuhr, Verbreitung und Einpassung auch Zeit und Geld beansprucht hätte.

Die „Einheimischen“ stellten mit dieser Form akademischer Arbeit - sie wird manchmal mit Vokabeln und Slogans wie „Regionalisierung“ oder „Lernen von der Kultur des Volkes“ ideologisiert und zur einzig richtigen stilisiert - ein wichtiges Korrektiv zum mehr deduktiv-theoretischen Stil der „Ausländer“ (alle diejenigen, welche ihre akademischen Grade nicht nur an Institutionen der näheren Umgebung erworben hatten. Kooptionen und Ausschließungen sind bei diesen Zuschreibungen möglich und häufig). In diesem Sinne erlebte ich mein Department als Großraumlabor mit einer Vielzahl von Arbeitsgruppen, Kleinforschungen und Spontantreffen zu sehr unterschiedlichen Themen, Problemen und Zwecken. Mehrheitlich wurde ein stark anwendungsbezogenes Wissen favorisiert, das in der Region nachgefragt wurde.

2.1.2. Der Gastwissenschaftler als „Fremder“

Trotz aller entwicklungspolitischen Vorbereitung in der Heimat tendiert der Wissenschaftler aus der Metropole dazu, die in vielen Teilen der Dritten Welt betriebene Form von Wissenschaft als Sandkastenspiele zu betrachten, wenn auch wohlwollend hinzufügend, daß sie für das jeweilige Land von Nutzen sein können.

Die Kollegen entwöhnten mich dieser Auffassung langsam, aber effektvoll. Mir wurden implizit immer wieder Lernphasen verordnet, in denen ich zwar an Arbeitsgruppen teilnahm, zuhörte und meinen Beitrag leistete; doch nur ein Bruchteil von dem, was ich verbal und schriftlich produzierte, wurde aufgenommen. Darunter oft nur das, was man als Organisationsrahmen oder Binnenstruktur einer Aussage bezeichnen könnte. Die selektive Entnahme von Informationen und Ordnungsschemata aus einer relativ geschlossenen Argumentation war die kommunikative Praxis in vielen Arbeitsgruppen, Besprechungen und Konferenzen. Ein Beispiel: Meine Ausführungen zum Alphabetisierungsprogramm Paulo Freires in Brasilien, immerhin mein Spezialgebiet, wurden nach einem Vortrag kaum kommentiert. Stattdessen befragte mich die Zuhörerschaft nach ähnlichen Kampagnen mit Gastarbeitern in der BR Deutschland, die ich zwar auch erwähnt hatte, jedoch in keinem direkten Bezug zu meinen Forschungsergebnissen aus Brasilien standen. Die Diskussion galt in der Folge ausschließlich meinen Erfahrungen in der BRD.

Erst später lernte ich diese Vorgehensweise als Eklektizismus zu bewerten, oder, wie einige Kollegen aus der soziologischen Fakultät formulierten, als „reduçåo sociológica“ („soziologische Reduzierung oder Anmessung“). Der Begriff stammt von dem Gesellschaftswissenschaftler Guerreiro Ramos (1965, 81) und bezeichnet eine Methode zur kritischen Aufnahme des im Ausland geschaffenen Wissens. Die Kritik kann empirisch geleistet werden, indem z.B. eine Bewässerungsmethode aus den USA für die Situation des brasilianischen Nordostens adaptiert wird, um sie erfolgreich einsetzen zu können. Die Anmessung kann theoretisch geschehen, indem die unterschiedlichen Bedingungsgefüge verglichen werden, die im eigenen Land und dem Ursprungsland der Methode oder Theorie vorherrschen. Ramos zeigt dies für seine Zeit am Begriff der „sozialen Kontrolle“, der in den USA, einer Gesellschaft, deren Grundstrukturen erhaltenswert erscheinen, die Verminderung sozialer Spannungen meint. In Brasilien findet der Ausdruck keine Entsprechung, da es - nach Ramos (1965, 89) - in dem lateinamerikanischen Land um eine „qualitative Veränderung der Gesellschaftsstruktur gehe“ (meine Übersetzung, H.P.G.).

Ich lernte zumeist eine wissenschaftspraktische Variante der „Reduzierung“ kennen, in der die zu einem bestimmten Zeitpunkt anstehenden Aufgaben mit Wissenselementen und Strukturierungen des Gastwissenschaftlers und der anderen Ausländer bearbeitet wurden. Je fremder die Aufgabenstellung (Extrembeispiel: Förderungsantrag an ausländische Stiftungen), desto größere ‘Reinheit’ wurde zugebilligt, je regionaler das Problem, desto größer der Eklektizismus.

Dabei wird sehr wohl darauf geachtet, daß die „Gäste“ das Fremde auf dem letzten Stand kennen. Andere Kollegen „Ausländer“ werden implizit zur Kontrolle aufgefordert. Es entsteht eine Art Arbeitsteilung zwischen den Kollegengruppen, deren Auswirkungen für Lehre und Forschung einer genaueren Überprüfung wert wäre.

2.2. Die Studenten

Im Kollegenkreis und auch im Magisterkurs konnte ich mich in Zeiten kultureller und beruflicher Überlast in die Schutzzone der „ausländischen“ Kolonie zurückziehen und auf Verständnis bei „Kommunikationsschwierigkeiten“ hoffen. Bei den „undergraduate“ Studenten war dieser Ausweg verbaut, wollte ich als Dozent ernstgenommen werden. Trotz gegenläufiger Tendenzen im Brasilien des Übergangs von Militärdiktatur zur Präsidialdemokratie wird dem Universitätsprofessor noch immer ein hohes Maß an persönlicher und fachlicher Autorität zugeschrieben, vergleichbar mit dem Ordinariennimbus in der BRD. Diese Zuschreibung von der Lehrerseite her aufzulösen, gestaltet sich äußerst schwierig und hat zumeist Enttäuschung und Orientierungslosigkeit auf Studentenseite zur Folge. Meine Lernerfahrungen mit den Studenten sind vor diesem Interaktionshintergrund zu bewerten. Differenzierungen zwischen „undergraduate“ und „graduate“ Kursen vernachlässige ich aus Platzgründen weitgehend.

2.2.1. Berufsorientierung

Die Studenten in den erziehungswissenschaftlichen Veranstaltungen standen in ihrer Mehrzahlt bereits im Berufsleben. Dieser soziale Status gab dem Unterrichtsgeschehen eine stark berufsbezogene Ausrichtung. Wissenschaftliche Theorie und Methodenvergleiche, die Arbeit am Begriff genossen keine hohe Priorität. Die Qualität der Veranstaltungen wurde in der Tendenz danach bewertet, wie ausgefeilt und tauglich die Rezeptologien des Professors für die unterschiedlichen Lernsituationen des formalen Ausbildungssystems waren, bzw. welchen Erfolg ihre Anwendung in den Schulhospitationen mit sich brachte. Dieses studentische Verlangen erklärt sich zum Teil aus dem Handlungsdruck, dem sie in ihren jeweiligen Berufen ausgesetzt sind. Andererseits spielt die mangelnde Forschungstradition an einer peripheren Universität eine Rolle. Die Erarbeitung des Wissens und seine Vermittlung sind getrennt. In Ermangelung von Forschungspraxis und Vorkenntnissen kann der Student die vorgetragenen Sachverhalte nur bedingt aufnehemn und in sein Referenzsystem integrieren. Für den verbleibenden Rest bleibt ihm die Memorisierung, motivational gestützt durch die bevorstehende Klausur oder die später mögliche Anwendung im Berufsalltag.

Zum Teil bietet die Partizipation der Studenten an der erwähnten Schaffung erziehungswissenschaftlichen Grundwissens vor Ort einen gewissen Ersatz für die mangelnde Verbindung von Forschung und Lehre deutscher Provenienz. Nur teilweise deshalb, weil Fragen der Generalisierbarkeit, der Intersubjektivität und des Anschlusses an die Ergebnisse anderer selten systematisch gestellt bzw. subsumptionsartig (Oberbegriffe aus den unterschiedlichsten Theorietraditionen sind schnell gefunden) beantwortet werden.

2.2.2. Familiarisierung und Ganzheit

In Ergänzung zu den genannten Tendenzen, Handlungsdruck und rezeptive Lerntradition, möchte ich einige Phänomene der Lehrveranstaltungen anführen und sie versuchsweise mit den Begriffen Familiarisierung und Ganzheit belegen.

Die Lehrenden sind bemüht, die angebotenen Inhalte an die Vorerfahrungen der Studenten anzuschließen. Die berufspraktische Ausrichtung des Unterrichts wurde bereits genannt. Entsprechendes kann für Bezüge zum politischen, aber auch zum zwischenmenschlichen Bereich gesagt werden. Für die Interaktion zwischen Lehrenden und Studenten gibt es dabei zwar die üblichen prozeduralen Regeln – sie unterscheiden sich kaum von denen in der deutschen Hochschule –, doch nimmt in den Magisterklassen die Informalität des Unterrichtsgeschehens zu. Subjektive Befindlichkeiten werden vorgetragen, aktuelle Probleme aus der Berufspraxis kundgetan, die Kommunikation umschließt politische und wirtschaftliche Tagesthemen. Man könnte von einem Paradigma „Nähe“ (Ziehe 1985, 51) sprechen, d.h., es findet eine horizontale Verbreitung und teilweise Auflösung von Unterricht statt. Es wird nach Identifikationsangeboten, nach Gemeinsamkeit gesucht. Der Bezug zum Thema der Veranstaltung geht verloren, taucht dann aber an irgendeiner unerwarteten Stelle doch wieder auf. Die Leichtigkeit, mit der solche Unterrichtssequenzen mit anderen, mehr klassischen, in manchmal nur einer Unterrichtseinheit abwechseln, ist atemberaubend.

Als einen ersten Charakterisierungsversuch für dieses Kommunikationsphänomen wählte ich das Begriffspaar Familiarisierung - Ganzheit. Familiarisierung, um an die soziale Situation in einer Großfamilie zu erinnern, in der sich unterschiedliche Auffassungen mit der Zeit zu einem Konsens bündeln, der alle Beteiligten unter Einschluß hierarchischer Abstufungen inhaltlich bindet. Ganzheit soll die strukturierende Gewalt des Ganzen über seine Teile im Sinne der Gestaltpsychologie andeuten. Die Studenten nahmen insofern ganzheitlich am Unterricht teil, als sie verschiedene Persönlichkeitsanteile in die kommunizierende Gemeinschaft der Lehrveranstaltung einbrachten. Eine Revolte gegen logizistische Grenzziehungen?

Berufliches, Universitäres, Privates und Politisches erscheinen in einer Intensität und Breite verbunden, welche die Lehrperson sowohl überfordern als auch entlasten. Überfordern, weil sie neben der Wissensvermittlung auch als Ratgeber, Berufsberater, Autoritätsperson beansprucht wird. Zusätzlich zur Differenzierungsleistung, für die ein Spezialstudium ausbildete, soll zur integrierenden Sinngebung eines wie auch immer vorgestellten Ganzen beigetragen werden. Entlasten, weil die logische Struktur einer bestimmten Theorie und Methode nur als ein Beitrag zur Annäherung und zum Verständnis des Themas angesehen wird. Die Erfahrung einer Kollegin, die Geschichte des Themas in Brasilien, literarische und poetische Produktionen werden als gleichberechtigte Mitteilungen angesehen.

3. ... ihre Verarbeitung

Die Verarbeitung der gewonnenen Erfahrungen geschah keineswegs linear, in Form eines langsam wachsenden Verständnisses für die neue Wirkungsstätte. Eher würde ich von qualitativen Sprüngen sprechen, unterbrochen von Latenz- und Suchphasen. Quantitative Akkumulation und Ausrichtung der einzelnen Etappen würden graphisch dargestellt in etwa der U-Kurve ähneln, wie sie für die Integration von ausländischen Studenten an einem fremdländischen Studienort (in diesem Falle: USA) angenommen wird (Lundstedt 1983, 5).

Die Kurve setzt die Befriedigung während des Studienaufenthaltes in Beziehung zur Verweildauer. Sowohl in den zwei Eingewöhnungsphasen („spectator and involvement phases“) als auch in dem Zeitabschnitt, in welchem dem „Ausländer“ eine bessere Integration gelingt („coming-to-terms phase“), müßten jedoch die angesprochenen Latenz- und Orientierungsstufen eingefügt werden, auf denen der Zufriedenheitspegel relativ gleich bliebe. Ungeachtet solcher, auch empirisch nachweisbarer Modifikationen (Klineberg/Hull 1979), stellt die U-Kurven-Hypothese einen wichtigen Beitrag zur Benennung von Schwierigkeiten im internationalen Wissenschaftleraus-

Schaubild 1 (Lunstedt 1963, 5):

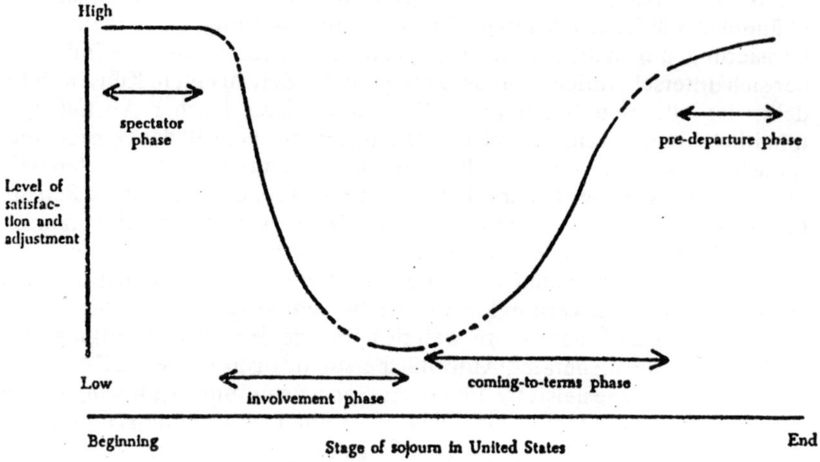

tausch dar. Die Größe ihres Ausschlages deutet die gelungene oder weniger gelungene Meisterung des „Kulturschocks" an.

Ist das Durchlaufen der Kurve bereits eine berufliche und persönliche Leistung an sich (cf. die geringe Prozentzahl der Kollegen in der BRD, die Langzeitdozenturen in peripheren Wissenschaftskulturen annehmen), so bleibt zu fragen, wie die Erfahrungen meiner „coming-to-terms" Phase in das berufliche Denken und Handeln eingingen. Oder anders ausgedrückt: Was über den Einsatzort Hinausweisendes wurde gelernt?

3.1. Die Universität und ihr Umfeld

Unterricht, Forschung und Extension der Bundesuniversität von Rio Grande do Norte sollten die Erziehungswirklichkeit im Nordosten Brasiliens verbessern helfen. Individuelle und institutionelle Interessen waren diesem Gesamtziel untergeordnet. Die Region wurde so gleichzeitig zum Forschungs- und zum Interventionsgebiet, eine Verbindung, die an das Paradigma der Aktionsforschung erinnert. Die pädagogischen und sonstigen Entdeckungen in den vielen Kleinprojekten, Hospitationen, Unterrichtspraktika etc. gaben Lehrenden, Studenten und Bewohnern der Region immer wieder den Anstoß, in der kreativen Umgestaltung ihres Denkens und Handelns fortzufahren. Sicherlich stellt sich der Zusammenhang von Alltags- und Berufspraxis auf der einen Seite, Theorieakkumulation und deren Operationalisierung auf der anderen im Hochschul- und Berufswesen der BRD vielfach vermittelter her und ist für Lehrende, Studenten und Bürger kaum mehr durchschaubar. Die beschriebene Unmittelbarkeit des Lehr- und Forschungsprozesses kann jedoch auf alle Beteiligten motivationsfördernd wirken. Sie in einem komplexeren System zu gewährleisten, mag schwieriger sein, könnte ähnliche positive Resultate zeitigen.[2]

3.2. Eklektizismus

Die Bezeichnung „Eklektiker" erhielt in der deutschen Geistestradition einen zumeist abwertenden Bedeutungsgehalt. Mit ihr wurden Sammler- und Mittlerpersönlichkeiten belegt, die es nicht zum Entwurf einer eigenständigen Theorie gebracht hatten, sondern die aus verschiedenen theoretischen Systemen einzelne Komponenten zu einer neuen Weltsicht zusammenstellten. Hegels (1930, 35) Verdikt über ein so zustandegekommenes Produkt, „oberflächliches Aggregat", bestimmt bis heute einige Lehrbücher.[3]

In Brasilien lernte ich einen unbefangeneren Umgang mit der geistes- und sozialwissenschaftlichen Theorietradition kennen. Meine Kollegen prüften die unterschiedlichen Theorien und Methoden daraufhin, was sie zur Lösung eines bestimmten Problems beizutragen haben. Richtpunkt bei der kritischen Aufnahme fremder Theorien, bzw. deren Bestandteile, war zum einen das Bewußtsein der historischen Situation, in der sich die Region und Brasilien jeweils befanden. Man versuchte, die Logik des eigenen Entwicklungsprozesses zu erfassen. Nach dieser Maßgabe bediente man sich der Erfahrungen und Ausarbeitungen anderer Regionen und Länder.[4]

Neben diese bewußte Anwendung der „soziologischen Reduktion" trat zum anderen eine zweite Form der Anmessung, die ich als strukturelle bezeichne. Sie ist durch die in einem Land zu einer bestimmten Zeit vorherrschenden Denk- und Vermittlungsformen, samt der auf diese Weise transportierten Inhalte gekennzeichnet. Wo die bewußte „Reduktion" aufhört und die strukturelle anfängt, ist empirisch kaum feststellbar. Vielfache Mischungen kommen vor. Beide beschränken jedoch den Import intellektueller Güter und Fertigkeiten, bzw. stellen spezifische Integrationsmechanismen für die eingeführten 'Fertigwaren' bereit. Einige Angebote des Gastwissenschaftlers werden aufgrund fehlender Rezeptions- und Verarbeitungsschemata gar nicht wahrgenommen. Ihm selbst entgehen wichtige Informationen und Mitteilungen. Die Methodendiskussion in Anthropologie und Ethnologie dient dem Ziel, den Informationsverlust auf beiden Seiten so gering wie möglich zu halten (z.B., Jahoda 1982, 167-181). Arbeiten im Bereich des „Interkulturellen Lernens" könnten aus beiden Wissenschaften viele weitertreibende Anregungen gewinnen.

Auch meine Person wurde bei der Realisierung der Anmessung, bei der Auswahl aus dem angehäuften Wissen verschiedener Disziplinen und Kulturen auf die Rolle des Vermittlers eines Teils dieses Materials (the „state of art" meines Faches in der BRD) „reduziert". Entwicklungspolitische Kenntnisse sind bei dieser Vermittlungsarbeit hilfreich, sie sollten den Gastwissenschaftler aber nicht dazu verleiten, von sich aus die „Reduzierung“ zu praktizieren. Seine Kenntnis der historischen Situation und der akademischen Kultur ist zumeist unzureichend. Zudem setzt er sich dem Verdacht aus, das komplette Schatzkästlein europäischer Geistes- und Wissenschaftsgeschichte den einheimischen Kollegen vorenthalten zu wollen.

Zwei Einschränkungen des Arguments sind angebracht. Ich hatte es mit Wissenschaftlern einer unterentwickelten Region in einem Schwellenland zu tun, das sich in einer politischen und sozialen Umbruchsphase befindet. Ihr Bewußtsein über die Situation ihres Landes, seiner Universitäten und der einzelnen Fächer läßt sich wahrscheinlich nur bedingt mit dem von Kollegen vergleichen, deren sozio-ökonomisches, politisches und akademisches Umfeld die Entwicklung einer ähnlichen Haltung in der Tendenz eher behindert. Auch wären Differenzierungen zwischen den Disziplinen in ein und demselben Land angebracht.

Dennoch, die Wichtigkeit dieses gesamten Fragenkomplexes für die wissenschafts- und kulturpolitische Zusammenarbeit mit der Dritten Welt ist kaum zu überschätzen und verdient weitere, intensive Erforschung.

3.3. Verminderung der Kopflastigkeit

Die Studenten standen in ihrer Mehrzahl bereits im Berufsleben. Hieraus erklärt sich das Schwergewicht des Unterrichtsgeschehens auf der raschen Umsetzung des Gelernten, sei es für das ‘Überleben’ an der Hochschule, sei es für die Sicherung des Arbeitsplatzes. Das Interesse am Unterrichtsinhalt wurde hierdurch grundsätzlich erhöht. Mit den Begriffen Ganzheit und Familiarisierung wurde versucht, Kommunikationsformen zu beschreiben, die kognitive, emotionale und motorisch-kinästhetische Persönlichkeitsaspekte zum Ausdruck bringen. Lateinische Kulturtradition scheint hier mit tropikalischer Expressivität eine Mischung eingegangen zu sein, die Anstoß sein könnte, über die Kopflastigkeit deutscher Lehrveranstaltungen nachzudenken. Die in der neueren psychologischen Forschung aufkommende Kritik an der Vorherrschaft des logisch-mathematischen Intelligenzbegriffs (Gardner 1983) und die gleichzeitige Rehabilitierung u.a. musischer und körperbezogener „Intelligenz“-bereiche bieten hierzu eine interessante Entsprechung.

3.4. Demokratische Selbstverwaltung

Die Administration drängte sich als Negativerfahrung auf. Wegen ihrer politischen Amtseinsetzung hatte sie für Fragen von Forschung, Lehre und Extension nur ein sehr selektives Gehör. Die Ausrichtung auf die jeweiligen bundes- und landespolitischen Befehlshaber war in allen lokalen hochschulpolitischen Entscheidungen erkennbar. Mitbestimmungsgremien der Professoren, des Mittelbaus und der Studenten hatten rein ornamentalen Charakter. Die häufige Ignoranz der Aministration in akademischen Angelegenheiten paarte sich mit der Arroganz der Macht zu einer unheiligen Allianz, die viele Initiativen auf Instituts- und Fakultätsebene im Keime erstickte. Nie wurde mir die Notwendigkeit einer demokratischen Selbstverwaltung der Universität klarer vor Augen geführt als im Brasilien am Abend seiner zwanzigjährigen Militärdiktatur.

4. Perspektiven

In den letzten Jahren häufen sich in der entwicklungspolitischen Literatur die Stimmen, die zwischen den Hochschulen der Ersten und der Dritten Welt ein Mehr an gleichberechtigter Zusammenarbeit befürworten und gegen das bisher übliche Lehrer - Schüler Verhältnis und das Nord - Süd Gefälle in den Kontakten argumentieren:

- Weiler (1984) verspricht sich von dieser Art Zusammenarbeit den Abbau des im Norden vorherrschenden Glaubens an die Allmacht technologischer Lösungen der Menschheitsprobleme. Zudem begrüßt er den Import alternativer Paradigma, insbesondere in den Geistes- und Sozialwissenschaften, wie sie von Forschergruppen in Ländern der Dritten Welt entwickelt wurden. Er erwähnt namentlich S. Amin, O. Sunkel und R. Kothari.
- Dias (1985) geht noch über diesen punktuellen Ansatz hinaus und fragt nach den „Bedingungen einer uneingeschränkten, intersubjektiv gültigen, transkulturellen Kommunikationsgemeinschaft". In der Auseinandersetzung mit dem jeweils Fremden sollte es den Wissenschaftlern gelingen, bisherige Denkoperationen und -schemata zu überprüfen und gegenseitige Erziehung zu praktizieren, um ein qualitativ neues Kulturverständnis anzustreben.

Ich habe in Teil 2 versucht, meine Lernerfahrungen an einer Universität der Dritten Welt darzustellen. Sie bezogen sich auf die Erarbeitung wissenschaftlichen Wissens in der Region selbst und die Aufnahme des Fremden in der gastgebenden Institution. Der andersartige kulturelle und berufliche Kontext ermöglichte zudem Vergleiche zum Lernverhalten der Studenten und zur Verwaltungsstruktur der Hochschule. Ich konzentrierte mich auf die zumindest für die Geistes- und Sozialwissenschaften generalisierbaren Aspekte meiner Erfahrungen. Eine Untersuchung zu alternativen Paradigmen, Begriffsverschiebungen und Methodenwechseln im Bereich meines Spezialgebietes (Erwachsenenbildung/Alphabetisierung) wurde in diesem Rahmen nicht angestrebt, da Vorarbeiten auf dem Gebiet der Rezeptionsgeschichte geistes- und sozialwissenschaftlicher Importe aus der Dritten Welt weitgehend fehlen.[5]

Bleibt die Frage nach den Bedingungen für eine Rückvermittlung der gesammelten Erfahrungen und ihrer bisherigen Verarbeitung (vgl. Teil 3) in die Hochschulen der Ersten Welt.

Vor zwanzig Jahren wäre die Antwort teilweise negativ ausgefallen. Gullahorn und Gullahorn (1963) machten damals aufgrund von Interviews mit in ihre Heimatländer zurückgekehrten, früheren Studenten an ausländischen Hochschulen und aufgrund von Befragungen ehemaliger, us-amerikanischer Gastdozenten an Hochschulen der Dritten Welt den Vorschlag, die U-Kurven-Hypothese in die Wiederanpassungszeit an die heimatliche Universitätsstruktur zu verlängern. Aus der U-Kurve wurde eine W-Kurve (Lundstedt 1963, 6).

Schaubild 2 (Lunstedt 1963, 6):

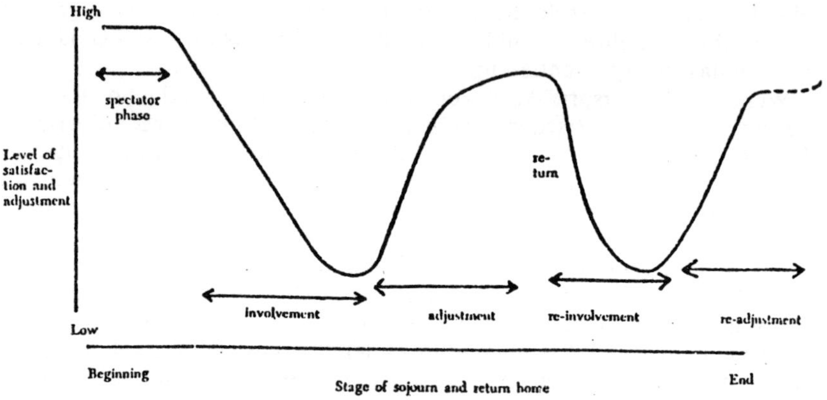

Gullahorn und Gullahorn (1963, 39) faßten den notwendigen „Reakkulturationsprozeß“ mit folgenden Worten zusammen: „For most of the senior grantees - the professors and lecturers - the readjustment process was not particulary traumatic; the impact of their original socialization was sufficiently strong that relearning the patterns of their home social system was not difficult. Nonethless, they reported that their evaluations of certain situations and practices had changed sufficiently as a result of their participating in alien cultural systems that they felt annoyed and frustrated by American practices they had previously accepted.“

Frustration und Enttäuschung nach der Rückkehr waren bei Jungwissenschaftlern und Studenten am verbreitetsten. Die Autoren der Studie (1963, 39) führen dieses Umfrageergebnis auf die Statusunsicherheit beider Gruppen zurück. Alle Rückkehrer mußten sich auf die eine oder andere Weise „reakkulturieren“. Der Aufsatz von 1963 notiert keine Form der Auseinandersetzung der Heimatinstitutionen mit den draußen gewonnene Erfahrungen. Von den Rückkehrern wurde die Einpassung in die Standards der jeweiligen Wissenschaftskultur erwartet.

Stimmen in der Literatur wie die Weilers und Dias' deuten darauf hin, daß sich die Aufnahmebereitschaft für in der Dritten Welt gesammelte Erfahrungen an den Hochschulen der Industrieländer[6] vergrößert hat. Weitere Indizien für die bundesdeutsche Situation lassen sich beibringen:

- In der pädagogischen Berufsvereinigung wurde eine Kommission gegründet, welche die wissenschaftliche Zusammenarbeit mit den Erziehungswissenschaftlern aus der Dritten Welt zu ihrem ausdrücklichen Ziel erhoben hat.[7]
- Im vorministeriellen Bereich entwicklungspolitischer Organisationen konstituierte sich unter der Leitung von D. Danckwortt ein Arbeitskreis „Interkulturelles Lernen", der sich die Überwindung der Grenzziehung zwischen auswärtiger Kultur- und Entwicklungspolitik zur Aufgabe gestellt hat und das Lernen von den Kollegen aus der Dritten Welt befödern will.[8]

In beiden Gruppen sind Wissenschaftler mit Auslandserfahrung an prominenter Stelle tätig. Im Bereich der wissenschaftlichen Zusammenarbeit mit der Dritten Welt scheinen sich die Zeiten seit 1963 in der Tat geändert zu haben.

Anmerkungen

1) Interessanterweise entwickelte Oberg (1960) seinen Begriff einer „Krankheit" namens „Kulturschock" aufgrund seiner Erfahrungen mit US AID in Brasilien, obwohl das lateinamerikanische Land bezüglich seiner kulturellen Distanz zur angelsächsischen Kultur eher eine Mittelstellung auf einer Fremdheitsskala einimmt. Cf. Furnham/Bochner 1982, 1832.

2) Cf. hierzu das Experiment mit den „Wissenschaftsläden" an einigen hessischen Universitäten.

3) Nach Darstellung des römischen Eklektizismus eines Marcus T. Cicero (106-43 v. Chr.) bemerkt Störig (1963, 175) in seiner weitverbreiteten „Weltgeschichte der Philosophie": „Man darf, da die Aufgabe der Philosophie nicht nur im Aufstellen von originellen Systemen besteht, sondern ebensosehr in deren Vermittlung an das allgemeine Bewußtsein und ihrer praktischen Verwirklichung, die Arbeit eines solchen Mannes nicht gering achten."

4) Zu beachten ist in diesem Zusammenhang, daß auch die Kollegen aus dem Süden Brasiliens oftmals als „Ausländer" und „Kolonialisten" angesehen wurden; z.B. Campos 1985.

5) In den Erziehungswissenschaften gibt es Hinweise darauf, daß solche Importe einer Art Anreicherungsverfahren unterzogen werden. Das zusätzliche Material wird zumeist der einheimischen Produktion entnommen. Cf. Gerhard (1979, 3), der die Rezeption der Erziehungsphilosophie Paulo Freires unter diesem Aspekt untersucht.

6) Für die amerikanische Hochschulszene wird dies von Brislin (1981, 125-128) dokumentiert.

7) Kommission „Bildungsforschung mit der Dritten Welt" in der „Deutschen Gesellschaft für Erziehungswissenschaft".

8) Vgl. die Broschüre „Kultur und Entwicklung" des Arbeitskreises, hg. v. Danckwortt/Horlemann 1985.

Literatur

Brislin, R.W. (1981) Cross-Cultural Encounters, New York: Pergamon.

Bochner, S.; Hg. (1982) Cultures in Contact, Studies in Cross-Cultural Interaction, Oxford/England: Pergamon.

Campos, M.H. (1985) Colonialismo Cultural Interno: o caso Nordeste. Fortaleza/Ceara: Banco do Nordeste.

Cole, M. (1984) Eine ethnographische Psychologie der Kognition. In Schöfthaler/Goldschmidt 1984, 291-310.

Danckwortt, D./Horlemann, J.; Hg. (1985) Kultur und Entwicklung, Bonn: DSE.

Dias, P.V. (1985) Grenzen transkultureller Kommunikation. In Wulf/Schöfthaler 1985, 27-36.

Ericson, D.R./Ellert, Jr., F.S. (1982) Interpretation, Understanding and Educational Research. In Teacher College Record 1982, 4, 497-512.

Furnharm, A./Bochner, S. (1982) Social Difficulty in a Foreign Culture: an Empirical Analysis of Cultural Shock. In Bochner 1982, 161-198.

Gardner, H. (1983) Frames of Mind, New York: Basic Books.

Gerhardt, H.P. (1979) Zur Theorie und Praxis Paulo Freires in Brasilien (1. Aufl. 1978), Frankfurt: R. Gerhardt.

Goldschmidt, D. (1986) Tradition und Reform der Universität in der Dritten Welt, Manuskript eines Vortrages in der Universität Heidelberg, 25.5.86.

Gullahorn, J.T./Gullahorn, J.E. (1963) An Extension of the U-Curve Hypothesis. In Journal of Social Issues, 1963, 3, 33-47.

Hegel, G.W.F. (1930) Vorlesungen über die Geschichte der Philosophie (1833-1836). Sämtliche Werke, Bd. XIX, hg. v. H. Glockner, Stuttgart: Reclam.

Jahoda, G. (1982) Psychology and Anthropology, London: Academic.

Klineberg, O./Hull, L.F. (1979) At a Foreign University, New York: Praeger.

Lundstedt, S. (1963) An Introduction to Some Evolving Problems in Cross-Cultural Research. In Journal of Social Issues, 1963, 3, 1-9.

Oberg, K. (1960) Cultural Shock: Adjustment to New Cultural Environments. Political Anthropology 7, 177-82.

Ramos, G. (1965) A Reduçåo Sociológica, Rio de Janeiro: Tempo Brasileiro.

Ritsert, J. (1972) Inhaltsanalyse und Ideologiekritik, Frankfurt/M.: Athenäum.

Schöfthaler, T./Goldschmidt, D.; Hg. (1984) Soziale Struktur und Vernunft, Frankfurt/M.: Suhrkamp.

Störig, H.J. (1963) Kleine Weltgeschichte der Philosophie (1. Auflage 1950), München: Knaur.

Weiler, H. (1984) The Political Dilemmas of Foreign Study. In Comparative Education Review, 1984, 2, 68-179.

Wulf, Ch./Schöfthaler, T.; Hg. (1985) Im Schatten des Fortschritts, Saarbrücken: Breitenbach.

Ziehe, T. (1985) Höhenrausch und Alltagsfrust. In Widersprüche, 1985, 15, 35-54.

Teil III Didaktik und Methodik

Ulrich Schmidt

Interkulturelle Kommunikation und interkulturelles Lernen

1. Entwicklungspolitische Bildung

Entwicklungspolitische Bildung steckt in einer Krise. Wie eine Reihe von neueren Analysen zeigen, wird die bisherige Bildungsarbeit vor allem von kritisch Engagierten als unbefriedigend empfunden. Dennoch gibt es kaum Ideen und Materialien, die neue Wege vorschlagen. Man macht so weiter wie bisher:

Entwicklungspolitische Bildung (eb) zielt im wesentlichen auf eine kritische Bewußtseinsbildung und daraus erwachsende politische Aktionen in der BRD, um so die Situation in der 3. Welt zu verändern. Einzelne Konzeptionen setzen dabei unterschiedliche Schwerpunkte, mit denen dieses Ziel erreicht werden soll:

- durch Information über ökonomische und politische Strukturen im internationalen Zusammenhang und Aufklärung über die dahinter stehenden Interessen,
- durch politische Aktionen, die diese Strukturen angreifen und solidarisch Partei ergreifen für Befreiungsbewegungen in der 3. Welt,
- durch politische Partizipation im Nahbereich, die langfristig die Strukturen im Fernbereich verändern soll.

Eb hat mit diesen Konzeptionen einigen Erfolg gehabt:

- Das Wissen um die ökonomischen Probleme der 3. Welt und ihre historische Bedingtheit ist gewachsen.
- Die Teilnahme von öffentlich anerkannten Institutionen wie der Kirche an entwicklungspolitischen Aktionen hat diese zu einem halbwegs anerkannten Bereich politischer Betätigung gemacht.
- Das Einbringen entwicklungspolitischer Fragestellungen in den politischen Nahbereich hat neben der moralischen Betroffenheit ein Bewußtsein realer Betroffenheit von weltpolitischen Zusammenhängen geschaffen und zu vielfältigen Koalitionen mit Kräften aus dem linken und alternativen Spektrum geführt.

Dennoch ist es eb bisher nicht gelungen, ihr Thema gemäß der sachlichen Bedeutsamkeit im Bewußtsein der Bevölkerung und im politischen Handeln zu verankern.

- Kritische Informationen und Aufklärung ist in den Medien immer noch nicht selbstverständlich. Es gibt viele Veröffentlichungen, die ideologisches Halbwissen verbreiten.
- Die Adressaten von kritischer Information und Aufklärung verfallen angesichts der gewaltigen Probleme in politische Resignation.
- Politische Aktionen gehen über in politischen Aktionismus oder werden von Spezialisten übernommen.
- Nahbereichserfahrungen lassen aufgrund des politischen Widerstandes resignieren oder entwickeln eine Eigendynamik, die den Fernbereich 3. Welt uninteressant werden läßt.

Ein wesentlicher Grund für diese Tendenz eb, nach anfänglichen Erfolgen zu versanden, liegt in der Zielrichtung, die 3. Welt als ökonomisches und politisches Krisengebiet definiert, über das man aufklärt, mit dem man sich in Aktionen solidarisiert, für das man in Erkenntnis der eigenen realen Betroffenheit politische Strukturen in der BRD verändern soll.

Eb reduziert damit 3. Welt auf Ökonomie und Machtpolitik und verdrängt dabei, daß Ökonomie und Politik ihren Sinn nicht in sich selbst finden, sondern in der Kultur, die die Menschen leben. Sie zwingt durch ihre Problemdefinition im wesentlichen zu negativem Verhalten, macht ihren Adressaten schlechtes Gewissen, eröffnet kaum Möglichkeiten, aus dem Engagement für die 3. Welt etwas Positives für sich zu erhalten. Gegen diesen Reduktionismus richtet sich der vorliegende Ansatz. Er schlägt vor, eb in einem Curriculum interkulturelles Lernen aufgehen zu lassen, das Kompetenz für interkulturelle Kommunikation vermittelt, durch die Menschen aus verschiedenen Kulturen friedlich und in gegenseitiger Achtung nebeneinander leben, voneinander lernen und gemeinsam neue Wege zur Überwindung von Ausbeutung, Ungerechtigkeit und Gewalt finden.

Die bisherige eb hat Recht in ihrer Analyse, daß die Welt ökonomisch und machtpolitisch katastrophal organisiert ist und daß eine Veränderung der katastrophalen Lage aufgrund der globalen Vernetzung nur durch eine gleichzeitige Veränderung der Situation und der Politik in den industrialisierten Staaten *und* in der 3. Welt möglich ist.

Diese Analyse wird jedoch schief, wenn sie in ihrer Kritik an diesem Zustand von einem Entwicklungsbegriff ausgeht, der aus unserem gesellschaftlichen Zusammenhang gewonnen wurde und der bei aller kritischen Intention unseren Erfahrungshorizont widerspiegelt. Gerade weil es wahr ist, daß wir in *einer* Welt leben, ist es auch so, daß global industriegesellschaftliche Strukturen traditionelle Lebensformen durchdringen, sie überwiegend zerstören, aber auch von ihnen modifiziert werden. Die Menschen erfahren, analysieren, interpretieren diese Durchdringung jeweils konkret als Entwicklung ihres Lebens, die so in überaus vielfältigen Formen und Qualitäten erscheint. Es gibt nicht *eine* Entwicklung, *einen* kritischen Begriff von Entwicklung, sondern eine Vielzahl von Entwicklungen interpretiert von einer Vielzahl von individuellen und kollektiven kulturgebundenen Standpunkten aus, in denen die Menschen die ökonomischen und politischen Zwänge analysieren, kritisieren, Utopien zu ihrer

Überwindung entwerfen und die Utopien auch handlungsleitend werden lassen.

In interkultureller Kommunikation können diese Interpretationen ausgetauscht und zur Grundlage eines Reflexionsprozesses gemacht werden, in dem die Multiperspektivität der Vielzahl der Teilnehmer Ausgangspunkt für eine wirkliche Erfassung des globalen Entwicklungsprozesses ist, aus dem dann wieder Erkenntnisse für die Gestaltung von nationaler, regionaler, lokaler Entwicklung gewonnen werden können. Interkulturelle Kommunikation schließt den Reichtum und die Vielfalt menschlichen Denkens ein und gibt der globalen Entwicklung die Kraft der Utopien, die in den verschiedenen Kulturen anwesend sind.

Vor dem Hintergrund solcher aus interkultureller Kommunikation gewonnenen Einsichten kann z.B. eine Kritik an der Überentwicklung in der BRD so formuliert werden, daß eine daraus resultierende Veränderung der Lebensbedingungen nicht als Verlust an materiellen Gütern erscheint, die man aufgrund moralischer Forderungen abtreten soll, sondern als eine Neuorientierung, die einen Zugewinn an Lebensqualität möglich macht.

Eb, die ihr Anliegen ernst nimmt, muß deshalb ihre kulturelle Eindimensionalität aufgeben und sich dieser kulturellen Multiperspektivität öffnen. Ich werde im folgenden darstellen, was diese These bedeuten kann. Dazu werde ich zunächst einige Bedingungen von interkultureller Kommunikation klären, um dann zu untersuchen, welche Funktion sie im Kontext der BRD hat. In einem 2. Teil benenne ich danach einige Konstruktionselemente eines Curriculum „Interkulturelles Lernen“, das die Ansprüche bisheriger eb mit den Möglichkeiten interkultureller Kommunikation verbindet.

2. Entwicklung und interkulturelle Kommunikation

Wir leben in einer Welt, in der Arbeit und die menschliche Naturkenntnis und Naturbeherrschung einen überwältigenden Reichtum an materiellen Gütern hervorgebracht haben. Wissenschaft und Technik schaffen immer neue und bessere Möglichkeiten zur Bedüfnisbefriedigung und verhindern immer effektiver Naturkatastrophen bzw. vermindern ihre Folgen. Die Anerkennung der Menschenrechte, demokratische Verfassungen, umfassende Bildung sind weltweit proklamierte Ziele staatlicher Tätigkeit.

Und dennoch, wir leben auch in einer Welt, in der bei allem Fortschritt im Einzelnen das Überleben des Ganzen fragwürdig geworden ist, davon abhängig ist, ob es zu einer allgemeinen Verständigung über die grundlegenden Bedingungen dieses Überlebens kommt. Einerseits besteht zwischen den Individuen, sozialen Gruppen, Nationen eine universelle ökonomische, technische, politische Abhängigkeit, die auf der weltweiten Durchsetzung des Industriesystems beruht und ein isoliertes, nur auf sich selbst bezogenes Handeln unmöglich macht. Andererseits verhalten sich viele Individuen, soziale Gruppen, Nationen aber so, als ob ein solches Handeln möglich sei. Sie setzen mit direkter und indirekter Gewalt ihre Interessen durch, beuten die ihnen Unterlegenen aus und verstoßen gegen die Prinzipien von Humanität und Vernunft, die sie häufig auch noch zur Legitimation ihres Handelns mißbrauchen. Die *Eine Welt,* in der wir leben, ist dadurch vielfach mit Zerstörung bedroht:

- durch den kaum gehemmten Raub an der natürlichen Umwelt, der aus Profitinteresse und dem Wunsch, Defizite, die aus sozialen Problemen entstehen, kompensieren zu wollen, zur ökologischen Katastrophe führen kann,
- durch den Ost-West-Konflikt, der gesellschaftliche Evolution aus dem Zwang heraus, das eigene „Lager" zu erhalten, verhindert und zur atomaren Katastrophe führen kann,
- durch den Nord-Süd-Konflikt, der die Menschen in den südlichen Ländern zu einem Leben in Armut und Ungerechtigkeit zwingt, während die Menschen in den industriellen Zentren ihr Leben nach der Logik eines Systems struktureller und direkter Gewalt organisieren, und der so zu einer politisch-moralischen Katastrophe führen kann.

Diese widersprüchliche Situation zwischen materiellen und politischen Möglichkeiten und Bedrohungen ist Ergebnis der historischen Entwicklung der letzten 450 Jahre, in denen weltweit ein Industriesystem entstanden ist, in dem eine eng mit Herrschaft verbundene ökonomisch-technologische Realität die Akkumulation und Verwendung des immer reichhaltiger erzeugten gesellschaftlichen Mehrprodukts bestimmt. Diese ökonomisch-technologische Rationalität, gleichgültig ob in ihrer privat- oder staatskapitalistischen Form, setzt Sachzwänge, schafft objektive Bedingungen, die als synchrone[1] Bewußtseinselemente in alles gegenwärtige Denken eingehen. Niemand kann sich dieser Synchronität des Denkens entziehen, weil sie die Grundlage aller wichtigen Entscheidungsprozesse in den ökonomischen, politischen, militärischen Machtzentren bilden. Selbst der Bauer in einem abgelegenen Gebiet eines Landes der 3. Welt wird von der Logik dieser Entscheidungsprozesse durch die Form seines Eigentums und die relative Ärmlichkeit seiner Produktion, die ihn von wirklicher politischer Mitbestimmung ausschließt, erreicht.

Andererseits hat sich die Ausbreitung des Industriesystems in einer Vielzahl von ursprünglich historisch, ökonomisch, politisch und kulturell unabhängigen Gesellschaften vollzogen, die alle zwar auf Arbeit und Interaktion beruhen und deswegen Teil der Menschheit sind, die aber in ihrer Unabhängigkeit ganz unterschiedliche und vielfältige Formen zu arbeiten, miteinander zu sprechen, sich zu regieren gefunden haben. Diese Formen bilden die traditionelle Lebenswelt der Menschen, sie bestimmen als diachrone Bewußtseinselemente ihr Denken. Sie machen das Besondere des jeweiligen Denkens aus, ihr Wirkungsgrad reicht von der Formung individuellen Denkens, das seine Diachronie im individuellen Schicksal ausbildet, bis zur Festlegung von Grundelementen des Denkens ganzer Völkergruppen, die sich in einer gemeinsamen Tradition wiedererkennen, so z.B. im Weiterwirken des antiken Vernunftdenkens bei den europäischen Völkern.

Synchrone und diachrone Elemente durchdringen im Bewußtsein einander, schaffen so einen zugleich universellen, auf das Industriesystem bezogenen und speziell traditionellen Bezugsrahmen für Denken, Fühlen, Handeln, dessen Basis die konkrete Durchdringung der jeweiligen traditionellen gesellschaftlichen Struktur mit industriellen Prozessen ist. Über diesen Bezugsrahmen bildet sich Identität von Gruppen und Personen. In ihrer Identität verarbeiten sie Spannungen, Widersprüche, Ergänzungen von Synchronem und Diachronem. Der Grad der Eingebundenheit in das industrielle oder das traditionelle gesellschaftliche System formt diese Identität. So wird es einerseits möglich, daß Vertreter des westdeutschen Kapitals mit führenden Vertretern der chinesischen KP problemlos Verhandlungen über industrielle Kooperation führen können. Gemeinsamer Bezugspunkt für beide als Vertreter weltweit aufeinander bezogener Machtzentren ist die ökonomisch-technische Rationalität industriegesellschaftlicher Systeme. Indem sie sich darüber verständigen, synchron agieren, wird es für sie vernachlässigbar, daß sie diese Realität auf einem unterschiedlichen traditionellen Hintergrund interpretieren. Auf der anderen Seite ist eine Verständigung über gut und böse zwischen einem westdeutschen Industriearbeiter, dessen Leben stark von industriegesellschaftlichen Strukturen bestimmt wird, und einem senegalesischen Kleinbauern, der noch tief in traditionellen Lebensbedingungen verwurzelt ist, erheblich schwieriger, da sie die Gehalte ihrer jeweiligen Wertsetzungen aus den unterschiedlichen Lebenswelten ziehen, die kaum miteinander verbunden sind, und da sie zudem noch zu Gesellschaften gehören, die im internationalen System ungleiche Macht besitzen, so daß sie einander als Vertreter gegenteiliger Entwicklungsprinzipien erscheinen können.

Synchrones Denken dominiert heute aus zwei Gründen diachrones Denken. Zum einen ist es das Denken der Eroberer, die in der Phase der „Europäisierung der Erde“ die autochthonen Kulturen und Gesellschaften unterwarfen, ihre sozialen, ökonomischen, politischen Strukturen zerschlugen und sich bemühten, Gesellschaften nach ihren Bedürfnissen zu formen. Auch trotz der Dekolonisierung im 20. Jahrhundert sind die so entstandenen Zusammenhänge weiterhin wirksam. Viele Staaten der 3. Welt sind periphere Verbände, die in ihren Funktionen ausgerichtet sind auf die Bedürfnisse der ehemals imperialistischen Zentren. Diese ökonomisch und machtpolitisch unterlegene Stellung führt zwangsläufig auch zur Übernahme vieler Vorstellungen der herrschenden Kräfte.

Zum anderen dominiert synchrones Denken diachrones, weil die mit ihm verbundenen Kenntnisse, Kompetenzen, Einstellungen materielle und immaterielle Veränderungen mit sich gebracht haben, die von der Masse der Menschen als Fortschritt empfunden werden. Traditionelle Kenntnisse, Kompetenzen, Einstellungen erscheinen als überholt, falsch, engstirnig, hinderlich. Viele Menschen in nicht-industrialisierten Kulturen passen sich freiwillig modernem industriegesellschaftlichen Denken an und beschleunigen so den Prozeß der Durchdringung und Zersetzung der traditionellen Welt. Viele Menschen in den industrialisierten Kulturen halten es aufgrund der historischen Entwicklung für die einzig mögliche Form zu denken.

Umgekehrt zeigt es sich aber, daß die globalen Bedrohungen sich in dem Maße steigern, wie die industriegesellschaften Strukturen und die ihnen entsprechende ökonomisch-technische Rationalität sich bruchlos durchsetzen können. Deswegen greifen viele Bewegungen, die im Kleinen oder im Großen Widerstand gegen Projekte und Prozesse leisten, die im Namen des technischen und ökonomischen Fortschritts durchgeführt werden sollen, auf traditionelle Begründungen zurück. Verwirklichung der Gebote des Korans ist bedeutsamer als ein einträgliches Geschäft, afrikanisches Selbstbewußtsein grenzt sich gegen europäisch-amerikanische Einflüsse ab.

Aus der Vielzahl der einzelnen Bewegungen wächst so ein weltweites Muster, Industrialisierungsprozesse müssen vorsichtiger durchgesetzt werden, in besserer Anpassung an noch bestehende traditionelle Strukturen. Damit zeigen sich im Kleinen Ansätze zur Überwindung der globalen Krise. Indem die Menschen gegen das Diktat von Verwertungszwängen, Sachzwängen, Machtinteressen ihre Bedürfnisse setzen, die sie aus ihren Traditionen ableiten, ohne aber Technik, Wissenschaft, Ökonomie an sich abzulehnen, erkämpfen sie sich Selbstbewußtsein und Selbstbestimmung.

Deswegen können die Probleme dieser Welt nicht gelöst werden, wenn sich allein die mächtigen Vertreter der globalen Industriegesellschaft und ihres Bewußtseins einigen. Eine friedliche Welt kann nur über einen weltweiten, demokratischen, von unten initiierten Veständigungsprozeß entstehen, der die weltweiten Herrschafts- und Ausbeutungsverhältnisse dadurch auflöst, daß die Menschen gegen übermächtige Strukturen auf Tradition, Selbstbewußtsein, Würde und Humanität beharren. Dazu bedarf es einer breiten interkulturellen Kommunikation, in der die Erfahrungen dieses Kampfes ausgetauscht werden.

Der Sinn von interkultureller Kommunikation in einer sich immer mehr vereinenden Welt zeigt sich also gerade im Bewahren der Verschiedenheit der Kulturen, und nicht in der Assimilation im Namen einer dominierenden Kultur.

Ich bezeichne im folgenden als Kultur die gemeinsamen Traditionen einer Gruppe von Menschen, die aus der Art zu produzieren und zu interagieren erwächst, und auf sie zurückwirkt. Kultur ist nicht losgelöst zu analysieren von einer konkreten Gesellschaft, ihrer Organisation der Arbeit, der Kommunikation, der Verteilung der Macht, der Formen des Widerstands dagegen. Ohne Kultur, ohne die in ihr stattfindende Interpretation des Lebens, sind die Menschen bewußt-los, können sie nicht auf Perspektiven und Ziele bezogen handeln. In ihrer Kultur definieren die Menschen, was gutes Leben, was Vernunft, was Menschlichkeit, was Schuld, was Gerechtigkeit ist, in Kultur schaffen sie sich Bewußtsein als bewußtes Sein. Erst in Kultur wird Widerstand gegen Macht und Ungerechtigkeit und damit menschliche Entwicklung faßbar. Das Bild, mit dem wir Kultur erfassen, ist das des Horizonts, der stets das Blickfeld begrenzt, den wir aber nie erreichen.

Kultur ist mehr als nur Bewußtsein (von Sprache über Wertungen bis zu Weltbildern), die Menschen drücken sich auch aus in den materiellen Hervorbringungen (von Werkzeugen bis zu ästhetischen Schöpfungen), und in sozialen Institutionen (von der Familie bis zum Staat). Kulturen sind wertzentriert, weil sie die Menschen einer Kulturgemeinschaft aufeinander beziehen und sie gegen Mitglieder anderer Kulturen abgrenzen. Allerdings sind aufgrund der sozialen Gegebenheiten und der historischen Entwicklung die Werte einer Kultur in sich oft durchaus widersprüchlich, in Auseinandersetzungen über die Legitimität von Wertsetzungen, die entweder durch Macht oder weitaus seltener durch den freien Austausch von Meinungen entschieden werden, werden bestimmte Werte zu herrschenden, während andere abgespalten werden und nur noch latent wirken. Da Kultur auf der Produktionsweise als auch auf der Tätigkeit des menschlichen Bewußtseins beruht, ist sie zugleich an die historische Situation gebunden und offen für neue Entwicklungen. Heute umfaßt Kultur sowohl die diachronen Elemente als auch die damit zusammenhängende spezifische Form der Durchdringung von Synchronem und Diachronem.

„Was möglich und was unmöglich ist, was 'realistisch' oder 'fiktiv', mithin die 'Einsicht in die Notwendigkeit' einer konkreten historischen Situation, ist keine kausal-mechanistische Folge objektiver Faktoren der physischen und historisch-gesellschaftlichen Konstellation, sondern das Ergebnis der aktiven sozial- wie individualtätigen Auseinandersetzung mit ihr. ... Es sind also nicht erstrangig die objektiv und universal-rational verifizierbaren Faktoren des bedingenden Zusammenhangs der vorgegebenen Situation, auf die es ankommt, sondern ihre Einschätzung, die Vorstellung, die sich die Ethnien und Individuen von ihr machen." (E. Jouhy, 1985a, 59) Zwar läßt sich die „Übermächtigkeit der objektiven Bedingungen" nicht außer Kraft setzen, „aber statt der vorgestellten Ohnmacht oder Allmacht gegenüber den objektiven Faktoren der Wirklichkeit können die Ethnien wie die Individuen auch 'trainieren' (Adler), die eigenen Möglichkeiten zur materiellen Veränderung neu einzuschätzen." (E. Jouhy, ebenda) Bewußtsein ist eine wichtige Produktivkraft, wirklicher Fortschritt ist von ihm abhängig.

Der hier vorgeschlagene Kulturbegriff läßt sich sinnvoll anwenden auf soziale Subkulturen (z.B. proletarische Kultur, bürgerliche Kultur), nationale Kulturen (z.B. Deutschland, Frankreich), Kulturkreise (z.B. atlantischer Raum, Arabien). Auf jeder dieser Stufen verhalten sich die auf einer Ebene liegenden Kulturen zueinander als das Besondere, während sie Bestandteile einer allgemeinen Form sind. Interkulturelle Kommunikation wird jeweils durch das konkrete Verhältnis aller durch die Beteiligten repräsentierten kulturellen Ebenen bestimmt. So wird ein westdeutscher Arbeiter mit einem tansanischen Bauern anders kommunizieren als ein westdeutscher Intellektueller. Beide werden jedoch durchaus kulturelle Gemeinsamkeiten zeigen, die ihre Form der Begegnung von der japanischer Arbeiter und Intellektueller mit dem tansanischen Bauern unterscheidet. (Anmerkung: Ich gebrauche im folgenden die Begriffe internationale und interkulturelle Kommunikation synonym, da beide die Begegnung von Menschen aus unterschiedlichen traditionellen Horizonten meinen.)

Jede Kommunikation ist Begegnung mit einem anderen. In sie geht die Erfahrung der Existenz und wechselseitigen Anerkennung von Ich und Du ein, die Erfahrung der Grenze zwischen uns, die Notwendigkeit, diese Grenze in der Kommunikation verstehend zu überschreiten.

Kommunikation wird dort zu interkultureller Kommunikation, wo die objektiven Gegebenheiten (Sozialisation, Sprache, Weltbilder) so verschiedene kollektive und individuelle Bezugsrahmen schaffen, daß in der Kommunikation das Gefühl des Fremden, Andersartigen entsteht, die Notwendigkeit des Übersetzens, des Verständlichmachens offenbar wird. Dieses interkulturelle Moment ist auf der Ebene der Begegnung von Menschen verschiedener sozialer Subkulturen zwar vorhanden, aber minimal, weil die Zugehörigkeit zu einer Tradition überwiegt, auf der Ebene der Begegnung von Menschen verschiedener nationaler Kulturen, auf der Sprachen buchstäblich übersetzt werden müssen, viel stärker, obwohl häufig noch viele gemeinsame Traditionen bestehen, auf der Ebene der Begegnung von Angehörigen verschiedener Kulturkreise überdeutlich, weil hier z.T. der Rekurs auf anthropologische Konstanten notwendig wird.

Interkulturelle Kommunikation gibt es, solange sich Menschen unterschiedlicher Kulturen begegnen. Sie war friedlicher Austausch und Handel mit fremden Produkten (z.B. Europa – China im Mittelalter), sie war Unterwerfung und Assimilierung entweder der Sieger (z.B. germanische Eroberer Roms) oder der Verlierer. Sie war intellektuelle Auseinandersetzung und Bereicherung (z.B. die arabische Rezeption der griechischen Antike) oder Vernichtung der anderen Kultur (z.B. die Auslöschung der indianischen Kultur durch die Conquista). Sie war bestimmt vom Dünkel und der Angst gegenüber Barbaren (von den Griechen bis zu den Kolonialherren), vom Forscherinteresse des Historikers, Geographen und Ethnologen (von Herodot bis zu den modernen Wissenschaftlern) oder von der Suche des Romantikers nach dem , was ihm die eigene Kultur nicht zu bieten schien. Sie führte zu Wanderungen von Kulturgut durch mehrere Kulturgemeinschaften und schuf so Momente einer gemeinsamen Menschheitskultur (z.B. die Geschichte unseres Kalenders) und sie beeinflußte nur für einen Moment die Mode und das zeitgenössische Denken, um dann wieder wirkungslos zu werden (z.B. die Chinoiserie im 18. Jh.). Form, Inhalt und Ergebnisse von interkultureller Kommunikation sind also überaus verschieden, jeweils abhängig von den Bedingungen der konkreten historischen Situation.

Dennoch gilt für interkulturelle Kommunikation heute ein allen Situationen gemeinsames Moment. Begegneten sich früher Menschen aus Gesellschaften, die prinzipiell autark und in Unabhängigkeit voneinander existierten, so liegt der besondere Charakter von interkultureller Kommunikation heute darin, daß sich Menschen aus Gesellschaften begegnen, die prinzipiell voneinander abhängig sind und die alle von derselben synchronen Industriegesellschaft mit ihren Macht- und Ausbeutungsstrukturen tangiert werden. Die Unterschiedlichkeiten, die sich heute in interkultureller Kommunikation äußern, beruhen auf der Unterschiedlichkeit mit der die Menschen aus ihrer traditionellen Gesellschaft heraus mit dieser Industriegesellschaft und dem durch sie produzierten Universalierungsprozeß in Berührung stehen. Da sie sich so auf einen gemeinsamen Bezugsrahmen beziehen können, muß ihre Kommunikation nicht mehr zufällig sein, nur Ausdruck der gerade stattfindenden konkreten Begegnung, sondern sie kann Reflexion der alle betreffenden gemeinsamen Problematik sein. War es vor 100 Jahren noch ziemlich unvorstellbar, daß sich Menschen aus Deutschland, dem Senegal, Vietnam, Indien, Frankreich usw. trafen, um gemeinsam über die Bedingungen und Konsequenzen von Industrialisierung nachzudenken, so sind solche Begegnungen heute durchaus selbstverständlich und sinnvoll. Der besondere Charakter von interkultureller Kommunikation heute liegt also darin, daß durch sie das Verhältnis von synchroner Industriegesellschaft und diachronen Lebenswelten aus vielfältigen Perspektiven und Konstellationen ausgedrückt wird. Sie reflektiert die globale Vernetzung als dialektischen Prozeß von Fortschritt und Zersörung, von Linderung materieller und immaterieller Not und Potenzierung dieser Not, von Demokratie und Widerstand und Macht, Vergewaltigung und Unterwerfung, von Selbstbewußtsein und Fremdbestimmung. In ihr äußern sich die verschiedenen Individuen, Gruppen, Völker, Nationen, welchen Sinn sie diesem Prozeß unterlegen, welche Faktoren sie dafür verantwortlich machen, wie die drohenden Gefahren und Widersprüche überwunden werden können. Interkulturelle Kommunikation heute ist so aus der konkreten Situation der Beteiligten heraus eine multiperspektivische Analyse des Weltsystems. Da sie auf der je unterschiedlichen Durchdringung von besonderer Tradition und synchroner Industriegesellschaft beruht, verhindert sie durch das Aufzeigen vieler Standpunkte die Verabsolutierung eines Standpunkes; noch ist sie häufig blind und planlos, Ausdruck der Blindheit und Planlosigkeit des realen Vernetzungsprozesses. Sie könnte aber zu einer bewußten und weitreichenden Methode der Realitätsanalyse der Menschheit gemacht werden, weil in der interkulturellen Gemeinschaft auch und gerade die Opfer dieses Prozesses eine Stimme haben. Es gibt heute schon vielfältige Ansätze, in denen interkulturelle Kommunikation diesem Ziel dient. Die Charta der Vereinten Nationen formuliert für alle diese Bemühungen das Prinzip der kulturellen Vielfalt und Selbstbestimmung gültig aus.

Interkulturelle Kommunikation ist deshalb nicht nur eine Methode der multiperspektivischen Analyse der Realität, sondern darüberhinaus eine Methode der multiperspektivischen Antizipation neuer Lebensformen, die auf Vernunft, Humanität, Frieden und kultureller Selbstbestimmung beruhen. Um die Widersprüche des bestehenden Weltsystems aufzuheben, müssen diese neuen Lebensformen auf eine universelle postindustrielle Kultur zielen, die auf der Vielfalt der Kulturen aufbaut, auf einem bewußt gestalteten Verhältnis von universeller Vergesellschaftung und besonderen Traditionen verpflichteter Lebenswelt. „Zu dem herauszuprozessierenden Humanum, als dem letzten, wichtigsten Zurechnungspunkt des Fortschritts, sind sämtliche Kulturen auf der Erde, samt ihrem Erbsubstrat, Experimente und variant bedeutsame Zeugnisse. Sie konvergieren auch deshalb in keiner irgendwo bereits vorhandenen Kultur, gar als einer 'herrschenden', überragend 'klassischen', die in ihrem – doch selber nur experimentellen – So-Sein bereits 'kanonisch' wäre. Die vergangenen wie lebenden wie zukünftigen Kulturen konvergieren einzig in einem noch nirgends zureichend manifesten, sowohl aber zureichend antizipierbaren Humanum.“ (E. Bloch, 1977, 147)

In den bisher abhängig industrialisierten Gesellschaften wird das für viele Menschen eine stärkere Einbeziehung synchroner ökonomisch-technischer

Rationalität in ihren Bezugsrahmen bedeuten. „Wenn auch ohne Bewußtwerdung des eigenen Leids und der Zerstörung der kollektiven und personalen Identität durch die Kultur der industriellen Güter- und Dienstleistungsgesellschaft keine Überwindung ihrer zerstörenden Dynamik in Gang gesetzt werden kann, so auch sicher nicht, ohne daß das Bewußtsein der Unterdrückten all die materiellen und ideellen Kompetenzen sich aneignet, die die wissenschaftlich-technische Revolution in den Industrienationen entwickelt hat.“ (E. Jouhy, 1985b, 27)

Umgekehrt werden die Industriegesellschaften, die über Jahrhunderte die Form der Beziehungen zwischen den Völkern bestimmt haben, eine schmerzhafte Einsicht in die tiefe Krise ihrer Kultur gewinnen müssen. Jenseits von ökonomisch-technischer Rationalität, letztlich diese nur als Mittel einsetzend, sind all die Haltungen und Werte, die mit Weisheit, Spiritualität, Humanität, Liebe nur qualitativ zu umschreiben sind, in der Begegnung mit anderen Kulturen, in denen sie als Lebensmodelle noch wirksam sind, und in der Begegnung mit der eigenen Geschichte, in der sie weitgehend zugunsten des industriellen Entwicklungsweges verdrängt wurden, wieder zu entdecken und für den gegebenen historischen Moment zu rekonstruieren. Die „Entwertung ihrer Traditionssubstanz und die Unterwerfung unter Imperative einer vereinseitigten, aufs kognitiv-instrumentelle beschränkten Rationalität“, ist zu durchbrechen. (Habermas, 1981, 111)

3. Interkulturelle Kommunikation im Kontext der BRD

Wenn die Funktion von interkultureller Kommunikation darin besteht, durch den reflektierten Austausch von besonderen kulturgebundenen Erfahrungen vor dem Hintergrund einer allgemeinen Struktur zu einer multiperspektivischen Analyse dieser Struktur und zu einer multiperspektivischen Antizipation von humanen Lebensformen zu gelangen, so bedarf es für die einzelnen Teilnehmer dieser Diskussion einer Analyse ihres Standpunktes, von dem aus sie in die Diskussion eintreten. Ich werde daher einige zentrale Momente westdeutscher Kultur darstellen und einige Funktionen von interkultureller Kommunikation „für uns“ daran klären.

Die BRD ist ein hoch entwickelter Industriestaat. Nach innen ist sie geprägt von großem materiellen Reichtum, der trotz starker Eigentumskonzentration dem größten Teil der Bevölkerung einen weltweit sonst kaum erreichten Lebensstandard sichert. In der Bevölkerung besteht ein breiter Konsens, der Aufrechterhaltung und Mehrung dieses Wohlstandes in der persönlichen Lebensgestaltung und in der Politik Priorität zu geben. Interessenkonflikte sind daher weniger politische Richtungskonflikte, die auf mehr politische Partizipation zielen, als Verteilungskonflikte, die weitgehend institutionalisiert ausgetragen werden. Fundamentale oppositionelle Haltungen werden zwar in den letzten Jahre - vor allem von Minderheitenbewegungen - deutlicher artikuliert, haben aber angesichts der breiten Zustimmung zum status quo nur geringes politisches Gewicht. „Sicherung des Wohlstandes“, „keine Experimente“ bleiben die zentralen Parolen. „Ausstieg aus der Atomenergie“, „mehr Demokratie wagen“, das Eintreten für soziale Gerechtigkeit haben nur dann eine Chance bei der Bevölkerung, wenn sie dagegen nicht verstoßen. Gelingt diese politische Quadratur des Kreises allerdings einmal, wie z.B. in der Friedensbewegung, so setzt sie ein erhebliches politisches Kräftepotential frei.

International ist die BRD eine politische Mittelmacht, die vielfältig in das westliche Bündnissystem eingebunden ist. Durch ihre Geschichte und ihre geographische Lage ist sie besonders intensiv vom Ost-West-Konflikt tangiert, ihre exportorientierte Wirtschaftsstruktur und ihre relative Rohstoffarmut bestimmen ihre traditionell konservative Haltung im Nord-Süd-Konflikt. Die intensive Industrialisierung und Technisierung des Alltags führen zu einer extremen ökologischen Belastung, die national und international weniger durch mittel- und langfristige Handlungsstrategien vermieden als durch kurzfristiges Katastrophenmanagement aufgefangen werden soll. Die internationale Vernetzung wird von der Bevölkerung als schicksalhafte Verknüpfung mit den USA und den westeuropäischen Staaten verstanden, wobei die USA eher die Rolle des großen Bruders einnehmen, dessen ökonomische, militärische, politische, kulturelle Führung man im allgemeinen annimmt, während man im Detail im Verein mit den anderen kleinen westeuropäischen Brüdern schon mal gegen ihn rebelliert. Amerikanische Managementmethoden sind selbstverständlich, der Kampf zwischen den Hamburgern von Mc Donalds und der heimischen Bratwurst ist noch unentschieden.

Das Verhältnis zu den osteuropäischen Staaten wird sehr stark von antikommunistischen Feindbildern bestimmt. Hier gestattet man sich schon ab und zu ein gewisses Sendungsbewußtsein. Massenmedien und Tourismus lassen den Nord-Süd-Konflikt nicht ganz vergessen, Mitleid, Unverständnis, Unwissen und ein latenter Rassismus mischen sich hier zu einer weitgehend gleichgültigen Haltung, die durch die Massenmedien jederzeit gelenkt werden kann.

Insgesamt gibt es ein Bewußtsein der Unausweichlichkeit internationaler Beziehungen, der man sinnvollerweise mit einer gewissen Offenheit begegnet, aber innerhalb dieser Beziehungen wird stark zwischen uns (USA, Westeuropa), denen (sozialistische Staaten) und denen, die ganz weit weg sind (3. Welt) unterschieden, so daß weniger die Idee der *Einen Welt,* als die Idee von getrennten Weltzonen mit bedrohlichen Interessenkonflikten vorherrscht.

So ist die westdeutsche Teilnahme am internationalen System auf die Erhaltung des status quo ausgerichtet. Der deutsche Beitrag an interkultureller Kommunikation beschränkt sich dann bisher auch über weite Strecken darauf, fremde Einflüsse, falls sie nicht aus den USA kommen, abzuwehren, und das „Modell Deutschland“, gleichgültig ob vor oder nach der „Wende“, zu propagieren und über materielle oder ideelle Hilfeleistungen nach außen zu seiner Stabilisierung beizutragen. Dieses starke Vorherrschen von ökonomisch-technischer Rationalität in Form eines liberal-konservativen Pragmatismus in der BRD erklärt sich aus der Geschichte. Das Jahr 1945 gilt weiterhin als Zäsur, die die Zeit der nationalsozialistischen Diktatur als „Zeit der Verführung durch eine totalitäre

Ideologie“ von einer „Zeit der Ernüchterung“ trennt. Die totale Niederlage des nationalsozialistischen Staates, die unwiderlegbaren Beweise der Verbrechen, die in seinem Namen und in seinem Schutz begangen worden waren, machten es fast unmöglich, sich weiterhin mit diesem System und darüber hinaus mit der dadurch belasteten eigenen Geschichte zu identifizieren.

Nach einer relativ kurzen Umorientierungsphase und tatkräftig untersützt von den Alliierten begann man, nach westlichem Muster eine stabile parlamentarische Demokratie und eine auf vordergründigem sozialen Ausgleich beruhende Wirtschaft aufzubauen. Eine moderne Gesellschaft entstand, die scheinbar offen in alle Zukunft die materiellen und auch viele politische Bedürfnisse befriedigen konnte, wenn man alle Kräfte auf den Wiederaufbau konzentrierte und alle störenden traditionellen deutschen Besonderheiten ausschaltete. Das Heil lag in einer Zukunft, die sich möglichst radikal vor der Vergangenheit abwandte. Nicht die Betonung des deutschen Weges war erforderlich, sondern die Betonung eines internationalen, europäisch-atlantischen, in dem die deutschen Besonderheiten zugunsten der allen gemeinsamen Industriegesellschaft möglichst wenig zum Tragen kommen. Um wieder in die Gemeinschaft der Völker zurückzufinden, ohne aber die alten Macht-, Eigentums- und Produktionsstrukturen ernsthaft zu verändern, paßten die Westdeutschen ihr Bewußtsein, ihre Politik und Kultur den Bedingungen des industriegesellschaftlichen Weltsystems an. Daß dies gelang, verdankt sich sowohl den unbestreitbaren Erfolgen des Konzepts der sozialen Marktwirtschaft, als auch dem industriegesellschaftlichen Modernisierungsschub, den Deutschland zwischen 1933 und 1945 erlebt hatte (Ausweitung der Industrieproduktion, Einbeziehung der Frauen in den Produktionsprozeß, Ausbau der Infrastruktur und der Massenkommunikation, Gleichschaltung lokaler und regionaler Besonderheiten etc.), und den sozialen und regionalen Umschichtungen im Gefolge des Krieges, die viele traditionelle Strukturen (Familien, lokale und regionale Bindungen etc.) zerstörten und eine moderne Industriegesellschaft durchsetzten.

Doch in den letzten Jahren zeigt es sich, daß unter dieser modernen Haltung, die Teile des „Modell Deutschland“ weltweit zum Symbol der synchronen Durchsetzung der Industriegesellschaft gemacht haben, verschiedene diachrone Elemente liegen, die, weil sie nicht bewältigt, sondern verdrängt wurden, angesichts der neueren Krisenerscheinungen wieder virulent werden. Wichtig sind dabei vor allem drei „deutsche Schwierigkeiten“:

1. Die Schwierigkeit, einen demokratischen Staat zu entwickeln

Anders als in England und Frankreich ist der bürgerliche Staat in Deutschland nicht durch eine Revolution des Volkes unter Führung der Bourgeoisie begründet worden, sondern als Kompromiß zwischen Adel und Bürgertum zur Abwehr radikaler demokratischer Forderungen aus dem Volk. Deswegen wurde der Staat auch nicht als Funktion der Gesamtgesellschaft begriffen, der er zu dienen habe, sondern als Machtinstrument über die Gesellschaft. Die herrschenden Klassen bedienten sich seiner, formten ihn zum Obrigkeitsstaat, während das Volk Untertan blieb, nicht zum Souverän wurde.

Für eine imperialistische Politik reichte es aber nicht aus, daß die Menschen diesen Staat ertrugen, sie mußten ihm auch begeistert und bedenkenlos dienen. Ein engmaschiges Netz von autoritärer Erziehung in Familie, Schule, Kirche, Militär sorgte für die massenhafte Ausbildung eines Sozialcharakters, der sich durch eine spezifische Mischung von Unterwürfigkeit und Größenphantasien, Angst und Aggression, Innerlichkeit und Verehrung von Macht, partieller Realitätssüchtigkeit und Denk- und Wahrnehmungsblockierungen für kritische Einwände auszeichnete. Dieser autoritäre Charakter suchte eher nach einer klar strukturierten sozialen und politischen Hierarchie als nach demokratischen Strukturen, eher nach Befehlen als nach Eigenverantwortlichkeit, eher nach Bestätigung als nach Neuorientierung.

2. Die Schwierigkeit, eine Nation unter Nationen zu sein

Vor dem Hintergrund dieser tendenziellen Funktionalisierung des Staates für die herrschenden Klassen vollzog sich der Prozeß des deutschen „nation buildings“. Die Erfahrung, über Jahrhunderte Spielball und Kampfplatz europäischer Machtinteressen gewesen zu sein, ließ neben das Selbstbewußtsein und den Stolz, deutsch zu sein, die Angst treten, in dieser nationalen Identität bedroht zu werden, für die Wahrung des nationalen Selbstbestimmungsrechtes kämpfen zu müssen. Nationalbewußtsein wurde weniger zu einer Aufgabe nach innen als zu einer aggressiven Haltung nach außen, die schon sehr früh die Funktion hatte, für erlittene Versagungen im eigenen Land durch Rache, Aggression und Überhebung über andere Nationen und Völker zu entschädigen. Dazu war es gleichzeitig notwendig, den besonderen deutschen Charakter zu idealisieren, ihn in eine irreale Größenphantasie zu verwandeln, um dann eine ständige Bedrohung dieser Größenphantasie in der Realität zu konstatieren, gegen die man mit Anspannung aller Kräfte kämpfen müsse.

Der Nationalismus konnte so leicht zu einem wesentlichen Inhalt des autoritären Bezugsrahmens werden. Die nationalistische Ideologie stimulierte in idealer Weise die Dynamik des deutschen Sozialcharakters, indem sie einerseits den diffusen Ängsten und Phantasien einen Namen verlieh, und indem sie andererseits Möglichkeiten versprach, die aufgestauten Aggressionen ausagieren zu lassen. Unter den Nationalsozialisten wuchsen die deutschen Größenphantasien ins Ungeheure, gleichzeitig aber auch die Notwendigkeit, die eigenen Ängste und Aggressivität zunächst nach außen zu projizieren und später auszuagieren. Nicht mehr ökonomische Rationalität beherrschte die nationale Politik, obwohl durchaus einige Konzerne versuchten, aus ihr ökonomischen Gewinn zu machen, sondern Angst und überkompensierende Abwehr. Deswegen wirkte bei aller deutschen Grausamkeit, Arroganz, Herr-lichkeit auch stets ein Stück Unsicherheit und Angst, die zu noch härterem Vorgehen gegen die anderen antrieb und keinen Platz für Selbstreflexion und Selbstkritik ließ.

3. Die Schwierigkeit, den Geist nicht auswandern zu lassen

Die unaufgehobene Spannung von Herrschaft und Unterwerfung, Selbstbewußtsein und Vorstellungen von Bedrohung spiegelt sich in einer reichen Geisteskultur, deren Verhältnis zu Staat und Nation gerade dadurch gekennzeichnet ist, daß sie wenig Einfluß auf die relevanten Strukturen und Prozesse hat.

Die kritischen Intellektuellen bildeten die Avantgarde, die in revolutionären Momenten zwar Massen beeinflussen konnten, die im Fortschreiten des revolutionären Prozesses aber durch die schwankende Haltung der entscheidenden politischen Kräfte und deren Autoritätssehnsüchte und Ängste vor Selbstbestimmung isoliert wurden. Ihr Schicksal war nach der Niederlage häufig genug Exil, Gefängnis oder sogar Tod, ihre Werke wurden dem Feuer oder dem Vergessen überantwortet.

Neben diesen kritischen Intellektuellen, die sich in die Tageskämpfe einmischten, tritt die Gruppe, die zwar dem status quo distanziert gegenüber steht und ihm den Spiegel des Ideals vorhält, die aber gerade dieses Ideal benutzt, um sich aus den Niederungen der Alltagsauseinandersetzungen herauszuhalten. Es besteht die Neigung, Geist und Kultur als abstrakte Gegenpole der Macht zu betrachten und sich, indem man ein ebenso abstraktes wie allgemeines Reich des Geistes erdenkt, doch mit der Macht zu arrangieren.

Als dritte Strömung findet sich die offene Propagierung der Macht. Zwar vergeht das Ansehen dieser Intellektuellen meist schnell mit dem System, dem sie gedient haben, aber da es ihnen gelingt, die verbreiteten Ängste, die aus dem mangelnden Selbstbewußtsein erwachen, mit den jeweils aktuellen law and order-Parolen und der genauen Beschreibung des äußeren oder inneres Feindes zu verbinden, haben sie für den historischen Moment große Wirkung. Diese dritte Gruppe ist die weitaus größte.

Die deutsche Geisteskultur hat zwar ein großes Reservoir an kritischem Potential geschaffen, trägt in sich viele uneingelöste Utopien, die sich gegen eine vereinseitigte „ökonomisch-technische Rationalität“ wenden, aber sie kann sich nur selten mit dem politischen Prozeß verbinden.

Diese drei deutschen Schwierigkeiten konkretisieren sich in einer politischen Kultur, die den politischen Gegner, den Andersdenkenden ausgrenzt. „Seit 300 Jahren betrachten in Deutschland die Klassen und Gruppen, mit ihrer geistigen, kirchlichen und politischen Struktur, die jeweils anderen oder entgegenstehenden als zwar 'leider' koexistierend, aber als nicht dazugehörig oder 'draußenstehend'. Nationale Auseinandersetzungen im Bewußtsein, daß die eine Gruppe das Schicksal der anderen darstellt, gab es nur in seltenen historischen Augenblicken. Gerade das ist ein Charakteristikum der fehlenden Nationalgeschichte, der nationalen Identität." (E. Jouhy, 1976, 26) Die Radikalität und Konsequenz der Ausgrenzung ist steigend. Traf sie im Vormärz noch den einzelnen Demagogen, so verboten die Sozialistengesetze schon eine ganze Partei, ihren schrecklichen Höhepunkt findet sie im Völkermord des Faschismus, der alles ausgrenzt und zu töten versucht, was nicht mit seinen Definitionen von lebenswert übereinstimmt.

Diese Traditionen scheinen im pragmatischen „Modell Deutschland" abgeschnitten, ersetzt durch einen sozialen, demokratischen Rechtsstaat, einen bemühten konstrukiven Ausgleich sowohl mit den westlichen als auch mit den östlichen Nachbarn, und eine kritische politische Kultur. Das gilt auch für den normalen Geschäftsverkehr. In Krisen, bzw. in Situationen, die zu Krisen stilisiert werden, zeigt sich jedoch, daß sie als latente Kräfte unter der Oberfläche weiterwirken und leicht aktualisiert werden können:

- Die BRD begreift sich als wehrhafte Demokratie; der so häufig beschworene Konsens der Demokraten meint meistens eine restriktive Einengung der demokratischen Freiheiten. Von den Berufsverboten über die Etablierung eines verfassungsgemäß gar nicht vorgesehenen nationalen Krisenstabes bis zu einer Justiz, die nach Ansicht des ehemaligen Verfassungsrichters M. Hirsch, auf einem Auge (dem rechten) blind ist, zeigt sich ein „starker Staat", der sich mit der „Freiheit der Feinde der Freiheit" sehr schwer tut. Auch das alte Zusammenspiel von Wirtschaft und Staat funktioniert weiter, hat im Zeitalter einer aktiven Wirtschaftspolitik sogar fast Verfassungsrang bekommen.
- Nationalistische Argumentationen finden leicht Gehör. Im Verhältnis zu den sozialistischen Staaten verbinden sich die Rückkehrträume einiger Vertriebener, die gegen alle politische Realität von reaktionären Kräften wachgehalten werden, schnell mit einem allgemeinen Antikommunismus, der eine ständige Bedrohung aus dem Osten wahrnimmt. Der alltägliche Rassismus im Umgang mit Gastarbeitern, die Debatte über das Asylrecht, in der ganz selbstverständlich von vielen Deutschen davon ausgegangen wird, daß „wir" von „denen" nur ausgenutzt werden, zeigen die Existenz einer breiten Fremdenfeindlichkeit, deren Begründungsmuster sich kaum verändert haben. In vielen Stereotypen über Menschen der 3. Welt drückt sich der alte Rassismus ungebrochen aus.
- In den die Öffentlichkeit bestimmenden Massenmedien herrscht die Tendenz zur Ausgewogenheit, zur Harmonisierung und zur Bestätigung von konventionellen Leitbildern vor. Zwar gibt es viele kritische Stimmen, aber sie gehen in der Flut von Unterhaltung und affirmativer Information unter. Überdies stürzt sich die Unterhaltungsindustrie auf alle relevanten oppositionellen kulturellen Strömungen und kommerzialisiert sie (zu beobachten vordringlich in der Jugendkultur), so daß sie schnell ihren kritischen Stachel verlieren. Kultur hat ihren Ablenkungscharakter behalten, ihre aktuellen Formen verstärken häufig eher die Schere im Kopf, als daß sie Kritik ermuntern.
- Die generelle Tendenz zur Ausgrenzung bleibt für die Masse der Bevölke-

rung weiter bestimmend. Die Durchsetzung des pragmatischen „Modell Deutschland“ erscheint selbst als ihr Produkt, weil in ihr die Auseinandersetzung mit der deutschen Vergangenheit weitgehend ausgegrenzt wurde. Das allgemeine Denken orientiert sich am unmittelbaren Hier und Jetzt, allenfalls noch an naher Zukunft, will mit der Vergangenheit „endlich Schluß machen“. Damit geht einher, die gravierenden globalen Konflikte nicht als relevant für das eigene Leben und Handeln anzuerkennen. So wie diejenigen, die in Geschichtswerkstätten dem konkreten Faschismus zwischen 1933 und 1945 nachspüren, auf Unwillen stoßen, so nimmt die Bevölkerung Pershing-Blockaden in Mutlangen, Schornsteinbesetzungen von Robin Wood, Boykottaktionen gegen Südafrika noch hin, hält sie aber für übertrieben und stellt sie in keinen Zusammenhang mit der eigenen Praxis.

Die Folge ist, daß zwischen der realen ökonomischen und politischen Macht der BRD und dem Bewußtsein der Bevölkerung darüber eine Lücke klafft, die von interessierten Kräfte ausgenutzt wird. In verschiedenen Ländern hat z.B. eine breite Boykottbewegung große Unternehmen gezwungen, sich aus Südafrika zurückzuziehen, in der BRD verharmlosen deutsche Unternehmen ihre Geschäfte mit dem Apartheidregime, treiben z.T. gezielte Desinformation über die Zustände in Südafrika und helfen so, sie aufrechtzuerhalten.

Dennoch zeigt sich in den letzten Jahren in der BRD eine gewisse ideologische Krise, die aus zwei gegensätzlichen politischen Überlegungen diachrone Motive als Bezugsmuster für Handeln wieder aktuell werden läßt.

Erstens haben die Durchsetzung und die Erfolge der parlamentarischen Demokratie, die europäische Integration und das kritische Engagement vieler Intellektueller einen solchen Spielraum gegenüber den traditionellen deutschen Schwierigkeiten geschaffen, daß in der BRD sich eine neue politische Kultur entwickelt hat. Sie nimmt die ideologischen Versprechungen der Industriegesellschaft nach Freiheit, Gleichheit, Selbstbestimmung beim Wort und wendet sich sowohl gegen die Sinnentleerung der ökonomisch-technischen Rationalität als auch gegen die deutschen Traditionen der Subalternität, des Nationalismus und der Affirmation des Bestehenden.

Ausgehend von der Studentenbewegung ist eine starke basisdemokratische Bewegung entstanden, die in konkreten Konflikten gegen die etablierten Mächte ihre Bürgerrechte erkämpft, gibt es eine aktive Umweltbewegung, die sogar die festgefügte Parteienlandschaft durcheinanderbringt, engagieren sich immer mehr Menschen in den neuen sozialen Bewegungen (Frauen, Ausländer, Behinderte, Alte, 3. Welt, Therapien etc.).

Es zeigt sich, daß die Suche nach neuen Formen des Zusammenlebens nicht ausschließlich in den Kategorien modernen industriegesellschaftlichen Denkens erfolgen kann. Für die Alternativbewegung ist deshalb diachronisches Denken als die Suche nach uneingelösten Utopien, als Anregung für kritisches Denken und als Modelle für politisches Handeln wichtig geworden.

Einerseits bedürfen die neuen politischen Bewegungen der historischen Erfahrung, des historischen Erbes. Indem die verschütteten demokratischen Traditionen freigelegt werden, läßt sich ein Horizont gewinnen, der sich gegen kurzfristige Sachzwänge in einer sinntragenden Geschichte verankert. Die Pfälzer Bauern, die den Kampf gegen eine Teststrecke von Daimler Benz unter der Bundschuh-Fahne führen, begreifen Geschichte und Gegenwart als einen Auftrag, sich gegen die Willkür der Mächtigen zu wehren. Die Geschichtswerkstätten, die Lokalgeschichte rekonstruieren, machen historische Prozesse greifbar und nehmen ihnen so den Charakter einer Pseudo-Gesetzlichkeit.

Andererseits bedürfen sie aber auch der kritischen Auseinandersetzung mit der Tradition. Ohne eine Aufarbeitung der „deutschen Schwierigkeiten" ist es nicht möglich, die Erstarrung des „Modell Deutschland" zu überwinden. Der Kampf für die Einrichtung von Gedenkstätten für die Opfer des Faschismus und der Widerstand, der dabei erlebt wird, zeigt, wie mächtig noch die alten Haltungen sind und welche Möglichkeiten es gibt, sie zu überwinden. Die Auseinandersetzung mit der Geschichte des deutschen Kolonialismus klärt auf über die Genese von Vorurteilen, Geschichtsklitterung, Wahrnehmungsblockierungen.

Zweitens hat die Legitimationskrise auch die Vertreter des herrschenden Systems erreicht. In einer so reichen Gesellschaft wie der BRD ist es kaum noch möglich, die notwendige Massenloyalität für eine Politik zu finden, die ständig am Abgrund von ökologischer, atomarer oder moralisch-politischer Katastrophe entlangführt, indem man auf die materiellen Gratifikationen für diese Politik setzt. Zwar ist ein Muster konservativer Legitimation immer noch das Spiel mit der Angst vor materiellen Verlusten, aber das schafft nicht den nötigen politischen Spielraum, um die Verantwortungsbedingungen für den militärisch-industriellen Komplex aufrechtzuerhalten. Das neue Zauberwort heißt Ideologieplanung, „Neubesetzung der Vergangenheit", um aus funktionalisierten Traditionen, z.B. der Wiederbelebung eines moderaten Nationalismus, Loyalität zu gewinnen. Die Tendenz zeigt sich deutlich in der sogenannten Historikerdebatte der letzten Jahre, in der sich konservative Historiker bemühen, zu einer Neubewertung des 3. Reiches zu kommen. In dieser Debatte geht es ersichtlich nicht darum, den Faschismus als Ganzes, als System zu rehabilitieren, sondern aus der Neubewertung des Systems erfolgt die Neu-, d.h. positive Bewertung einzelner Faktoren, die sich sonst in der Geschichte der BRD nicht auffinden lassen. Wenn Auschwitz nicht mehr ein singuläres Ereignis in der Geschichte ist, sondern sich in eine Reihe von Völkermorden einordnet, dann ist es auch legitim, in der „Gnade der späten Geburt" nationale deutsche Interessen nach außen – vordringlich nach Osten und Süden – mit fester Hand zu vertreten. „Wir müssen aus dem Schatten des 3. Reiches heraustreten." (F.J. Strauß)

Interkulturelle Kommunikation ist vor diesem Hintergrund in der BRD in zwei Dimensionen bedeutsam:

1. als Analyse und Reflexion der Rolle der BRD

Im öffentlichen Bewußtsein werden häufig eine Reihe von Tatsachen und Zusammenhängen verdrängt:

- der Reichtum der BRD basiert nicht zuletzt auf der Struktur des bestehenden Weltwirtschaftssystems, das die Industrieländer gegenüber den rohstoffexportierenden 3. Weltländern stärkt.
- die Politik der BRD ist auf die Erhaltung der aus diesen Zusammenhängen resultierenden Privilegien und Vorteilen bedacht und sichert damit Ausbeutung, Unterdrückung, kulturelle Entfremdung.
- über diese Beteiligung an der „Entwicklung zur Unterentwicklung" verändert sich auch das wirtschaftliche, politische, kulturelle Leben in der BRD: sie wird zunehmend zu einem überentwickelten Land, in dem es zwar wachsende Bereiche neuer Armut gibt, das aber im ganzen im Übermaß zu ersticken droht.

In Krisen oder scheinbaren Krisen produzieren diese verdrängten Zusammenhänge massive Ängste und die Wiederbelebung der deutschen Schwierigkeiten:

- ein neuer Nationalismus regt sich, der fordert, die deutsche Position in den weltwirtschaftlichen und weltpolitischen Zusammenhängen rigider zu vertreten.
- Fremdenfeindlichkeit und Ausländerhaß werden geäußert, die das eigene Selbstwertgefühl auf Kosten von Minderheiten stabilisieren.
- die Betonung von nationaler Einheit, Zurücktreten von sozialen Interessengegensätzen, die Emotionalisierung der Politik beeinträchtigen kritische Wahrnehmung und Analyse.

Dagegen mobilisiert interkulturelle Kommunikation Abwehrkräfte. Indem aus vielfältiger internationaler Sicht die Rolle der BRD im Weltwirtschaftssystem dargestellt, reflektiert und bewertet wird, indem die politische Haltung der BRD in den diversen internationalen Konflikten aus der Perspektive der Beteiligten betrachtet wird, indem ein vielseitiger Zusammenhang hergestellt wird zwischen der Unterentwicklung in der 3. Welt und der Überentwicklung in der BRD, löst sich eine eindimensionale Wahrnehmung, die nur von Gegebenheiten der BRD bestimmt ist, auf.

Sie eröffnet neue Betrachtungsmöglichkeiten und Bewertungsmaßstäbe. Damit werden die materiellen und immateriellen Kosten sichtbar, die für andere Völker aus deutschem Handeln entstehen können. Der deutsche Waffenhandel ist nur dann eine Möglichkeit, deutsche Interessen zu vertreten, wenn man die Opfer dieser Waffen nicht sehen muß. Die Argumentation, eine gerechtere Ordnung des Weltmarktes sei eine Vorstufe zur Planwirtschaft, erscheint nur dann sinnvoll, wenn man den Hunger in der Welt damit nicht in Verbindung bringen muß. Der Handel mit Südafrika ist nur da eine normale Geschäftsbeziehung, wo man die Entrechtung der schwarzen Mehrheit ignorieren kann.

Werden Opfer und Täter bekannt und können sich die Täter nicht mehr hinter abstrakten Vokabeln wie Interesse, Notwendigkeit, Sachzwang verstecken, sondern werden die konkreten Folgen ihres Handelns aufgezeigt, bekommt die Darstellung verschiedener Standpunkte eine kritische Dimension. Interkulturelle Kommunikation zielt über die Analyse der Realität auf Veränderung.

Themen dieser Analyse müssen u.a. sein:

- die aktive Teilnahme der BRD an einem System struktureller Gewalt (von Weltmarkt mit den ihn regulierenden internationalen Organisationen über die politische Einbindung in die diversen Bündnissysteme bis hin zur massenmedialen Bewußtseinssteuerung durch Informationen, die auf die BRD zentriert sind).
- die Verhinderung von international gewünschten Lösungsansätzen für Krisen (von der treibenden Haltung der BRD bei der Nachrüstung über ihre Ablehnung einer Reform des Welthandelssystems bis zum Abstimmungsverhalten in der UNO).
- die Unterstützung diktatorischer Regimes (vom deutschen Waffenhandel bis zur Blockierung der Wirtschaftshilfe für Nicaragua).
- die Propagierung eines eindimensionalen industriegesellschaftlichen Lebensstils (vom offensiven Einsatz von Großtechnologie und Kapital über die ständige Betonung von wirtschaftlichem Wachstum bis zum einseitigen Kulturexport).
- die Bemühungen von westdeutschen politischen Kräften um eine friedliche, auf Selbstbestimmung und Überwindung von Not und Gewalt zielende weltweite Entwicklung (von einer auf Entspannung orientierten Ostpolitik über kooperative Entwicklungshilfe bis zur Unterstützung von internationalen Begegnungen auf verschiedenen Ebenen).

Eine solche interkulturelle Analyse weltweiter Zusammenhänge stärkt demokratische Kräfte in der BRD

- weil sie die Verdrängung der deutschen Vergangenheit nicht ruhen läßt und gegen alle inneren Kräfte, die auf Vergessen setzen, die Deutschen immer wieder mit einer realen historischen Schuld konfrontiert. Zwar sind die Nachkriegsgenerationen nicht Täter des Völkermordes, aber sie machen sich schuldig, wenn sie nicht alles tun, um die Ursachen aufzuklären, und dafür zu sorgen, daß sich die antidemokratische, nationalistische Tradition niemals wiederholt. Der Blick von außen ist auch ein Stachel gegen satte Selbstzufriedenheit.
- weil sie die politische Argumentation erweitert. Aufklärung ist nicht mehr Ableitung aus abstrakten Theorien, die an die Moral appelliert, sondern die Betroffenen sprechen selber. Auch die Argumente der Aufklärer müssen sich der Kritik stellen (nicht alle Kritik gutwilliger deutscher Zivilisationskritiker an der Industriegesellschaft wird in der 3. Welt übernommen, nicht jede Befreiungsbewegung, in die von deutscher Seite unerfüllbare revolutionäre Wünsche projiziert werden, vermag ihrem Land mehr Menschenrechte und soziale Gerechtigkeit zu bringen).
- weil sie den bundesrepublikanischen Umgang mit Nationalismus, Fremdenfeindlichkeit und affirmativer Kultur kritisch betrachtet und zu den da-

aus folgenden innenpolitischen Maßnahmen (von Asylgesetzen bis zum Umgang mit politischen Minderheiten) bewertend Stellung nimmt und somit auch politischen Druck ausübt.
- weil sie den Aspekt der Überentwicklung in der BRD greifbar macht (als Kritik des Überkonsums, als Kritik an der übermäßigen Kontrolle und Versorgung durch den Staat, als Kritik der Übertechnologisierung etc.).

2. als Antizipation einer friedlichen Welt

Eine solche multiperspektivische Analyse ist insofern auch Voraussetzung und Übungsfeld für interkulturelle Kommunikationsprozesse, die auf grundlegende Veränderungen der Beziehungen der Völker und eine Überwindung der Krise der Industriegesellschaft zielen. Erst wenn geübt worden ist, die Zentrierung der Wahrnehmung, Reflexion und Bewertung nur auf die eigenen Interessen durch Einsicht in die Vielfalt zu überwinden, wenn akzeptiert ist, daß es statt der bisherigen faktischen Hierarchie der Völker ein Nebeneinander geben muß, können wir voneinander lernen. Solange nennenswerte Teile der Bevölkerung in der BRD von „den Negern" reden, die „primitiv" leben, statt die ethnische Vielfalt wahrzunehmen, die Schwierigkeiten beim Aufbau moderner Staaten anzuerkennen und über die wegweisenden Bestrebungen, Traditionen und industriegesellschaftliche Strukturen neu und sinnerfüllend zu verbinden, nachzudenken, gibt es wenig interkulturelle Kommunikation, sondern eher Projektionen von Klischees, die einen Dialog verhindern. (Dasselbe gilt übrigens auch umgekehrt: blinde Verachtung oder Bewunderung dessen, was das Modell Deutschland ausmacht, verhindert die Auseinandersetzung mit der Realität.)

Die realistische Analyse der Situation und der Beziehungen muß aller multiperspektivischen Antizipation und aller utopischen Intention vorausgehen, sonst sind ihre Ergebnisse romantische Träumereien. Das allerdings vorausgesetzt und damit vorausgesetzt Verantwortungsbewußtsein für deutsche Politik nach innen und außen, Respekt und Sensibilität für die eigene und fremde Situation, den Wunsch, sich wesentlichen Problemen bundesrepublikanischer Wirklichkeit zu stellen, können aus interkultureller Kommunikation Antizipationen einer neuen Realität hervorgehen:
- auf der Ebene der persönlichen Begegnung: Interkulturelle Kommunikation konfrontiert die Menschen mit unterschiedlichen Bezugsrahmen und Verhaltensweisen. Aus der Konfrontation können neue Einstellungen, Kenntnisse, Vehaltensweisen entstehen: das beginnt bei der unterschiedlichen Art zu feiern auf interkulturellen Festen, setzt sich fort über die unterschiedliche Art zu arbeiten und unterschiedliche Rollendefinitionen in interkulturellen Ehen und reicht bis zu neuen politischen Kampfformen (z.B. in der Friedensbewegung).
- auf der Ebene der Integration und Transformation fremden kulturellen Wissens: im Zuge der ökologischen Bedrohung durch Überindustrialisierung zeigen sich in der BRD Bedürfnisse nach nichtindustrialisierten Lebens- und Interaktionsweisen. Das umfaßt die Begegnung mit T'ai chi, die

neue Körpererlebnisse möglich macht, ebenso wie das Studium der Bedingungen der Verwendung von Lehm beim Häuserbau und die Erforschung ganzheitlicher Heilmethoden, die die westliche Apparate- und Medikamentenmedizin ergänzen.
Die Integration und Transformation fremden Kulturguts auf den Alltag kann auch Anlaß zu Wiederbeschäftigung mit der eigenen Geschichte sein. Im Zuge der Industrialisierung ist in unserer Kultur viel Wissen verloren gegangen, das für agrarische Gesellschaften typisch ist. In der Begegnung mit anderen Kulturen zeigen sich nun Nützlichkeit und Sinn dieses Wissens, man beginnt sich auch hier wieder zu erinnern. In der humanistischen Psychotherapie z.B., die Meditation als ein wesentliches Mittel von Selbst- und Fremderfahrung verwendet, werden in den letzten Jahren zunehmend Meditationsübungen aus christlicher Tradition eingesetzt, nachdem man vorher fast ausschließlich Formen aus der Zen- und Sufi-Tradition kannte.

- auf der Ebene der Begegnung mit anderen Weltbildern und ihrer Verarbeitung in der modernen Gesellschaft. Wie oben ausgeführt, kämpfen alle Gesellschaften mit der Dialektik von Synchronität und Tradition. Viele Völker der 3. Welt, die gewaltsam in diese Dialektik gepreßt wurden, sind sich dieses Verhältnisses sehr bewußt. Sie haben Modelle entwickelt, Tradition und Moderne so miteinander zu verbinden, daß die ökonomisch-technische Rationalität humaner Vernunft dient. Der chinesische Weg in den Sozialismus ist ebenso eine Form davon wie die Revolution in Zimbabwe oder die vielen verschiedenen Versuche, die Umrisse eines „neuen Menschen“ zu entwerfen, der den Traditionen und der Gegenwart der einzelnen Völker gerecht wird.

In der BRD entsteht ein Bewußtsein dieses Problems erst allmählich. In der Auseinandersetzung mit diesen Modellen liegt eine Möglichkeit, unser Problembewußtsein zu entwickeln. Je deutlicher die Bestrebungen werden, in der 3. Welt eigene Wege in die Industriegesellschaft zu finden, desto weniger können wir uns auf die angeblich unveränderlichen Sachzwänge ökonomisch-technischer Rationalität zurückziehen.

Diese Modelle sind als solche nicht zu übernehmen, da sie ja gerade auf die jeweiligen Besonderheiten abgestimmt sind, aber sie können uns ermutigen und uns Hinweise darauf geben, was wir für uns klären müssen. Wichtige Fragen, unser Verhältnis von Tradition und Moderne neu zu bestimmen, lassen sich aus diesen Versuchen ableiten: was sind positive und unverzichtbare Gehalte der Industriegesellschaft (Menschenrechte, Naturwissenschaften, Technik, Rationalität)? Welche Werte, Zusammenhänge haben wir fälschlicherweise aufgegeben (Liebe, Spiritualität, Weisheit, Ehrfurcht)? In welchen Gedanken, Bildern, Vorstellungen drücken sie sich in anderen Kulturen, in unserer eigenen Geschichte aus? Welche Wege gibt es, sie zu rekonstruieren? Welche Visionen einer friedlichen Welt ohne existentielle Bedrohung, die allen meschlichen Fähigkeiten Entfaltungsmöglichkeiten gibt, können daraus entstehen? Was bedeuten sie für unser Leben hier?

Antizipatorische interkulturelle Kommunikation zielt auf praktische Veränderung, sie setzt viele Hoffnungen frei. Wenn sie nicht in romantischer Schwärmerei steckenbleiben soll, muß sie massenhaft, systematisch und realistisch sein. Bis das wirklich wird, ist es noch ein weiter Weg. Eine Realisierungschance dazu eröffnet sich, wenn interkulturelle Kommunikation Bildungsprinzip und Bildungsgegenstand wird.

4. Interkulturelles Lernen als Kompetenz zu interkultureller Kommunikation

Interkulturelle Kommunikation ist ein realer, allgemeiner Vorgang, der zu allen Zeiten stattgefunden hat und der vielfältige Formen angenommen hat. Um aber ihre heute notwendige und mögliche Kraft als multiperspektivische Analyse und Antizipation wirklich entfalten zu können, bedürfen die Menschen der systematischen Ausbildung einer Kompetenz zu interkultureller Kommunikation. Den Erwerb dieser Kompetenz nenne ich interkulturelles Lernen. Er ist ein Teil von Bildung.

In Anlehnung an H.J. Heydorns Bildungstheorie unterscheide ich in Bildung drei Aspekte, aus denen sich jeweils genauere Aufgaben für interkulturelles Lernen erschließen lassen.

Bildung ist zunächst intellektuelle Aneignung der Realität. Als solche ist sie in doppeltem Sinne historisches Bewußtsein. Sie ist historisch als erscheinendes Bewußtsein, in dem sich der jeweils konkrete Stand der Naturbeherrschung und der gesellschaftlichen Organisation widerspiegelt. Sie ist historisch als reflektierendes Bewußtsein, das Geschichte als Weg zu sich selbst begreift und so die Erinnerung an die Opfer und Täter, die Leistungen und die uneingelösten Utopien und Hoffnungen auf diesem Weg wachhält.

In dieser Erinnerung scheint ein Begriff von humaner Vernunft auf, der für alle Menschen zu allen Zeiten und in allen Kulturen gilt, den aber jede historische Gesellschaft, die auf ungleicher Verteilung der Güter, der Arbeit, der Macht aufbaut, bis zur Unkenntlichkeit korrumpiert, so daß die Menschen diese humane Vernunft nicht an sich, sondern nur in ihrer historischen Form erkennen können. Am deutlichsten und herausforderndsten spricht sie durch ihre Abwesenheit im Leiden der Opfer. Sie wird zum Drang, Leiden zu beenden.

Indem Bildung durch historische Reflexion immer wieder auf diese humane Vernunft stößt, verpflichtet sie sich ihr und ermöglicht so Wertungen. Sie wird so zu einer wichtigen Quelle von gesellschaftlichem Fortschritt, weil sie das positive Wissen als Einsicht in die Bedingungen von Handeln in einer gegebenen Situation, mit wertender Verantwortung und Spontaneität, der spezifisch menschlichen Fähigkeit, aus der Determination der Geschichte herauszutreten und Neues zu schaffen, verbindet. Der Gebildete gewinnt „rational vermittelte Spontaneität“ (Heydorn).

Wichigste Aufgabe von Bildung heute ist es, neben die Fähigkeit des Menschen, die Natur zu beherrschen, die Fähigkeit treten zu lassen, eine humane Gesellschaft zu organisieren, in der die gewaltigen technischen und wissenschaftlichen Mittel nicht zu Instrumenten der Bedrohung, sondern zu Instrumenten der universellen Entwicklung der menschlichen Möglichkeiten werden. Dazu ist es notwendig, die universalistiche Kraft der Industriegesellschaft zu verbinden mit der Vielfalt der kulturellen Entwürfe nicht-industrieller Gesellschaften und der Unendlichkeit der individuellen Erfahrungen.

Unter diesem Aspekt von Bildung ist interkulturelles Lernen die Befähigung, die reale globale Vernetzung als einen Teil des Universalierungsprozesses der Geschichte kritisch wahrzunehmen, zu analysieren und die in ihr liegenden Möglichkeiten zu entfalten. Die Menschen treten aus ihren kulturellen Horizonten heraus und entdecken sich im Dialog als Menschheit. Bildung als historisches Bewußtsein ermöglicht selbstbewußtes Agieren in interkultureller Kommunikation, Verständnis des eigenen Horizontes, Fähigkeit sich zu öffnen. Bildung als Ferment von humanem Handeln wird durch interkulturelle Kommunikation bereichert, weil das Gespräch über die Zeiten durch das Gespräch über die nationalen und kulturellen Grenzen erweitert wird.

Als zweites ist Bildung auch gesellschaftliche Praxis. Sie wird veranstaltet, damit die Individuen durch sie das für die jeweilige Gesellschaft notwendige Wissen, die notwendigen Fertigkeiten und Einstellungen erwerben. Unter diesem Gesichtspunkt zielt Bildung auf Qualifikation für und Einbindung in die bestehende Gesellschaft. Neben das kritische Moment von Bildung tritt ein affirmatives, das unter gegebenen Bedingungen dominierend werden kann.

In den modernen Industriegesellschaften ist Bildung vordringlich eine staatliche Aufgabe. In weitgehend institutionalisierten Bildungssystemen erwerben sich die Menschen Qualifikationen, die es ihnen ermöglichen, den von ökonomisch-technischer Rationalität und dem herrschenden Verwertungsinteresse diktierten Anforderungen nachzukommen.

So sehr auch das affirmative Bildungssystem heute in institutionalisierter Bildung wirksam ist, so wenig vermag es in einer Klassengesellschaft wie der BRD vollständig über das kritische Moment zu siegen. Die kritische Kraft einzelner Bildungsinhalte kann sich immer wieder mit realer gesellschaftlicher Erfahrung verbinden, die vor und außerhalb von Bildung entsteht, und so aufklärend wirken. So setzt ökonomisch-technische Rationalität auf der einen Seite zwar industriegesellschaftliche Sachzwänge, auf der anderen Seite befreit sie aber massenhaft von Aberglauben, feudalen Ideologien, blinder Autoritätsgläubigkeit; so soll die Einführung in Werte, wie sie z.B. im Grundgesetz vorgegeben sind, Loyalität für diesen Staat sichern, aber sie zeigt gleichzeitig den alltäglichen Widerspruch von Verfassungsanspruch und Verfassungswirklichkeit auf; so entwurzelt die Betonung von Nützlichkeitsdenken, individueller Anpassung an Bedürfnisse des Arbeitsmarktes die Menschen, macht sie aber gleichzeitig flexibel und vermittelt erste Erfahrungen realer Universalität usw. Der Lehrer, der sich der kritischen Seite von Bildung verpflichtet weiß, muß diese Momente gegen alle institutionellen affirmativen Tendenzen betonen und den Lernenden zu Bewußtsein bringen.

Interkulturelles Lernen auf dieser Ebene, ein Curriculum zu entwickeln, das dafür qualifiziert, an der globalen Vernetzung aktiv teilzunehmen und interkulturelle Kommunikation kompetent zu nutzen. Das verlangt

- die Fähigkeit zu entwickeln, einander zu verstehen, sich einander verständlich zu machen, Fremdes in den eigenen Kontext zu übersetzen und miteinander zu handeln,
- die Bereitschaft zu fördern, die Realität der gegenwärtigen internationalen Beziehungen multiperspektivisch zu analysieren und im Dialog humane Gesellschafts-und Verkehrsformen zu entwerfen und für sie einzutreten.

Ein solches Curriculum formt spezifische Einstellungen (Offenheit, Neugier, Respekt vor dem anderen usw.), vermittelt Kenntnisse (Wissen über eigene und fremde Geschichte, über die Beziehungen der Nationen und Kulturen, über fremde Weltbilder, Einsicht in anthropologische Konstanten usw.) und trainiert Fähigkeiten (allgemeine kommunikative Kompetenz, Fähigkeit sich abzugrenzen, Kompromisse zu schließen usw.)

Als drittes ist Bildung ein persönliches Verhältnis zwischen Lehrer und Schüler. Alle Bildungsbemühungen sind letztlich sinnlos, wenn sie nicht vom Individuum angenommen und bewußt verarbeitet werden. Insofern Bildung gegen alle Fremdbestimmung das Recht des Einzelnen auf Selbstbestimmung, Entfalten seiner Möglichkeiten behauptet, muß sie gleichzeitig in ihrer Praxis ein Vorschein der diese Behauptung begründenden humanen Vernunft sein. Indem der Lernende im Bildungsverhältnis Verantwortung, Respekt, Liebe, Spontaneität praktisch erfährt, kann er sie selbst ausbilden und gelangt zu persönlicher Autonomie. Das Spezifische der Beziehung zwischen Lehrer und Schüler liegt damit dort, wo sie sich selbst aufhebt und beide in eine neue Freiheit entläßt.

Auf dieser Ebene ist interkulturelles Lernen die allmähliche Befähigung zur persönlichen Teilnahme an interkultureller Kommunikation. Bildungsprozesse, die interkulturelles Lernen vermitteln wollen, müssen so angelegt sein, daß sie durch ihren inneren Prozeß den Lernenden einerseits den Wert von Kommunikation praktisch erfahren lassen, um ihn zur aktiven Teilnahme an Kommunikationsprozessen zu motivieren. Andererseits müssen sie den Lernenden mit all den Haltungen, Einstellungen, Stereotypen konfrontieren, die ihn in solchen Begegnungen – häufig unbewußt – behindern und scheitern lassen. Dazu gehört auch, ihn zu befähigen, sich metakommunikativ über Kommunikationsstörungen zu verständigen.

Alle drei Aspekte von Bildung vermitteln sich in der täglichen Praxis, die hier nicht Gegenstand der Untersuchung sein kann. Ich werde deshalb im folgenden einige mir notwendig erscheinende Elemente eines Curriculums Interkulturelles Lernen beschreiben, das in sich den allgemeinen kritischen Bildungsbegriff aufnimmt und das persönliche Verhältnis als Ziel setzt.

5. Elemente eines Curriculum Interkulturelles Lernen

Interkulturelles Lernen ist ein eigenständiges Erkenntnisprinzip, das vielfältig sinnvoll anwendbar ist. Es kann alle Bereiche gesellschaftlicher Aktivität (Naturwissenschaften, Technik, Politik, Ästhetik, Ethik) bereichern, da jeder dieser Bereiche in den verschiedenen Kulturen unterschiedlich geformt ist. In jedem dieser Bereiche bedeuten interkulturelle Einsichten eine Erweiterung des Blickfeldes.

Analog zur historischen Dimension, die sowohl Erkenntnisprinzip als auch eigenständige Fachdisziplin ist, die in historisches Denken einführt, scheint es sinnvoll, einen systematischen Zusammenhang zu organisieren, über den interkulturelles Lernen als Kompetenz zu interkultureller Kommunikation erworben werden kann.

Die Konstruktion dieses Zusammenhangs muß selbst schon das Grundprinzip interkultureller Kommunikation, die Durchdringung von Vielfalt und Gemeinsamkeit, berücksichtigen. Es darf kein fester Kanon von verbindlichen Inhalten sein, die verordnet werden, sondern es muß ein offenes Curriculum sein, in dem sich

- gesellschaftliche Anforderungen ausdrücken
- Inhalte und Methoden der Vermittlung demokratisch und unter Berücksichtigung der Bedürfnisse der Teilnehmer diskutiert, ausgewählt und überprüft werden
- die pädagogische Eigengesetzlichkeit von Bildung niederschlägt.

Erst im Rahmen eines solchen Curriculums wird es möglich, eine Folge von Veranstaltungen anzubieten, die aufeinander aufbauen, in die verschiedenen Aspekte interkulturellen Lernens systematisch einführen und die notwendigen Fähigkeiten ausreichend trainieren. Umgekehrt ermöglicht erst eine Verankerung in einem Curriculum die Formulierung von Bildungszielen für die Einzelveranstaltung, die über die Zufälligkeit der einzelnen Themenstellung hinausgehen.

Die nachfolgenden Bemerkungen sind als Hinweise für die Konstruktion eines solchen Curriculums zu verstehen, nicht als seine endgültige Fassung. Ich gehe dabei von einer Bestimmung übergeordneter Bildungsziele aus, denen ich Einstellungen, Kenntnisse, Fähigkeiten zuordne. Nach der Analyse der zu ihrer Realisierung notwendigen Lernprozesse stelle ich dar, in welchen Lernfeldern und unter welchen möglichen Themenstellungen sie zu erwerben sind. Den Abschluß bilden einige grundsätzliche Gedanken zur Methodik interkulturellen Lernens.

Bildungsziele

Aus den zwei Dimensionen interkultureller Kommunikation ergeben sich für ein Curriculum Interkulturelles Lernen zwei übergeordnete Bildungsziele. Die Dimension der multiperspektivischen Analyse der Weltgesellschaft beinhaltet den Auftrag, alles zu tun, was verhindern kann, daß Auschwitz jemals wieder sein kann. Dieser Auftrag ist negativ formuliert, weil er jenseits aller positiven Vorstellungen, auf denen politische Meinungsverschiedenheiten beruhen, ein Minimalziel ist. Auschwitz und das, was es hervorgebracht hat, sind der absolute Widerspruch zu interkultureller Kommunikation und den in ihr liegenden Möglichkeiten. Wer auch immer den Gehalt dieses Ziels antastet, droht damit, die Basis des Nebeneinanderlebens der Menschen in dieser Welt zu zerstören und damit ihre endgültige Vernichtung einzuleiten.

Auschwitz war aber nicht nur der industrialisierte Völkermord, es war auch eine Geisteshaltung, die auf Realitätsverleugnung, Ausgrenzung des als fremd und deswegen minderwertig definierten Mitmenschen und der Unterdrückung der eigenen Menschlichkeit beruhte. Diese Haltung wirkt auch heute noch fort, gegen sie wendet sich das Bildungsziel, indem es dazu befähigen will

- die gegenwärtige internationale Situation und die Rolle der BRD dabei klar zu analysieren. In diese Analyse muß die Sicht der anderen miteingehen, um der komplexen Realität gerecht zu werden,
- sich offen mit der deutschen Vergangenheit auseinanderzusetzen, um die Ursachen für den von Deutschland ausgehenden Völkerhaß und die Inhumanität und Gewalt zu finden. In diese Analyse muß die Sicht der anderen eingehen, um historische Schuld konkret fassen zu können,
- sich gegen alle Faktoren, die auch heute noch in diese Richtung weiterwirken, engagiert zu kämpfen und entschieden für eine deutsche Gesellschaft, in der Demokratie, Völkerverständigung und kritisches Bewußtsein politische Leitlinien sind, einzutreten. In diesen Kampf muß die Sicht der anderen eingehen, um durch sie zu einer wirklichen Verständigung zu kommen,
- sich für die Ideen und Leistungen der Völker der Welt zu öffnen und von ihnen für die Humanisierung der eigenen Lebenswelt zu lernen.

Die Dimension der multiperspektivischen Antizipation beinhaltet den Auftrag, Wege zu finden, daß alle Menschen gemeinsam in Würde leben können. In einer bedrohten Welt ist die Sicherung des Überlebens eine unbedingte Notwendigkeit, doch die menschlichen Fähigkeiten und das Potential der menschlichen Vernunft reichen darüber hinaus. In der Geschichte aller Kulturen findet sich die Suche nach dem richtigen Leben, das die Menschen selbst gestalten. Dadurch gewinnen sie einen Teil ihrer Würde als Menschen. Vor dem Hintergrund der krisenhaften globalen Vernetzung, aber auch vor dem Hintergrund der durch diese Vernetzung ermöglichten wissenschaftlichen, philosophischen, ethischen, ästhetischen Fortschritte kann diese Suche eine neue Qualität enthalten, wenn Menschen aus verschiedenen Kulturen voneinander lernen, welche vielfältigen Facetten richtiges Leben haben kann. Voraussetzung dafür ist nicht Indoktrination, Festlegung *eines* Weges, sondern Mut zur kulturellen Vielfalt, zum Experiment, zur Offenheit.

Ein Curriculum Interkulturelles Lernen muß die Würde des Menschen als Faktum und als Auftrag in den Mittelpunkt seiner Überlegungen stellen, um aus dem Wissen um ihre ständige Gefährdung aus interkulturellem Lernen Zukunftsmöglichkeiten zu entwerfen.

Diese Bildungsziele sind letztlich nicht voneinander zu trennen, da eine Analyse ohne kritische Perspektive ziellos, eine kritische Perspektive ohne Analyse realitätsfremd ist. In der alltäglichen Praxis wird das Bildungsziel, alles zu tun, um zu verhindern, daß Auschwitz jemals wieder sein kann, im Vordergrund stehen. Das hat einmal damit zu tun, daß nur eine fundierte Analyse Ausblicke auf das Ziel, gemeinsam in Würde zu leben, zu gewähren vermag. Das hat aber auch seine Ursachen darin, daß die multiperspektivische Antizipation im Rahmen interkultureller Kommunikation noch nicht weit fortgeschritten ist. Ein Curriculum kann aber nicht mehr als die Wirklichkeit anbieten, es kann nur helfen, daß diese Wirklichkeit sich entwickelt. Deswegen wird ein wichtiger Schwerpunkt der Arbeit interkulturellen Lernens sein, Vorklärungen über die Bedeutung von interkultureller Kommunikation zu treffen, Fragen zu stellen, die nur durch sie gelöst werden können usw. Zivilisationsmüdigkeit und romantische Sehnsucht, die unter fortschrittlichen Deutschen verbreitet sind, verführen leicht dazu, im zweiten Bildungsziel das zukunftsträchtigere und bedeutendere zu sehen und deswegen mehr Wert darauf zu legen. Ich möchte davor warnen, da ich glaube, daß nur dann, wenn es uns gelingt, die Gegenwart illusionslos zu sehen und uns in ihr abzumühen, Utopien kein Eskapismus sind.

Einstellungen, Kenntnisse, Fertigkeiten

Die Kompetenz zu multiperspektivischer Analyse und Antizipation entwickelt sich in einem langfristigen Prozeß. Sie verlangt als Grundeinstellung ein individuelles und kollektives Selbstbewußtsein, das auf der Anerkennung der eigenen und der fremden Identität beruht. Nur wenn ich mich selbst und den anderen für gleichermaßen wertvoll und in Ordnung halte, können wir miteinander etwas erreichen. Diese Anerkennung umfaßt die wechselseitige Anerkennung

- unserer Autonomie, d.h. der Fähigkeit zur Selbstbestimmung und Selbstverantwortlichkeit. Erst Autonomie bringt Vielfalt hervor und macht sie in der Begegnung fruchtbar
- unserer Emotionalität, d.h. der Fähigkeit, Gefühle zu empfinden und auszudrücken. Über Gefühle wie Liebe, Wut, Angst, Freude, Lust reagieren die Menschen nicht-rational aufeinander und gewinnen so neue Begründungs- und Handlungszusammenhänge. Gerade die Ausgrenzung von Gefühlen in menschlichen Begegnungen kennzeichnet ökonomisch-technische Realität. Ihre Anerkennung als relevante Faktoren von Kommunikation kritisiert die daraus resultierende Verarmung praktisch und macht häufig erst die Verständigung zwischen Menschen verschiedener Kulturen möglich.
- unserer Spontaneität, d.h. der Fähigkeit, uns zielgerichtet und unter bewußter Ein-Sicht in die Determinanten einer Situation zwischen Handlungsalternativen zu entscheiden. Durch Spontaneität sind wir in der Lage,

die Enge unseres individuellen und kollektiven kulturellen Bezugsrahmens zu überwinden und im Kontakt mit Menschen anderer Herkunft Neues zu schaffen.

Durch das Curriculum müssen diese Einstellungen entwickelt und ermutigt werden. Dazu sind schwierige Lernprozesse notwendig. Zwar zeigen sich viele Deutsche nach außen hin weltoffen und tolerant, aber unter diesen Einstellungen liegen häufig historisch und sozialpsychologisch motivierte Ängste, Wahrnehmungs- und Denkblockierungen, die sich in Widerständen, Abwehrhaltungen und Vorurteilen gegen alles, was als fremd empfunden wird, äußern. Selbst die zur Schau gestellte Toleranz ist manchmal nicht mehr als achselzuckende Gleichgültigkeit, mit der Aggressionen versteckt werden.

Die Ängste, Blockierungen, Widerstände und die Formen, in denen sie sich im Alltag manifestieren, müssen in Selbsterfahrungsprozessen entdeckt und auf ihren individuellen und kollektiven Sinn befragt werden. Die Lernenden sind damit zu konfrontieren, daß sie sich dadurch von der Realität und ihrer effektiven Gestaltung absperren. Zwar ersparen solche Haltungen u.U. Schmerzen und machen so das Leben leichter, aber sie haben auch hohe Kosten. Der Deutsche, der seinen türkischen Kollegen als Menschen zweiter Klasse behandelt, mag so selber erlittene Maßnahmen kompensieren, er verändert seine Situation aber nicht und ihm entgeht das, was durch menschliche Kontakte zu gewinnen ist.

Die so bewußt werdenden Probleme, Defizite, Gefühle sind von den einzelnen Lernenden durchzuarbeiten. Es reicht für interkulturelles Lernen nicht aus, Betroffenheit zu erzeugen, die über lange Diskussionen wieder zerredet werden kann. Stattdessen muß in den einzelnen Bildungsveranstaltungen Raum und Zeit sein, der persönlichen Verarbeitung dieser interkulturelles Lernen behindernden Haltung nachzuspüren und sie zu verändern.

Je mehr interkulturelles Lernen dabei darauf insistiert, auch die Seite der Opfer in die Überlegungen miteinzubeziehen, desto mehr wird ein spezifisches Moment solcher Prozesse Trauerarbeit sein, der Umgang mit der Erkenntnis, ungewollt Mitglied einer Gesellschaft zu sein, die reale Schuld auf sich lädt. Indem diese Schuld anerkannt wird, kann auch der Wille wachsen, aktiv und tiefgreifend an der Realität etwas zu verändern. Trauerarbeit zielt nicht darauf, in Selbstbezichtigung, Selbsthaß oder Melancholie zu versinken: weil ich in der BRD lebe, bin ich Ursache alles Elends dieser Welt, sondern sie zielt auf aktive Liebe und gekonnte Aggression: weil ich ein Mensch unter Menschen bin und in der BRD lebe, will ich meine Möglichkeiten nutzen, das Elend dieser Welt zu bekämpfen, auch wenn ich dafür einiges bei mir ändern muß. Dazu müssen im Rahmen des Curriculums Neugier, Offenheit, Geduld, Sensibilität, Respekt, Verantwortungsbereitschaft ermutigt werden und Anregungen gegeben werden, sie im Umgang mit dem kulturell Fremden einzusetzen.

Diese Einstellungen sind nicht unabhängig von Kenntnissen zu erwecken. Ein Curriculum Interkulturelles Lernen muß Kenntnisse vermitteln über:

1. Die internationalen und interkulturellen Beziehungen in Gegenwart und Vergangenheit. Gemäß dem Charakter von interkultureller Kommunikation sind diese Beziehungen von unterschiedlichen Standpunkten aus zu untersuchen, das bezieht sich sowohl darauf, daß möglichst alle an den jeweiligen Prozessen Beteiligte zu Wort kommen, als auch darauf, daß das Material, in dem sie sich äußern, vielfältig ist. So scheint es nicht ausreichend, bei einer Sequenz über Hunger in der Sahelzone zwei verschiedene Statistiken zu präsentieren, aus denen hervorgeht, daß aus den Hungergebieten Fleisch in die EG-Länder exportiert wird und daß deswegen den dort lebenden Menschen so und so viele Kalorien fehlen. Interkulturelles Lernen bedeutet hier, Material zu finden, durch das die betroffene Bevölkerung darstellt, was der Hunger für sie ist, welche Folgen er hat, wer an ihm verdient, usw. Wissenschaftlich aufbereitetes Material ist wichtig und unverzichtbar. Aber aus der Beschäftigung mit interkulturellem Lernen muß auch deutlich werden, daß daneben andere Kulturen andere Artikulationsweisen haben und daß sie in diesen deutlich und direkt zu uns sprechen.

2. Die Bedingungen von interkultureller Kommunikation. Da das Curriculum reflexives Bewußtsein bilden will, muß es auch in die Bedingungen dieser Reflexion einführen. Dabei ist davon auszugehen, daß unsere Kultur wie jede Kultur auf sich selbst zentriert ist und sich gegen andere Kulturen abgrenzt. Es gilt deshalb herauszuarbeiten, welche Momente unserer Kultur es uns ermöglichen, offen gegenüber anderen Kulturen zu sein (z.B. ein universalisierender Vernunftbegriff, Anerkennung der Menschenrechte, Einsicht in anthropologische Grundsituationen usw.), welche Momente uns von einem tieferen Verständnis anderer Kulturen absperren.

Darüberhinaus ist ein hermeneutisches Instrumentarium zu entwickeln, das die Möglichkeiten, Bedingungen und Grenzen von interkulturellem Verstehen erkenntnistheoretisch reflektiert. Interkulturelles Lernen darf nicht naiv auf der Vorstellung fußen, es sei möglich, die fremde Kultur und die in ihr lebenden Menschen an sich und unmittelbar zu verstehen, sondern es muß faßbar machen, welche Interpretationsleistungen erbracht werden, wenn wir mit Menschen aus anderen Kulturen umgehen. Dazu sind sowohl die eigenen Rezeptions- und Deutungsmuster genauer zu untersuchen, als auch Kenntnisse zu erwerben über die kulturelle Prägung menschlichen Denkens und die Entstehung von Kulturen.

Über diese Erfahrungen und Kenntnisse kann es gelingen, die eigene Standortgebundenheit nicht zur Schranke für interkulturelles Lernen werden zu lassen, sondern sie bewußt zur Interpretation fremder kultureller Gehalte in unserem Kontext einzusetzen. Aus diesem Wissen heraus kann dann der Versuch gemacht werden, diese Gehalte in unsere Vorstellungen und unseren kulturellen Horizont zu integrieren.

3. Die Kulturen einzelner Völker. Interkulturelles Lernen soll Mutmaßungen, Vorurteile, Bilder, Klischees über andere Kulturen ersetzen durch abgesicherte Kenntnisse. Die Menge solcher Kenntnisse ist prinzipiell grenzenlos; sich zu bemühen, sie zu erwerben, scheint im Rahmen von interkulturel-

lem Lernen allerdings erst da sinnvoll, wo sie zu wirklicher Auseinandersetzung führen. Deswegen sollten Informationen über andere Kulturen immer gekoppelt sein an konkrete Fragestellungen, die aus unserem Kontext erwachsen. Nur wenn interkulturelles Lernen so immer wieder eine Beziehung herstellt zwischen dem Fremden und dem Eigenen, kann verhindert werden, daß das Kennenlernen fremder Kulturen zur folkloristischen Veranstaltung wird. Die Massenmedien der BRD zeigen sehr anschaulich, daß ein noch so großes Angebot an Informationen über die 3. Welt das Verständnis für die dargestellten Völker nicht unbedingt erhöht, sondern daß solche Informationen kaum wahrgenommen werden, weil sie vorwiegend in einem Kontext von Unterhaltung und Ablenkung rezipiert werden.

Fertigkeiten

Eine solche Orientierung auf einen politisch-kulturellen Kontext macht es auch notwendig, daß sich die erworbenen Einstellungen und Kenntnisse in praktischen Fertigkeiten beweisen. Interkulturelles Lernen zielt auf ein aktives Verstehen kultureller und interkultureller Sachverhalte als Einheit von Erfassen, Interpretation und Anwendung. Darin einbegriffen sind die Fertigkeiten zwischen kulturellen Horizonten zu übersetzen und sich in ihnen verständlich zu machen.

Diese Fertigkeiten reichen von der intuitiven Einsicht in Gleichartigkeiten oder Ähnlichkeiten in verschiedenen Kulturen über die Beherrschung von Sprachen, Rollen und Ritualen bis zum aktiven Einsatz für interkulturelle Kommunikation in politischen, kulturellen u.ä. Aktionen.

Diese Fertigkeiten beinhalten darüberhinaus auch das Vermögen, interkulturelle Begegnungen so zu gestalten, daß sich die Vorteile von interkultureller Kommunikation entfalten können. Im Alltag sind interkulturelle Begegnungen häufig von Mißverständnissen durchsetzt, die dazu führen, daß die Partner aneinander vorbeireden, sich immer mehr entfremden und das Gespräch abbrechen. Die Entscheidung wird vom Diskurs in die Sphäre der Macht verlagert, der Stärkere setzt seine Meinung, seine Anschauung durch. Auf der Ebene ökonomischer, politischer, administrativer Prozesse ist dieses Verhalten fast die Regel.

Als Alternative dazu ist die Fähigkeit zu entwickeln, Kommunikationsstörungen zu analysieren und Wege zu finden, sie als „produktive Krisen“ zu nutzen. Es ist eine Illusion, anzunehmen, interkulturelle Dialoge müßten störungsfrei verlaufen, stattdessen sind die Störungen, die Mißverständnisse als Ausdruck der Beziehungen zu fassen, deren Lösung ein erweitertes und vertieftes Verständnis für diese Beziehungen mit sich bringt.

Das verlangt vordringlich die Einsicht, daß jede Begegnung nicht nur eine personale Dimension hat, in der die direkten Beziehungen gestaltet werden, sondern auch eine soziale, in der sich die umfassenden kulturellen, politischen, ökonomischen Bedingungen ausdrücken, unter denen die Menschen, die sich begegnen, leben. Zwar ist die persönliche Dimension letztlich die entscheidende, weil wir in ihr autonom, emotional und spontan handeln können und so jenseits aller Mißverständnisse und Kommunikationsstörungen in dem anderen den Mensch, der Mensch ist wie wir auch, anerkennen. Aber die soziale Dimension setzt Schranken, die einen offenen und kommunikativen Umgang miteinander manchmal sehr schwer machen.

Durch die soziale Dimension agieren wir als Teil der gesellschaftlichen Zusammenhänge. Wir sind als Westdeutsche Bürger eines reichen Landes, das selbst wieder Teil eines weltweiten Herrschaftszusammenhangs ist, uns stehen vielfältige materielle und immaterielle Güter zur Verfügung, wir haben durch die Massenmedien verzerrte Vorstellungen von der Wirklichkeit in den anderen Ländern usw.

So kann die soziale Dimension aus dem möglichen Dialog zwischen zwei Menschen die Begegnung zweier Rollenträger machen, die in ihren Rollendefinitionen häufig noch nicht einmal übereinstimmen. Die Begegnung eines westdeutschen Touristen mit einem türkischen Teppichhändler ist eben darum nicht nur die Begegnung zweier Menschen, die als Personen aneinander interessiert sind, sondern es ist die Begegnung von jemand, der aus einem reichen Land kommt, mit jemand, der in einem armen Land lebt; von jemand, der Ferien machen will, mit jemand, der etwas verkaufen will; von jemand, der es kaum kennt, um die Preise von Gebrauchsgütern zu handeln, mit jemand, der von einem solchen Aushandeln der Preise lebt, usw.

Um die Schranken der sozialen Dimension nicht übermächtig werden zu lassen, ist es notwendig, Einsicht in die Bedingungen des eigenen und des fremden Handelns zu gewinnen und sich dazu so zu verhalten, daß die eigene Identität gewahrt und die des anderen respektiert wird. Das setzt voraus, daß man sich voneinander abgrenzen kann, ohne sich auszugrenzen und die Achtung zu verlieren, daß man sich für die Botschaft des anderen öffnen kann, daß man die eigenen Projektionen, Identifikationen, Klischees von der wirklichen Beziehung zu unterscheiden lernt, daß man gemeinsam beschließt und vor allem, daß man gemeinsam handelt und so in der Interaktion Neues schafft.

Diese Fertigkeit, interkulturelle Beziehungen fruchtbar zu gestalten, ist nicht abzutrennen von der Sensibilität für versteckte oder offene Machtverhältnisse und Repression und von dem Willen, sich gegen sie zu stellen, um eine wirkliche Verständigung zu erreichen. Das verweist immer wieder auf die Bereitschaft, durch die personale Dimension der Begegnung die Kommunikation auch dann aufrechtzuerhalten, wenn sich aus der sozialen Situation Schwierigkeiten ergeben, und nach Möglichkeiten zu suchen, die Beziehung für alle Partner befriedigend zu gestalten.

Lernfelder und Themen

Die hier genannten Einstellungen, Kenntnisse und Fertigkeiten müssen in konkreten Lernprozessen erworben werden, die das Curriculum organisiert. Es ist sinnvoll, für die Umsetzung solcher Lernprozesse von 3 Lernfeldern im Bereich interkulturellen Lernens auszugehen, in denen schwerpunktartig die wesentlichen Aspekte der Kompetenz zu interkultureller Kommunika-

Curriculum Interkulturelles Lernen

Bildungsziele →→→→	dazu notwendige Einstellungen, Kenntnisse, Fertigkeiten →→→→	dazu notwendige Lernprozesse →→→→	als Lernen in Lernfeldern
- verhindern, daß Auschwitz jemals wieder werden kann a) Analyse der Gegenwart b) Auseinandersetzung mit der Vergangenheit und ihrer Virulenz in der Gegenwart	Selbstbewußtsein, das auf Anerkennung der eigenen und fremden Identität beruht - Autonomie - Emotionalität - Spontaneität	- Abbau von Ängsten, Wahrnehmungs-, Denkblockierungen, die sich in Widerständen, Abwehrhaltungen und Vorurteilen äußern - Trauerarbeit, die zu gekonnter Liebe und Aggression führt	Umgang mit Ethnozentrismus
für eine nationale Kultur, die Selbstbestimmung und Kritik verwirklicht und nicht mehr ausgrenzt, was fremd erscheint	Kenntnisse über - die Realität internationaler und interkultureller Beziehungen in Gegenwart und Vergangenheit - die Bedingungen von Kommunikation - Ethik - die verschiedenen Völker	- Erproben von Neugier, Offenheit, Frustrationstoleranz etc. - Erwerb, Analyse, Kritik von Kenntnissen in diesen Bereichen	**Interkulturelle Beziehungen: die Dialektik von synchroner Industriegesellschaft und diachronen Strukturen**
- gemeinsam in Würde leben - Wege in eine humane Zukunft entwerfen und verfolgen - voneinander lernen	Fertigkeiten - kulturelle und interkulturelle Sachverhalte zu verstehen, zu übersetzen, sich in ihnen verständlich zu machen - sich in interkulturellen Situationen abzugrenzen, in ihnen gemeinsam zu beschließen und zu handeln	- aktiver Einsatz für interkulturelle Kommunikation, Menschenrechte, Demokratie, Selbstbestimmung als Kampf gegen Unrecht, Unterdrückung, Gewalt als Kampf für eine humane Gesellschaft	**Krise der Industriegesellschaft und Wege in eine post-industrielle Welt**

tion angesprochen werden und aus denen sich Themenvorschläge für einzelne Bildungsveranstaltungen ableiten lassen. Ich gliedere diese Lernfelder nach den Gesichtspunkten

- Reflexion der kulturellen Standortgebundenheit (Umgang mit Ethnozentrismus)
- Reflexion der interkulturellen Beziehungen (Leben in einer Welt)
- Reflexion der Krise der Industriegesellschaft

Lernfeld 1: Umgang mit Ethnozentrismus

Jede Kultur ist ethnozentristisch, da sich in ihr der Erkenntnishorizont der Menschen bildet. Wie die deutsche Geschichte zeigt, kann dieser Ethnozentrismus bis zum Wahn gesteigert werden, dem Millionen von Menschen zum Opfer fallen. Umgekehrt kann Ethnozentrismus auch zu einem reflexiven Selbstbewußtsein führen, das zur Kommunikation mit kulturell Fremden erst befähigt. Das Lernfeld bietet Themen aus diesem Spannungsfeld an.

1. Phänomenologie von Ethnozentrismus:

- Selbstbilder/Fremdbilder im Umgang mit Ausländern
- Antisemitismus
- Das Bild des Fremden in verschiedenen Zeiten und Gesellschaften
- Das Erlebnis fremder Kulturen (der Tourist, der Manager, der Ethnologe, der Flüchtling, der Zivilisationskritiker usw.)
- Heilige Kriege
- Nationalismus in Geschichte und Gegenwart
- Exil
- Kulturen als offene Horizonte: das assimilierte Fremde im Alltag
- Internationale Solidarität als Erfahrung: gemeinsame politische und ökonomische Kämpfe von Deutschen und Ausländern

2. Entstehung von Ethnozentrismus:

- Sozialpsychologie des Vorurteils
- Industrialisierung und Gewalt: innere und äußere Kolonisierung
- Das Weltinformationssystem
- Auslandsberichterstattung der Medien in der BRD
- Feindbilder in der deutschen Geschichte (Kompensation, Integration, Stabilisierung)
- Geschichte des Internationalismus

Lernfeld 2: Leben in einer Welt

Interkulturelle Kommunikation findet heute statt in der Dialektik von synchroner Vernetzung durch industriegesellschaftliche Strukturen und diachrone kulturelle gesellschaftliche Besonderheiten. In der BRD erscheint dieses Verhältnis zum einen als Leben in einem modernen Industriestaat, zum anderen als periodische Revitalisierung antidemokratischer, nationalistischer und affirmativer Traditionen und zum dritten als offene Auseinandersetzung mit der deutschen Vergangenheit als Suche nach demokratischen, friedlichen und kritischen Traditionen. Interkulturelle Kommunikation analysiert die positiven Fortschritte und die Zerstörungen dieses Prozesses und konfrontiert mit dem eigenen Anteil daran.

1. Industriegesellschaft:
- Weltwirtschaftssystem (Produktion, Handel, Finanzen etc.)
- Industrialisierung in verschiedenen Ländern
- Außenpolitik/Entwicklungspolitik der BRD
- Internationale Organisationen
- Außenwirtschaftliche Verflechtungen der BRD
- Entwicklungstheorien, Entwicklungsmodelle
- Befreiungsbewegungen
- Die Dritte-Welt-Bewegung in der BRD

2. Moderne und traditionelle Gesellschaften:
- vergleichende Darstellung und Analyse von Ländern, Völkern, Kulturen, Weltbildern
- interkulturelles Lernen in der deutschen Geschichte (z.B. Begegnung mit dem Islam)
- Planung, Durchführung und Nachbereitung von interkulturellen Begegnungen auf verschiedenen Ebenen

3. Probleme interkulturellen Verstehens:
- Anthropologische Konstanten und kulturelle Prägung
- Vergleichende Analyse von Alltag (Kindheit, Familie, Frau, Mann), von Werten und Einstellungen (gut/böse, richtig/falsch, Glück, Zufriedenheit, Weisheit, Autorität), von ästhetischen Produkten (Musik, Dichtung, Malerei etc.)
- Hermeneutik und interkulturelle Kommunikation
- Kulturtheorie und Kulturphilosophie
- Strategien zur Lösung von Kommunikationsstörungen: Einübung von metakommunikativer Reflexion

Lernfeld 3: Krise der Industriegesellschaft

Angesichts der ungelösten Probleme können in diesem Lernfeld zwar viele Fragen gestellt, aber nur wenige Antworten gegeben werden. Entscheidend ist die Suche nach neuen Modellen, die Ermutigung, etwas auszuprobieren, die Einsicht in die Chancen kultureller Vielfalt.
- Vergleichende Analyse des Verhältnisses von Tradition und Moderne bei verschiedenen Völkern, Nationen, Kulturen
- Entwürfe der „neuen Gesellschaft" und des „neuen Menschen"

- Utopien eines guten und gerechten Lebens in verschiedenen Kulturen
- Was ist Entwicklung, Unterentwicklung, Überentwicklung?
- Interkulturalität in der BRD: Veränderung der letzten 25 Jahre
- Voneinander lernen: Transformation und Synthese in persönlichen interkulturellen Begegnungen.

Methodik

Interkulturelles Lernen soll die kommunikative Kompetenz der Teilnehmer erweitern. Es bildet für Kommunikationssituationen, in denen die an sich schon häufig schwierige Verständigung zwischen Menschen durch deren Zugehörigkeit zu unterschiedlichen Kulturen und Staaten weiter kompliziert wird und immer wieder abzubrechen droht. Es ist deshalb besonders wichtig, daß die pädagogische Situation, in der interkulturelles Lernen vermittelt wird, selbst schon den Wert von Kommunikation erkennen läßt. Indem das Recht der Teilnehmer auf Selbstbestimmung und Entfaltung ihrer Persönlichkeit anerkannt wird, indem die Vielfalt ihrer Beiträge sich zu einer multiperspektivischen Analyse verdichtet, indem ihre Teilnahme an der Veranstaltung zu einem Dialog führt, der für alle sinnvoll und nützlich ist, bekommen sie ein Modell für die Idee interkultureller Kommunikation und für die Möglichkeiten ihrer Realisation.

Interkulturelles Lernen kann nicht in einer Atmosphäre unbefragter und erzwungener Autorität, durch langes Dozieren, durch fremdbestimmte Unterrichtsziele gelernt werden, sondern nur dadurch, daß alle Beteiligten unter Einbeziehung ihrer Fähigkeiten und Fertigkeiten freiwillig auf gemeinsam definierte Ziele hinarbeiten. Das verleugnet nicht, daß Lehrende und Lernende unterschiedliche Einsichten in die Problemzusammenhänge haben, daß Beiträge zum gemeinsamen Arbeiten ein unterschiedliches Gewicht haben können, daß es Phasen gibt, in denen Einzelne mehr zur Strukturierung der Lernprozesse beitragen. Dennoch muß immer erfahrbar bleiben, daß daraus nicht mehr Rechte abzuleiten sind, nicht mehr Macht zu beanspruchen ist, sondern daß gerade Gleichberechtigung und Vielfalt das Wesen von Kommunikation ausmachen.

Weil interkulturelles Lernen nicht nur darauf zielt, Kenntnisse zu erwerben, sondern weil es eine ganzheitliche Verbindung von Seinstellungen, Kenntnissen und Fertigkeiten anstrebt, kommt auch der ganzheitlichen Gestaltung des Lernprozesses besondere Bedeutung zu. Jede Bildungsveranstaltung sollte teilnehmer-, wissenschafts- und praxisorientiert sein.

Teilnehmerorientierung bindet alle Inhalte, Reflexionen und Methoden an die Identität der sich Bildenden. Sie meint etwas anderes als nur die Motivation der Teilnehmer durch ein Stückchen Lebensnähe, sie ist die Einsicht, daß Bildung nicht an sich, sondern nur für konkrete Menschen existiert, und daher nur dann realisiert ist, wenn diese konkreten Menschen sie in ihrem Alltagsbewußtsein angeeignet haben. Deswegen müssen für interkulturelles Lernen zwar Wahrnehmungsblockierungen, Vorurteile, Verzerrungen von

Realität aufgegriffen und konfrontiert werden, aber die dadurch auftauchenden Ängste und Widerstände der Lernenden sind zu respektieren.

Nimmt man die Prinzipien interkulturellen Lernens ernst, so bedeutet das für viele Deutsche eine Bedrohung eines auf Autorität, nationaler Überheblichkeit und materieller Absicherung basierenden Weltbildes. Niemand kann und darf erwarten, daß ein solches Weltbild schnell und angstfrei aufgegeben wird, es ist im Gegenteil ein langfristiger Prozeß. (Plötzliche und große Meinungs- und Einstellungsveränderungen sind fast verdächtig, weil sie darauf hindeuten, daß das Neue nur wenig verarbeitet wird.)

Für die Multiplikatoren von interkulturellem Lernen bedarf es daher großer Geduld, Frustrationstoleranz und der echten Bereitschaft, auch in kleinen Schritten positive Entwicklungen anzuerkennen. Für jemanden, der in Verbindung mit persönlichen Ängsten ein nationalistisches Weltbild aufgebaut hat, ist es ein Fortschritt, wenn er Angehörige anderer Nationen nicht per se als bedrohlich wahrnimmt, auch wenn er sich selbst weiterhin zu einem besonders ausgezeichneten Volk zugehörig fühlt. Dieser Fortschritt ist vordringlich zu ermutigen, nicht das Alte zu kritisieren; der Teilnehmer wird dann bei einer anderen Gelegenheit eher den notwendigen Schritt tun, das nationalistische Weltbild zu korrigieren.

Wissenschaftsorientierung läßt im Nachdenken über die Bedingungen der Alltagswelt für die Teilnahmer Wege, Methoden, Modelle sichtbar werden, durch die sie in der Lage sind, die Alltagswelt bewußt und realitätsgerecht zu verändern. Alltagsbewußtsein allein ist begrenzt, es bedarf der Ergänzung durch die wissenschaftliche Reflexion, die die individuelle Zufälligkeit durch systematische Anstrengung überwindet.

Breite Information, wissenschaftliche Aufklärung allein sind keine Möglichkeit, affektive Abwehrhaltungen zu überwinden, dazu bedarf es der grundsätzlichen Akzeptanz des Anderen, der nur so wiederum seine Abwehrhaltung aufgeben kann, und eines breitgefächerten Instrumentariums, Wahrnehmungsprozesse auch bei angstauslösenden Dissonanzen für den Einzelnen möglich zu machen; aber breite Information und Aufklärung fördern die kognitiven Kapazitäten des Wahrnehmens, Denkens und Verarbeitens und bremsen spontan naives Handeln. Deswegen müssen auch Analyse und kritisches Denken gegenüber Harmoniestreben und der Bestätigung von Glaubenssätzen gefördert werden.

Gerade in der Auseinandersetzung mit der Kultur und Tradition anderer Völker, die andere Erkenntnisweisen als die industriegesellschaftliche Rationalität gefunden haben, ist es wichtig, Wissenschaft nicht zum Fetisch zu machen, die im Besitz alleinseligmachender Wahrheit ist. Unter Rückbezug auf Erkenntniskritik und historische Entwicklung von Wissenschaften muß deutlich werden, daß wissenschaftliche Erkenntnis relativ ist *und* daß sie eine Methode ist, mit der man viel erreichen kann.

Eine solche Wissenschaftsorientierung verlangt von den Lehrenden, daß sie nicht nur Inhalte vermitteln, sondern daß sie auch den Prozeß der Vermittlung verstehen und bei Störungen hilfreich eingreifen können. Sie müssen selbst eine Kommunikationstheorie besitzen, an der sie den Teilnehmern praktisch verdeutlichen können, daß Kommunikation (sowohl in der Lerngruppe als auch im interkulturellen Bereich) ein Prozeß der gemeinsamen Konstituierung von Wirklichkeit ist, bei dem der inhaltliche Austausch nur eine Ebene ist. Störungen können deshalb vielfache Ursachen haben, die man aber metakommunikativ besprechen kann, so daß sie nicht zum Abbruch des Gesprächs führen müssen.

Praxisorientierung zielt als gelungene Synthese von Alltagsbewußtsein und wissenschaftlich angeleiteter Reflexion auf die Veränderung der alltäglichen Lebensbedingungen, durch sie verändert sich der Bezugsrahmen für die Alltagswelt so, daß neues schöpferisches Handeln möglich wird, das wiederum neues Alltagsbewußtsein und wissenschaftliche Reflexion fördert.

Interkulturelles Lernen soll das Leben der Teilnehmer bereichern, es darf nicht in Verbote oder Anordnungen münden, die als fremdbestimmt empfunden werden. Dieser Grundsatz ist leicht zu verwirklichen, wenn es um die Vermittlung von neuen Fertigkeiten und Kenntnissen geht, er ist eine schwierige Aufgabe, wenn die Analyse der realen Beziehungen zwischen Menschen und Völkern die Einsicht in die Notwendigkeit einer Neuorientierung in zentralen Einstellungen (z.B. bei kompensatorischen Größenphantasien über die eigene Stellung in der Welt) oder den Verzicht auf materielle Güter verlangt.

In diesem Fall muß Praxisorientierung dafür sorgen, daß diese Einsichten nicht als dialektische Tricks erscheinen, denen man sich leicht entziehen kann, sondern sie müssen für die Teilnehmer als realistische Gewinne erfahrbar bleiben. Der Verlust des scheinbaren Hochgefühls durch die Abwertung von Asylanten muß *wirklich* ersetzt werden durch das Gefühl von Gemeinsamkeit und Solidarität, das aus Kontakt und gemeinsamen Aktionen entsteht. Die Ängste und Frustrationen, die aus dem Verzicht auf Güter entsteht (z.B. aus dem Boykott südafrikanischer Lebensmittel im Rahmen eines Südafrika-Seminars), sind *wirklich* aufzufangen durch das Bewußtsein und den Stolz, sich aktiv und solidarisch gegen Ungerechtigkeit gewehrt zu haben.

Das verlangt nicht, das am Ende einer jeden Veranstaltung interkulturellen Lernens eine erfolgreiche Aktion stehen muß, es verlangt aber, daß die Veranstaltungen sich der großen moralischen Geste enthalten, die meist folgenlos ist, und stattdessen alle, Lernende und Lehrende, immer wieder untersuchen, wie das, was sie durch interkulturelles Lernen gelernt haben, in ihren Alltag einzubringen ist.

Literatur

Bloch, E.: Tübinger Einleitung in die Philosophie. Bloch, E. Gesamtausgabe, Bd. 13, Frankfurt (1977) 147

Habermas, J.: Theorie des kommunikativen Handelns. Bd.1, Frankfurt (1981) 113

Heydorn, H.J., Bildungstheoretische Schriften, Band 1-4, Frankfurt (1980)

Jouhy, E.: Das programmierte Ich. Frankfurt (1976) 26

Jouhy, E.: Diachrone und Synchrone Strukturen der französischen und deutschen Gesellschaft. In: Menzemer, Moreau (Hg.), Soziale Arbeit im Vergleich (1984) 1 ff

Jouhy, E. (1985a): Ethnozentrismus und Weltgesellschaft. In: ders., Bleiche Herrschaft - Dunkle Kulturen, Frankfurt (1985) 59

Jouhy, E. (1985b): Vom ursprünglichen Machtgefälle der Generationen zum Kulturimperialismus. In: a.a.O. (1985) 27

Gisela Führing

„Ich weiß gar nicht, wie ich dahin gekommen bin ...“ Zum Umgang mit Phantasiereisen im Lernbereich Dritte Welt

Heute morgen freue ich mich auf die Gruppe. Das bange Gefühl vor den Veranstaltungen, das aus der Fremdheit der täglich neuen Menschen resultiert und gewöhnlich erst mit der Herstellung des ersten Kontaktes weicht, fehlt heute weitgehend.

Diesmal hatte die Kollegin des Berliner Gymnasiums sich vorher um mehrfache Kontakte bemüht und mich in inhaltlichen Dingen informiert und auch zu Rate gezogen, so daß mir die Ausgangsbedingungen relativ klar waren. Außerdem war es für die Schülerinnen keine Pflichtveranstaltung im Rahmen des regulären Unterrichts wie üblicherweise sonst. Diesmal handelte es sich um einen dreitägigen Projektunterricht kurz vor den Sommerferien zum Thema 'Hunger' mit 15 Schülerinnen der 8. bis 12. Klassenstufe, wobei diese Exkursion nach Berlin-Kladow am zweiten Tag stattfand.

Ich konnte also ein erhebliches Maß an Interesse und Aktionsbereitschaft voraussetzen, zusätzlich zu der üblicherweise gelösten Stimmung im nichtschulischen Rahmen meines für diese Zwecke dekorierten Raums beim Deutschen Entwicklungsdienst (DED). Allerdings barg die nicht gefestigte Gruppenstruktur eine Unsicherheit, der meine Aufmerksamkeit und sensible Beachtung am Anfang besonders zu gelten hatte: Wie weit würde eine emotionale Offenheit des einzelnen 'erlaubt' sein?

Die freudige Erwartung ist beidseitig. Schon die Aufforderung, vor dem Raum die Schuhe auszuziehen, wird mit Lachen und Bemerkungen wie „Wir sollen hier wohl alles anders als sonst machen?!“ quittiert.

Im Schneidersitz auf den am Boden liegenden Matten sitzend hilft eine Vorkontaktrunde, daß die Teilnehmer sich an mich und den äußeren Rahmen gewöhnen, um sich mit zunehmender Vertrautheit sicherer zu fühlen, und auch ich festige meine ersten Eindrücke von der Gruppe: Begrüßung – Hinweise auf die Organisation des DED und die in den benutzten Räumlichkeiten stattfindende Vorbereitung der Entwicklungshelfer – Vorstellung meiner Person und Aufgabe als entwicklungspolitische Bildungsreferentin für Berliner Schulen sowie meiner Vergangenheit als Entwicklungshelferin und Lehrerin - Vorbereitung auf das heutige Programm:

„Um gemeinsam den Fragen von Unterentwicklung in der Dritten Welt und unserem Bezug dazu nachzuspüren, möchte ich zunächst Euch, Eure Vorstellungen und Euer Vorwissen kennenlernen - das also, was Ihr sozusagen mitbringt zu diesem Thema. Gleichzeitig möchte ich Euch die Möglichkeit geben, Euch auf unser Thema einzustellen, indem Ihr das, was heute morgen auf dem Weg hierher schon so alles passiert ist, hinter Euch lassen und auch innerlich hier ankommen könnt. Dazu biete ich Euch eine sog. 'Phantasiereise' an. Und das geht so: Anhand von wenigen inhaltlichen Vorgaben, die ich mache, laßt Ihr - jeder für sich - Bilder in seiner Phantasie entstehen, gerade so, wie's Euch in den Sinn kommt. Ihr müßt sie nicht korrigieren oder zensieren, auch wenn sie nicht mit dem von mir Gesagten übereinstimmen. Hilfreich dafür ist eine möglichst bequeme Lage und geschlossene Augen. -- So! -- alles klar? Gut, dann kann's losgehen: Macht's Euch bequem! Nutzt den ganzen Raum - möglichst durch Langlegen."

Zwei 'coole' Oberstufenschüler können sich darauf noch nicht einlassen, müssen noch den Überblick behalten - aus einer Angst heraus, sich lächerlich zu machen? - bleiben hocken, Kopf auf den Armen verschränkt, ruckeln sich dann aber, wenige Minuten nach Beginn der 'Reise', auch in die Waagerechte. Ich bin froh, daß meine Routine mir inzwischen gestattet, jede gewünschte Haltung bei den Teilnehmern zuzulassen. Nur falls ein ständiges Blinzeln und Gickeln die allgemeine Konzentration unmöglich macht, fahre ich schonmal rigoros dazwischen - was allerdings dann auch nicht immer nutzt ...

„Atme zweimal tief durch. Wenn Du irgendwelche Geräusche hörst, mußt Du nicht mit Deinen Gedanken daran festhalten. Du kannst sie wahrnehmen - und wieder gehen lassen ..." Ich spreche langsam mit ruhiger Stimme und vielen Pausen, um der individuellen Vorstellungskraft Raum genug zu lassen, um ein Kommen und Gehen von Bildern zu erlauben.

Begib Dich auf die Reise. Du befindest Dich in Afrika - in irgendeinem Land; es muß kein bestimmtes sein -- Du gehst einen Weg entlang und schaust Dich um: Wie sieht die Landschaft aus? - Wie ist das Wetter? - Wie bist Du gekleidet? - Was hast Du bei Dir? - Was hat Dich hierher geführt? Du gehst den Weg weiter und siehst von Ferne jemanden auf Dich zukommen. - Was ist das für ein Mensch? - Wie ist er gekleidet? Ihr kommt Euch näher, begrüßt Euch und bleibt eine Weile beieinander. - Was macht Ihr zusammen? Worüber redet Ihr? - Kommen andere hinzu? --- Nach einer Weile verabschiedet Ihr Euch. - Jeder geht seinen Weg weiter. - Nach ein paar Schritten blickst Du Dich noch einmal um - nimmst Abschied von der Situation - und kommst langsam zurück in diesen Raum."

Langsam räkeln sich die langgestreckten Gestalten, blinzeln und schauen sich um - fast verwundert darüber, wo sie sich befinden: „Oh, ich war aber weit weg!" - Schade, daß ich schon wieder zurück mußte!" - Mensch, war das heiß da!“ Ich bremse die spontane wirre Gesprächsbereitschaft und greife ordnend ein, selber neugierig, alles mitzubekommen und auch in dem Wunsch, gegenseitiges Zuhören zu fördern.

Auf mein intensives Nachfragen hin wird erst stockend, dann immer ausführlicher erzählt.

Die erste Auswertungsrunde, in der jeder zu Wort kommt, bringt eine ungeheure Vielfalt an ‘Erlebnissen’ zutage, die im Stile der öffentlichen Afrikahilfe-Diskussion stereotype Hungerbilder ohne eigenen Bezug dazu enthüllen sowie das (passende) andere Extrem der totalen Opferbereitschaft. Die Menschen in der Dritten Welt sind hier degradiert zu Hungernden, Bettelnden, deren Not uns nur noch punktuell durch Katastrophenmeldungen zu Mitleidsregungen animiert oder total kalt läßt. Wenn Probleme der Unterentwicklung lösbar erscheinen, dann nur durch ‘unsere’ Hilfe und Primärunterstützung zum Überleben.

Neben diesen bekannten und erwarteten Sichtweisen erlebe ich aber heute auch ganz individuell geprägte Erfahrungen – bis hin zu Identifikation – jeweils mit Vorstellungen interkultureller Begegnung und Wahrnehmung, ja zaghafter Wertschätzung von Andersartigem, wie sie in anderen Gruppen nur mal vereinzelt vorkommen. Hier einzelne Beispiele:

„Ich traf so einen armen kleinen Jungen und hätte ihn gern in meine Heimat geschickt und wäre bei seinen Leuten geblieben – mit Medikamenten und so – um ihnen zu helfen ...“

„Der Weg führte auf einen Berg. Da hab’ ich mich hingesetzt, meine Gitarre ausgepackt und gespielt. Und da kam einer von da, hat sich zu mir gesetzt und auch was musiziert. Geredet haben wir nicht, aber es war schön!“

„Mir ist einer begegnet, na, wie man sich ihn eben vorstellt.“ – „Wie denn?“ – „Na, nackter Oberkörper eben, und so muskulös und barfuß ...“

„Ich? Ach, ich hab’ nix besonderes gesehen – nur eben so ’ne öde Landschaft, weit und verdorrt und dürre schwarze Gestalten – nee, ’n Gespräch gab’s nicht – wie auch? – Ich bin ja nur so vorbeigegangen – die haben mich ja gar nicht bemerkt ...“

„Ich fühlte mich ausgesetzt an einem Wegrand – links Urwald, rechts Wüste – und hatte Angst und wußte nicht, wie ich dahin gekommen war und was ich da sollte ... Und dann kam einer, und wir haben uns sehr nett – irgendwie freundschaftlich – unterhalten, und ich hatte keine Angst mehr.“

„Ich war selbst eine schwarze Frau, ging zum Wasserholen an einen Brunnen, weit weg in der Steppe. Das Eimer-Hochziehen war schwer und auch das Auf-dem-Kopf-Tragen, aber den aufrechten stolzen Gang, den mochte ich sehr. Ich ging heim zu meinen Kindern und meinem Mann in die Strohhütte. Es war alles ganz selbstverständlich, und selbst jetzt, hier in diesem Raum wieder, spüre ich noch das Beschwingte im Körper ...“

Auf meine Anregung hin befragen sich die Schülerinnen auch untereinander nach mehr Details, wie Landschaft, Aussehen der Menschen, die man traf und Inhalt der Gespräche (Sprachbarrieren schienen hier – anders als sonst - kaum eine Rolle zu spielen). Durch das interessierte, akzeptierende Nachfragen wagen sich allmählich auch diejenigen vor, die sich anfänglich etwas zu sagen scheuten. Es herrscht allgemeine Heiterkeit und Verwunderung über die Vielfalt des Erlebten - ohne zensierenden Beigeschmack.

Oft fließen durch Hinterfragen von Ausdrücken wie „natürlich", „normal" u.ä. schon direkt oder indirekt Betrachtungen über unsere Klischeevorstellungen von Afrika und den dort lebenden Menschen mit ein - etwas, was der zweiten Auswertungsrunde vorbehalten bleiben soll, bzw. dort nochmal zum Thema gemacht werden wird.

Eine Fallbeschreibung unterscheidet sich von den anderen erheblich. Eine etwa 17-jährige afro-deutsche Schülerin erzählt:

„Ich hab' einen kleinen afrikanischen Jungen gesehen, dem auf dem Weg ein Weißer zu Pferd entgegenkam - und das war so komisch - eigentlich ziemlich traurig; ich bin wütend geworden - der hat ihn erst geschlagen - und - ja, und dann noch gestreichelt ... - Ich weiß auch nicht, was das sollte, auf jeden Fall war's blöd und ich war froh, als ich aus der Situation raus war!"

Auf mein vorsichtiges Nachfragen hin bestätigt sie nickend und nachdenklich, daß ihr selbst solche Situationen, wie sie dem Jungen passiert sind, bekannt vorkommen, im übertragenen Sinne: geschlagen und gestreichelt zu werden ... Wegen der zu großen Ich-Nähe hatte sie die Geschichte unbewußt etwas 'verfremdet' und sie für sich aushaltbar gestaltet.

Es war hier nicht der Ort, solchen persönlichkeitsbedingten Einsichten mehr Raum zu geben. Der Hinweis auf ihr eigenes Alltagserleben muß als Anstoß für weiteres individuelles Nachdenken genügen, was in anderen, nicht so krassen Fällen ebenfalls geschieht.

Beim Übergang in die zweite, allgemeinere Einsichten ansprechende Auswertungs- und Bearbeitungsrunde bin ich etwas unsicher, ob ich nicht bei diesem starken Potential subjektiven Erlebens hätte verweilen sollen. Es ist immer so viel leichter, auf das 'sichere' objektive Terrain überzuwechseln. Aber ich merke, daß ich bald mal einer Lust nachgeben werde, über Rollenspiel einzelne Begegnungen zu vertiefen.

Die Art aber, in der engagiert weiterdiskutiert wird, macht deutlich, daß das individuelle Angesprochen-Sein weiterwirkt. Es gibt nicht mehr die in der Schule übliche Trennung in diejenigen, die eh reden, und diejenigen, die schweigen. Jeder hat etwas Originäres beizutragen und wird damit als Bereicherung empfunden. An allgemeinen Einsichten wird das in den verschiedenen Erzählungen aufgetretene Afrikabild kritisch unter die Lupe genommen, seine Ursprünge durch moderne Massenmedien, Meinungen der Elterngeneration wie auch Klischees in Abenteuerromanen analysiert.

Gleichzeitig ist sowohl bei denen, die ein hohes Maß an Identifikation und Nähe mit Menschen in Afrika erlebt haben, wie auch bei denen, die sich eine Begegnung kaum vorstellen konnten, eine intensive Neugier entstanden nach der Realität:

„Nun haben wir in der Schule eigentlich schon so viel über diese Länder gelernt, aber wie's wirklich da ist, das wissen wir nicht, das können wir uns gar nicht vorstellen!"

Damit ist ein Problem angesprochen, das nicht nur in der schulischen entwicklungspolitischen Bildung permanent ist: daß nämlich auch anspruchsvoller Unterricht und differenzierte Materialien – und erst recht das scheinbar Nähe bietende Fernsehen – uns die Menschen in der Dritten Welt nicht näher zu bringen imstande sind und selten unsere Vorurteilsstrukturen und Werthaltungen berühren, also uns selten wirklich emotional ansprechen.

Hier liegt eine besondere Aufgabe für Entwicklungshelfer und andere, die eine unmittelbare Erfahrung des Kulturkontakts gemacht haben – und zwar nicht als einer exotischen oder fremden und angstmachenden Begegnung, sondern als Begegnung mit Ähnlichem und Andersartigem einer anderen Kultur, die die Bewußtwerdung der eigenen kulturellen Identität beinhaltet. Erst durch das Hinschauen und Sich-Öffnen kann die Erkenntnis der Gleichwertigkeit verschiedener Lebensweisen und Werthaltungen entstehen, die wiederum positive Rückwirkungen auf das politische Bewußtsein, auf Toleranz und Offenheit in unserer Gesellschaft haben wird.

aus einem deutschen Jugendbuch

aus einem afrikanischen Jugendbuch

Hervorragend geeignet als Ersatz für die nunmal nicht so leicht herstellbare Primärbegegnung mit Menschen der Dritten Welt ist die neue Ton-Dia-Show der Filmemacher Sophie Kotanyi und Ulrich Frohnmeyer (die beim Weltfriedensdienst e.V./WFD in Berlin auszuleihen ist) „Bei der Reisernte in Boé". Hier wird durch geschickte ruhige Bildfolge mit Originalton eine Frau in Guinea-Bissao auf dem Weg zum Feld begleitet, beim gemeinsamen Ernten von Frauen und Männern, bei der langwierigen Essenszubereitung und beim Miteinander des dörflichen Lebens.

Die Diskussion, die sich heute daran anschließt, ist so lebhaft und argumentativ reichhaltig, daß weitere Impulse durch die Begleit-Dia-Serien zu Land und Leuten sowie einem Projekt des WFD in Guinea-Bissao überflüssig sind. In eigener Gegenüberstellung ihrer Phantasiebilder mit den gesehenen Dias relativieren sie ihr mitgebrachtes Hungerbild und beziehen von selbst ihre hiesige Existenz mit ein.

Idyllisch erscheint manchen das Leben dort, anderen eher als sehr hart. Pendeln zwischen Verherrlichung unserer und der anderen Welt: keine scheint die absolut wahre, ideale zu sein - ein wichtiges Ergebnis.

„Weder werden wir jene heile Welt in der Dritten Welt uns vorgaukeln, noch ihr unsere als solche anpreisen. Wir werden unterschiedliche Beschädigungen feststellen und gegenseitig nach Austausch und Ergänzungsmöglichkeiten suchen." (Göser 1985, 56)

Durch Bild und Ton sowie weitere, sehr persönliche Berichte aus meiner eigenen Entwicklungshelferzeit, die scheinbar (weil durch unsere Brille gesehen) unlogische alltägliche Begebenheiten enthalten, diese aber bei neuem Hingucken erklärbar machen, nehmen die Schülerinnen eine andere Realität wahr und hinterfragen sehr kritisch unser europäisches Überlegenheitsgefühl. Nicht nur der allgemein verbreitete Entwicklungshilfebegriff des 'Ohne-uns-läuft-nichts' wird in Frage gestellt, sondern auch selbstverständliche Lebenszusammenhänge erscheinen in neuem Licht. Mit nachdenklichem Schweigen wird das Abschlußzitat von Miriam Makeba aufgenommen:

Europa muß eine neue Identität finden

Auch in Afrika kommen immer wieder weiße Menschen zu mir und fragen: Was können wir tun? Ich habe darauf nur eine Antwort: Gehen Sie zurück in Ihre eigenen Länder, gehen Sie dorthin zurück wo Sie hergekommen sind, und unternehmen Sie dort etwas, damit die Europäer ihr Denken ändern. Die Europäer müssen aufhören, uns ihre Lebensweise, ihre Zivilisation aufzuzwingen. Nicht wir machen Europa Probleme, Europa macht uns Probleme. Die Europäer kommen zu uns, strecken ihre Füße bei uns auf den Tisch und geben uns Ratschläge. Wenn Sie Afrika helfen wollen, dann sorgen Sie dafür, daß diese Leute ihre Füße von unserem Tisch nehmen und verschwinden. Wir brauchen ihre Hilfe nicht, um unsere Identität zu finden. Die Europäer selbst müssen eine neue „weiße" Identität finden. Gewiß, wir brauchen technische und wissenschaftliche Hilfe. Aber wir brau-

chen beileibe keine Ratschläge, wie wir zu leben, zu denken, zu fühlen oder uns zu verhalten haben. Das ist allein unser Problem. Aber: Europa muß sich ändern. Europa muß eine neue Identität finden, muß seine Beziehungen zu uns überprüfen. Wenn die Europäer gelernt haben, uns so zu akzeptieren, wie wir sind – ob in ihren Augen „primitiv" oder nicht –, wenn sie gelernt haben, uns als Menschen, als Schwarze, als Afrikaner anzuerkennen, uns in Ruhe zu lassen, dann können wir vielleicht auf gleicher Ebene, gleichberechtigt miteinander zusammenleben.

Miriam Makeba

KIS – Materialiensammlung Nr. 5, S. 23: „Afrika. Kolonialismus – Gesellschaft – Literatur", Bensheim 1985

Ich entlasse die Gruppe nach fast drei Stunden mit einem befriedigten Grundgefühl, da der intensive Kontakt eine große Nähe erbracht und viel Nachdenkenswertes ergeben hat. Einzelne Schülerinnen wollen mir die Bitte erfüllen und ihre Phantasiebilder noch am selben Tag trotz der Projektaktivitäten aufschreiben und mir zuschicken.

Der Kollegin kann ich die Zusicherung geben, mit ihren 8. Klassen im Rahmen des Erdkundeunterrichts im Herbst Veranstaltungen durchzuführen. Sie ist, wie viele ihrer Kolleginnen, die diese Methode mit mir erprobten, überrascht und neugierig zugleich: überrascht, daß Schülerinnen „so etwas überhaupt mitmachen – und so intensiv!" – und neugierig, ob weitere Experimente mit solchen Methoden aus der psycho-sozialen Arbeit tatsächlich in die schulische politische Bildung integrierbar sind, was ja von der Gestaltpädagogik z.B. verfochten wird.

Gerade bei diesem Thema, das so fern zu sein scheint – nicht nur in geographischer Hinsicht, sondern auch fern von den Alltagssorgen und -fragen der Schülerinnen – wird die Motivation nur einzelnen, in bestimmter Weise geprägten Schülerinnen und Kolleginnen vorbehalten bleiben, so eine verbreitete Meinung.

Doch meine bisherigen Erfahrungen mit Kindern, Jugendlichen und auch Erwachsenen belegt eine gegenteilige These: Ob es sich um Themen wie

- „Spielen" bei Kindern in anderen Ländern,
- „Widerstand" im Vergleich zu schwarzen südafrikanischen Jugendlichen,
- „Arbeitsmoral" in einem nepalesischen Dorf und bei Berliner Lehrlingen oder
- „Wertewandel" hier wie dort

handelt, jeweils gibt es eine Fülle eigenen Erlebens und Fragens, die sowohl den Zugang zu dem Fernen und Fremden erleichtert, wie auch dem Anschauen von Andersartigem eine Relevanz gibt.

Als hilfreich dafür, das jeweils Eigene zu Tage zu befördern – denn politische Bewußtseinsveränderung geht nicht ohne Anschauen der subjektiven (Vor)Urteilsebenen – hat sich die, je nach Thema zu variierende, Phantasiereise erwiesen.

Die obige detaillierte Darstellung einer Beispielveranstaltung aus meiner Praxis soll die Leser/innen ermutigen, mit derartigen Methoden der personalen Bildung, die verstärkt die subjektive Ausgangslage von Lehrenden und Lernenden miteinbezieht, zu experimentieren.

Doch muß der mögliche Eindruck der Leichtigkeit, die dieser Methode anhaftet, abschließend etwas gedämpft werden, da ihre Handhabung auch gewisse Schwierigkeiten in sich birgt, die eine Erklärung dafür sein mögen, warum sie nicht schon von weiteren Kreisen benutzt wird:

- Die Bereitschaft zum Mitmachen, zum Sich-Drauf-Einlassen zu erzeugen, bedarf es einiger Anstrengungen (u.a. räumliche Voraussetzungen, Vorkontakt bzw. Vertrautheit mit den Teilnehmern, Ungestörtheit).
- Nicht jede Gruppe ist in ihrer Zusammensetzung und ihren Umgangsformen zu einem solchen emotional aufgeschlossenen Erlebnis fähig. Da mag ein langsames Einüben in diese Sphäre nötig sein.
- Die Skepsis des Lehrpersonals und seine eigene Routine stehen neuem Experimentieren eher im Wege und begrenzen die Kooperationsbereitschaft.
- Entscheidend bei der Durchführung ist die eigene subjektive Befindlichkeit, denn ruhige, Sicherheit vermittelnde Ausstrahlung ist das 'A und O' - aber die ist nicht immer auf Anhieb herstellbar ...
- Bei der Auswertung ist Vorsicht geboten, um nicht Widerstände zu überspringen und Empfindlichkeiten zu mißachten.
- Andererseits lockt erst die intensive akzeptierende Nachfrage interessante Details ans Tageslicht. Es braucht also eine positive echte Neugier und Kontaktbereitschaft zum Gegenüber.
- Die Vielfalt der individuellen Ergebnisse kann verwirrend sein und die Aufgabe der zielorientierten Bündelung schier unlösbar werden lassen.
- Die Phantasiereise muß von Beginn an in Bezug zu einer engeren Themenstellung gesetzt und auf diese abgestimmt sein, um die Strukturierung in späteren Diskussionsphasen zu erleichtern.
- Trotz der Zielorientierung sollte eine weitgehende Offenheit den weiteren Verlauf des Lernprozesses kennzeichnen, um den auftauchenden Fragestellungen gerecht zu werden und die Eingangsphase nicht zu einer Farce werden zu lassen.
- Dies kann in materieller Hinsicht z.B. die Verfügbarkeit verschiedener evtl. hinzuzuziehender Medien bedeuten und im persönlichen Bereich vom Leitenden ein hohes Maß an inhaltlicher Kompetenz, Souveränität und subjektiver Offenheit verlangen; denn die Problembereiche im einzelnen werden erst durch die Teilnehmer bestimmt.

Für all diese Mühen aber wird man entschädigt durch lebendige nachhaltige Lernerlebnisse!!

Schülernotizen:

Ich werde auf eine Reise geschickt. Ich befinde mich irgendwo in Afrika auf einem weißen, sandigem Weg. Die Landschaft besteht nur aus hohem verdorrten Gras. Für die klimatischen Verhältnisse bin ich mit meiner langen Jeans und meinem Hemd viel zu dick angezogen und doch ist mir nicht warm. In der einen Hand halte ich eine mit Wasser gefüllte Feldflasche, in der anderen ein Kind. Ein Negerkind völlig Nackt und trotzdem nicht definierbar ob es eine Junge oder ein Mädchen ist. Ich laufe weiter und bemerke, wie mir eine Gestalt entgegenkommt. Es ist eine Frau, eine Feldarbeiterin mit einem vor dem Bauch geschnürtem Baby. Sie weint. Sie läuft im Gegensatz zu mir mit einer mir völlig fremden Geschmeidigkeit. Man hat das Gefühl, daß sie über dem Boden schwebt. Sie nimmt das Kind, was ich bis dahin immer noch an der Hand hielt an sich und weint vor Freude, vor Glück. Später erfahre ich, daß das Kind geschickt wurde, Wasser zu holen, sich aber verspätete. Ich bin erstaunt, erstaunt über mich selbst. Die Frau redet mit mir in einer Sprache, die ich noch nie gehört habe und trotzdem verstehe ich sie. Langsam entfernen wir uns von einander. Ich blicke noch einmal zurück auf die Steppe auf das Gras und auf die Mutter mit ihren zwei Kindern. Ich gehe langsam weiter und schließlich ist meine Reise beendet.

Jasmin Ritz

Ich konnte mich nicht gleich darauf
konzentrieren, was Frau Föhring erzählt hat,
aber dann sah ich eine schmale Straße mit
vielen Steinen. Ab und zu habe ich ganz
viele Kinder am Straßenrand spielen sehen,
und dann verschwanden sie ganz plötzlich.
Ich war mit Shorts und einer kurzen Bluse
bekleidet; eine Brille hatte ich bei mir.
Ich sah einen großen Mann von weitem
auf mich zu kommen. Er hatte Shorts an
und eine zerlumpte rote Bluse, er war ziemlich
dunkelhäutig. Als wir uns begegneten, begrüßten
wir uns und standen einfach so da. Etwas später
verabschiedeten wir uns und gingen beide
unseren Weg weiter, kurz darauf drehte ich
mich wieder um, aber der Mann war nicht
mehr zu sehen.

Erkl. Die Kinder, die ich gesehen hatte sahen alle
ganz fröhlich aus; der Mann sah etwas
traurig aus, aber er und die Kinder sahen
nicht aus, als ob sie hungern würden.

Jürgen Buchholz

Von „Entwicklungspolitischer Bildung" zum „Interkulturellen Lernen" - Die Möglichkeiten des Deutungsmusteransatzes

Vorbemerkung

Der sogenannte Deutungsmusteransatz ist kein bis ins letzte durchformuliertes Konzept. Mit dem Begriff Deutungsmusteransatz wurden Überlegungen etikettiert, die in der Mitte der siebziger Jahre im Rahmen der Konzeptionsentwicklung einer verbesserten gewerkschaftlichen Bildungsarbeit in einem Projekt des DGB-Bundesvorstandes angestellt wurden.[1]

In dem Projekt wurde damals versucht, dem erfahrungsbezogenen Ansatz von Oskar Negt[2], der vielfach in der gewerkschaftlichen Bildungsarbeit eingesetzt wurde, einen - wie man hoffte - effektiveren Ansatz entgegenzustellen.

Während die politische Bildungsarbeit nach dem Negt'schen Konzept davon ausging, daß die Teilnehmer aus ihrer Alltagserfahrung nach dem exemplarischen Prinzip unter Anwendung soziologischer Phantasie praktisch selbst die übergeordneten gesellschaftlichen Zusammenhänge entdecken und entsprechende Handlungsperspektiven entwickeln könnten, bestritten die Autoren des Deutungsmusteransatzes, daß dies ohne die Eingabe oder Zurverfügungstellung von zusätzlichem Wissen oder weiteren Informationen erreichbar wäre. Für sie blieb also die Tatsache denkbestimmend, daß man nicht darum herumkommt, Informationen und Zusammenhänge vermitteln zu müssen.

Doch daß Zusammenhänge nicht einfach vermittelbar sind, indem sie referiert oder noch so raffiniert, z.B. mediengestützt, einem Auditorium dargeboten werden, war auch den gewerkschaftlichen Projektmitarbeitern klar.

Denn gerade in der außerschulischen Jugend- und Erwachsenenbildung ist eine große Abneigung bei den Teilnehmern gegen das „Überfahrenwerden mit Fakten" und „Belehrtwerden" beobachtbar. Dazu kommt, daß Jugendliche und Erwachsene sehr selektiv lernen, also sich aus den dargebotenen Informationen nur jene herausgreifen, die sie interessieren oder mehr noch jene, die in ihr Vorwissen und ihre Denkschemata passen. Somit führt Wissensvermittlung letztendlich nicht dazu, daß hinter der Wissensvermittlung stehende Ziele wie z.B. Bewußtseinsveränderung oder Teilnahme an verändernden Aktionen erreicht werden könnten.

Die Tatsache des selektiven Lernens auf der Grundlage eigenen Wissens, eigener Vorurteile bzw. Deutungsmuster führte bei den Autoren zu der Erkenntnis, daß an diesen z.T. wie Lernbarrieren wirkenden Deutungsmustern angesetzt werden muß, um tiefgreifende Lernprozesse auszulösen und zu ermöglichen.

Obwohl ich die weitere Entwicklung dieses Ansatzes in den achtziger Jahren nicht weiterverfolgen konnte, soll im folgenden der Versuch gemacht werden, seine Grundgedanken auf die entwicklungspolitische Bildungsarbeit bzw. das Interkulturelle Lernen zu übertragen.

Seine Aktualität erhält der Artikel aus der Tatsache, daß in der Zwischenzeit viele diesem Ansatz parallele Gedankengänge im Zusammenhang mit entwicklungspolitischer Bildungsarbeit geäußert wurden, und dieser Ansatz auch in die Diskussionen des Bildungswerks : Interkulturelle Kommunikation eingegangen ist.

Entwicklungspolitische Bildungsarbeit und Interkulturelles Lernen

Entwicklungspolitische Bildungsarbeit war lange Zeit ausschließlich darauf beschränkt, Fakten über die Ursachen der ungleichen Lebensbedingungen in verschiedenen Teilen der Erde zu vermitteln. Ziel war es, Bewußtsein zu verändern und dadurch schließlich Handlungen hervorzurufen, die auf die Beseitigung der Ursachen von Unterdrückung, Armut und Hunger in der Dritten Welt abzielen.

Zwar ist Interkulturelles Lernen eine Form der entwicklungspolitischen Bildungsarbeit, jedoch soll es darüber hinausgehen, weil bei der oben skizzierten Vorgehensweise die Gefahr besteht, daß Menschen der Länder der Dritten Welt nicht als handelnde Subjekte, sondern lediglich als leidende Objekte wahrgenommen werden, für die man etwas tun muß.

Bei Interkulturellem Lernen geht es eher darum, Problemsichten auszutauschen bis hin zum Kennenlernen der Vorstellungen des jeweils anderen über Problemlösungen bei gleichzeitiger Akzeptanz, daß andere wirtschaftliche, politische und kulturelle Hintergründe auch unterschiedliche Sichtweisen von Problemen und deren Lösungen mit sich bringen. Lernen übereinander und wenn möglich voneinander ist ein wichtiges Ziel von Veranstaltungen des Interkulturellen Lernens, gerade um jede Form von Vorurteilen und Paternalismus überwinden zu können.

Weitere dahinterstehende Ziele haben nach wie vor große Ähnlichkeiten mit jenen Zielen, die schon seit längerem in der entwicklungspolitischen Bildungsarbeit formuliert werden. Auch in Veranstaltungen des Interkulturellen Lernens soll gefragt werden, welche historischen und gegenwärtigen Ursachen hinter dem Phänomen der Überentwicklung von wenigen Gesellschaften einerseits und Unterentwicklung vieler Gesellschaften andererseits stehen, wobei klar werden muß, daß Überentwicklung und Unterentwicklung nicht nur ideologiebelastete Begriffe sind, sondern auch ein gehöriges Maß von Vereinfachung in sich tragen, wenn mit ihnen in sich recht heterogene Gesellschaften etikettiert werden.

Bevor jedoch im folgenden die Frage nach einem didaktischen Konzept für interkulturelles Lernen angegangen wird, soll zunächst aber noch weiter auf die konkreteren Ziele von bildungspolitischen Veranstaltungen eingegangen werden, denn durch das Kennenlernen der Ursachen für ungleiche Entwicklung, der Lebensbedingungen und Lebensentwürfe anderer Menschen kann nur eine Grundlage gelegt werden für entwicklungspolitisch relevantes Handeln.

Entwicklungspolitisch relevantes Handeln als Beitrag zur Überwindung der augenblicklichen Fehlentwicklungen als ein weiteres Ziel bildungspolitischer Bildungsarbeit bekommt auf der Grundlage der Akzeptanz anderer Problemsichten und Problemlösungsvorstellungen aus dem Prozeß des Interkulturellen Lernens hoffentlich eine veränderte Perspektive.

Aus der Einsicht, daß nicht wir Handlungspläne für andere in ihren Gesellschaften aufstellen sollen, ergibt sich die Konsequenz, planerisches Handeln auf unsere Lebenszusammenhänge zu konzentrieren, uns also hier politisch zu engagieren, Einfluß auf politische und wirtschaftliche Verhaltensweisen zu nehmen, die eine menschlichere Entwicklung in unserem Land wie auch gleichzeitig in anderen Ländern behindern. Aus dem Vergleich unterschiedlicher Problemsichten und unterschiedlicher Problemlösungsmuster Angehöriger verschiedener Kulturen können Anregungen erwachsen, die in die Formulierung politischer Aktivitäten in unserem Lande eingehen können bzw. die Diskussion um politisches Handeln hier bereichern.

Ebenso soll das Zusammenlernen mit ausländischen, hier lebenden Teilnehmern dazu führen, daß nicht nur die Akzeptanz und Toleranz wächst und Vorurteile abgebaut bzw. Wissen über die Lebensverhältnisse der Ausländer hier erhöht werden, sondern auch das aktive Engagement zur Erweiterung ihrer Rechte (in bezug auf eine eigenständige Lebensgestaltung und verstärkte Teilnahme an gesellschaftlichen Prozessen und Entscheidungen) zunimmt.

Auch auf die Aktionsbereiche 'Solidaritätsarbeit' und 'Technische Zusammenarbeit/Entwicklungshilfe' müssen die Erkenntnisse und Erfahrungen aus interkulturellen Lernsituationen ausstrahlen. Denn gerade wer sich in der Solidaritätsarbeit oder der Zusammenarbeit im Ausland engagiert, muß grundsätzlich in der Lage sein, eigene Vorurteile zu erkennen und die „Betroffenen" als die eigentlich Handelnden und Verantwortlichen und sich lediglich als den zeitweilig Unterstützenden (der gleichzeitig lernt!) zu begreifen. Die Kompetenz des Interkulturellen Dialogs kann in Veranstaltungen

Interkulturellen Lernens zumindest sinnlich begründet und ansatzweise trainiert werden.

Veranstaltungen nach dem Deutungsmusteransatz

Um Mißverständnissen vorzubeugen: Veranstaltungen Interkulturellen Lernens sind nicht nur solche, in denen ausländische und deutsche Teilnehmer gleichzeitig anwesend sind, um miteinander, übereinander und voneinander zu lernen. Dies ist zwar wünschenswert, aber nicht immer realisierbar. Auch Veranstaltungen (unter welchem Schwerpunkt auch immer), die sich mit dem Bild bzw. den Deutungsmustern der Teilnehmer über Dritte Welt beschäftigen und zeigen, daß es nicht *eine* Problemsicht bzw. nicht nur *eine* Entwicklungsmöglichkeit für alle Länder und Gesellschaften gibt, tragen Züge des Interkulturellen Lernens.

Die Notwendigkeit eines didaktischen Konzepts für das Interkulturelle Lernen bzw. für einen Prozeß der Auseinandersetzung mit eigenen und fremden Sichtweisen, wurde in den bisherigen Ausführungen zweifach begründet:
a) Auf der Zielebene, weil Vorurteile und jede Form von Paternalismus (im entwicklungspolitisch relevanten Handeln) abgebaut werden soll und
b) auf der methodischen Ebene, weil die (notwendige) Vermittlung von Informationen über einen Tatbestand allein nicht ausreicht, um Vorurteile bzw. Deutungsmuster nachhaltig aufzuweichen und unter Umständen sogar zu verändern.

Der Deutungsmusteransatz geht davon aus,
- daß jeder Mensch über Deutungsmuster verfügt, und
- daß diese Deutungsmuster z.T. lernblockierend wirken können.

Jeder Mensch erwirbt im Laufe seines Lebens eine Anzahl von Deutungsmustern über verschiedene Lebensbereiche sowie meist auch einen Deutungsrahmen, der den einzelnen Deutungsmustern den Zusammenhalt liefern soll. Deutungsrahmen und Deutungsmuster werden im Laufe der Jahre bewußt oder (meistens) unbewußt von den Eltern, in der Schule, mit Freunden, durch die Medien, durch Bildungsveranstaltungen, durch eigene Erfahrung und vielleicht noch durch die Aufarbeitung von Materialien angeeignet, geprägt und gelegentlich auch verändert.

Ein solcher Deutungsrahmen ist bei vielen Menschen nicht frei von Widersprüchen, was sie oft nicht daran hindert, von sich zu behaupten, sie hätten eine klare Meinung. Dies kann sogar soweit gehen, daß jemand an einem Tag oder in einem bestimmten Zusammenhang etwas für „wahr" hält, was er am nächsten Tag oder in einer anderen Situation (z.B. andere Bezugsgruppe, andere Kommunikationsstruktur) als „falsch" bezeichnet, ohne daß der Betreffende sich dessen bewußt wird.

Bei rigiden oder autoritären Persönlichkeiten sind oft auch die Deutungsmuster besonders rigide, meistens stark simplifiziert. Da diese Personen aus ihren Deutungsmustern ihre Verhaltenssicherheit beziehen, kann es sogar vorkommen, daß sie Erschütterungen ihrer Deutungsmuster mit aggressivem Verhalten begegnen.

Weit verbreitet ist die Vorgehensweise, daß alles, was in einen wie auch immer strukturierten Deutungsrahmen nicht hineinpaßt bzw. einzelnen Deutungsmustern widerspricht, als „falsch", „nicht zutreffend" oder „bewußte Lüge" abgetan wird. Manches Neue wird umgedeutet, bis es schließlich in den vorhandenen Rahmen hineinpaßt. Selten wird der Rahmen infrage gestellt.

Deutungsmuster und Deutungsrahmen sind also nicht nur kognitiv bestimmt, sondern sehr eng mit der Persönlichkeitsstruktur verknüpft. Die Fähigkeit, kognitive Dissonanzen bei ihrem Auftreten nicht nur auszuhalten, sondern vielleicht sogar produktiv zu nutzen (z.B. in Neugierde umzumünzen, mehr erfahren zu wollen) sowie Ambiguitätstoleranz sind bei allen Menschen unterschiedlich weit ausgebildet.

Für die Durchführung von Veranstaltungen des Interkulturellen Lernens ist es aus diesen Gründen von Vorteil, wenn ein Seminarleiter innerhalb des Teams möglichst über die Fähigkeit verfügt, mit der Unlust der Menschen umzugehen, kognitive Dissonanzen auszuhalten.

Im einzelnen kann man eine Veranstaltung nach dem Deutungsmusteransatz in drei Phasen gliedern:
1. Orientierungsphase
2. Analysephase
3. Anwendungsphase[3]

Diese drei Phasen lassen sich mit dem im B:IK formulierten Dreiklang
- teilnehmerorientiert
- wissenschaftsorientiert
- praxisorientiert

sehr gut in Einklang bringen. Obwohl alle drei Phasen an diesen Begriffen orientiert sein sollten, ist der Einstieg betont teilnehmerorientiert. In der Analysephase sollen Deutungsmuster mit zusätzlichen (z.T. wissenschaftlichen) Informationen konfrontiert werden und die Anwendungsphase soll ihrem Namen entsprechend auf mögliche Praxis vorbereiten.

Praxisorientierung kann sich zudem schon im Seminartitel ausdrücken, der z.B. lauten könnte: „Soll man Südafrika boykottieren?" An diesem Beispiel soll die Ablaufschilderung eines Seminars nach dem Deutungsmusteransatz auch aufgehängt werden.

Die Orientierungsphase

In der Orientierungsphase sollen neben der Vorstellung der Teilnehmer und Referenten (was auf unterschiedliche Weise geschehen kann) und der gemeinsamen Abstimmung des Programms (wofür es ebenfalls verschiedene Möglichkeiten gibt) verschiedene typische Deutungsmuster zum Thema vorgestellt werden, um sie im weiteren Verlauf (Analysephase) vor dem Hintergrund weiterer Informationen diskutieren und damit eventuell auch verändern zu können.

Die zu diskutierenden Deutungsmuster sollten nicht von den Teilnehmern selbst abgefragt werden, denn dies könnte gerade in einem heterogenen Teilnehmerkreis frühzeitig zu sehr ernsten Auseinandersetzungen führen, da man sich mit den eigenen Positionen natürlicherweise stärker identifiziert als mit solchen, die von außen herangetragen werden. Wenn in der Diskussion zunächst der Zwang zur Identifikation mit bestimmten Deutungsmustern nicht existiert, wächst die Chance, daß ein Gesprächsklima zustandekommt, das offen und ohne verhärtete Fronten verläuft, auch wenn mit der Zeit natürlich immer mehr eigene Positionen der Teilnehmer einfließen.

Deshalb empfiehlt es sich, eine Anzahl von möglichen Deutungsmustern über ein Medium einzubringen.

Als Medien in dieser Phase sind geeignet:

- Filme (in denen unterschiedliche Meinungen zum Ausdruck kommen; z.B. Filme mit Interviews zum Thema)
- Zeitungsartikel (mit unterschiedlichen Sichtweisen oder Politikerzitaten)
- Karteikarten, auf denen (anonym) Meinungen gesammelt werden (besonders, wenn es um Problemsammlungen geht, die man in einer gemeinsamen Diskussion hierarchisieren, in der Analysephase korrigieren und in der Anwendungsphase in eine Zielhierarchie zur Entwicklung von Handlungsvorschlägen überführen kann)
- Kurzgeschichten, Romanausschnitte (z.B. von südafrikanischen Autoren, die „weiße" und „schwarze" Ansichten deutlich werden lassen)
- Selbstverfaßte Geschichten, Szenen, Videospots (mit differierenden Ansichten)
- Bildergeschichten (auf dem Flanellographen[4] dargestellt)
- weitere Möglichkeiten bleiben der Phantasie überlassen.

Handelt es sich um einen Film oder eine Geschichte, so bittet man die Teilnehmer, sich während des Ansehens Notizen zu machen, welche Meinungen geäußert werden.

Dabei könnten unter Umständen folgende Deutungsmuster gesammelt werden:

- Die Schwarzen arbeiten nicht so hart wie die Weißen
- Der ANC ist kommunistisch unterwandert; die Weißen kämpfen gegen das Vordringen des Kommunismus
- Das Kapland war menschenleer, bevor die Weißen kamen

- Die Schwarzen haben zu wenig Schulbildung, um die Regierung übernehmen zu können; die Weißen haben die Schwarzen in ein Bildungssystem zweiter Klasse gedrängt
- Die Weißen betreiben eine Ausbürgerungspolitik
- Ohne BMW in Südafrika gäbe es noch weniger Arbeitsplätze
- Ein Boykott würde die Schwarzen mehr treffen als die Weißen
- usw. usw.

Solche Notizen sind Grundlage der weiteren Diskussion. Sie sollten vom Gruppenleiter gemeinsam mit der Gruppe zu Oberthemen zusammengefaßt werden. Bei den einzelnen Aussagen sollte man auch festhalten, wer sie gesagt hat bzw. Vermutungen darüber anstellen, warum der Betreffende gerade diese Meinung äußert.

Damit befindet man sich bereits in der Diskussion, in der wahrscheinlich schon erste kontroverse Einstellungen zutagetreten. Es können sich schließlich Bereiche herauskristallisieren, über die die Teilnehmer mehr erfahren wollen. Am Ende der Orientierungsphase sollte deutlich geworden sein, daß man zu bestimmten Fragen weitere Informationen einholen muß, um sich ein klareres Bild verschaffen zu können, weil man ja die Erfahrung gemacht hat, daß es unterschiedliche Ansichten und Deutungen gibt. Die folgende Analysephase ist gleichsam ein Modell für die Teilnehmer, wie man mit differierenden Ansichten umgehen kann. Es soll nicht Meinung gegen Meinung stehen, sondern gefragt werden, welche Belege gibt es für welche Meinung und welche Interessen stecken hinter welcher Meinung.

Die Analysephase

Es könnten sich am Ende der ersten Diskussion einige Fragen herauskristallisiert haben, die im Zusammenhang mit der Seminarfrage, ob man Südafrika boykottieren soll, beleuchtet werden sollen, z.B.:

1. Ist das Regime in Südafrika so menschenfeindlich, daß man gegen es vorgehen soll? (Diese Frage ist wahrscheinlich in den meisten Seminaren unumstritten.)
2. Inwieweit stützen z.B. deutsche Firmen das Regime?
3. Welche Auswirkungen würde ein Boykott auf die schwarze Bevölkerung Südafrikas haben?
4. Wie stehen die Schwarzen in Südafrika und in den Nachbarländern zu einem Boykott?

Diese und andere Fragestellungen sollten unter Zuhilfenahme von Informationsquellen vertieft werden.

Informationsquellen können sein:
- Zeitungsartikel
- Buchausschnitte

- Grafiken, Statistiken
- Filme, Videos, Dia-Serien
- Anwesende deutsche oder (süd-)afrikanische Sachkundige.

Die Auswertung dieser Informationsquellen kann in Arbeitsgruppen zu den verschiedenen aufgeworfenen Fragen stattfinden. Wichtig an dieser Arbeit ist, daß nicht Meinungen aufeinanderprallen, sondern Belege für oder gegen bestimmte Positionen kritisch ausgewertet werden sollen. Der Gruppenleiter muß in dieser Richtung stets aufmerksam sein und wenn nötig, Auseinandersetzungen im beschriebenen Sinne zu kanalisieren versuchen. Dabei wird es auch vorkommen, daß man sich gelegentlich eingestehen muß, zu einer Frage keine schlüssige Antwort gefunden zu haben und daß dementsprechend die vielleicht dennoch formulierten Antworten noch stark meinungsbehaftet sind, aber vielleicht dennoch für die weitere Seminararbeit als solche stehen bleiben können.

Kritische Quellenauswertung (z.B. welche Interessen stehen hinter der Äußerung) und die Unterscheidung von Meinungen, Deutungen und belegten Fakten sind Aspekte einer Wissenschaftsorientierung, die in dieser Weise den Teilnehmern auch für die Meinungsbildung außerhalb des Seminarrahmens als Techniken der Informationsbewertung dienen können.

Zum Abschluß der Analysephase können die Ergebnisse im Plenum vorgestellt und diskutiert werden, wobei auch hier wiederum die gleichen Darstellungskriterien wie in der Gruppenarbeit gelten. Eine gemeinsame Sichtweise der Probleme kann nicht das Ziel der Seminararbeit sein (obgleich es schön ist, wenn sie sich dennoch eingestellt hat). Es sollen Anstöße gegeben und die Bereitschaft geweckt werden, eingefahrene Denkbahnen auch einmal zu verlassen bzw. Deutungsmuster freiwillig zu korrigieren, wenn die Informationslage dies erfordert.

Die Anwendungsphase

Der Anwendungsphase sollte etwa ein Drittel der Seminarzeit reserviert sein. Leider zeigt die Praxis, daß für die Frage „Was kann ich/man denn jetzt tun“ nur wenig Zeit am Ende zur Verfügung steht.

In der Anwengungsphase kann
- Handeln theoretisch diskutiert werden (Welche Möglichkeiten gibt es? wie lassen sie sich realisieren? Welche Probleme gibt es dabei?), ggf. unter Zuhilfenahme des Fachverstandes der Praxiserfahrenen
- Handeln geprobt werden (Rollenspiel/Planspiel)
- konkretes Handeln erarbeitet werden (Aktionen einer Gruppe als deren zukünftige Gruppenaktivität; Theaterstücke, Leserbriefe; Aufrufe; Resolutionen; Vorbereitung von Begegnungen; Vorbereitung einer Reise; Anfertigen von Materialien usw. usw.)

In unserem Beispiel könnte dies heißen, daß jene, die aufgrund der Analysen zu dem Schluß kommen, man solle Südafrika nicht boykottieren, sich Gedanken über andere Aktionsformen machen, diese theoretisch durchdenken und vielleicht praktisch vorbereiten, während jene, die für einen Boykott sind, z.B. Boykottlisten erarbeiten, Resolutionen verabschieden, die an die Regierung, Firmen oder die Presse gehen sollten, Informationen über die Öffentlichkeitsarbeit für Boykottaktionen zusammenstellen usw.

Am Ende des Seminars steht wie üblich eine zusammenfassende Darstellung der Ergebnisse sowie die Auswertung des Verlaufs.

Abschließende Bemerkungen

Der Deutungsmusteransatz ist für den Bereich Interkulturelles Lernen bisher wenig erprobt. Gerade über Veranstaltungen mit Teilnehmern aus verschiedenen Ländern liegen sehr wenige Erfahrungen vor.

Die Vorgehensweise bei der Eingabe und Diskussion der Deutungsmuster und der Analysephase bedarf noch der größten Anstrengungen.

Um den Ansatz erfolgversprechend und für die Teilnehmer zufriedenstellend einzusetzen, ist die Steuerung eines solchen Seminars durch einen psychologisch oder gar gesprächstherapeutisch vorgebildeten Gesprächsleiter mit Sicherheit von Vorteil, denn an Stellen, wo Lern- und Kommunikationsblockaden durch z.B. rigide Deutungsmuster auftreten, ist sehr geschicktes Handeln nötig.

Erst nach weiteren Erprobungen, zu denen dieser Artikel anregen will, wird es möglich sein, diesen Ansatz zu bewerten und zu verbessern. Er wurde hier lediglich dargestellt, um zu zeigen, aus welchen Richtungen einzelne Mitglieder des B : IK ihre Gedanken herleiten und woran in Zukunft gearbeitet werden kann.

Es besteht allerdings die Hoffnung, daß mit diesem (oder einem ähnlichen) Ansatz die Schwächen der entwicklungspolitischen Bildungsarbeit überwunden und Begegnungen des Interkulturellen Lernens befriedigender, ja sogar lustvoller gestaltet werden können, weil Positionskämpfe nicht mehr seminarbestimmend sein sollen und vor allem der Aspekt der Handlungsorientierung sehr stark betont wird. Der Aspekt des individuellen Wohlbefindens während eines Seminars ist von erheblicher Bedeutung, gerade wenn man neue Teilnehmerkreise gewinnen will.

Individuelles Wohlbefinden in Seminaren des Interkulturellen Lernens kann zudem noch gesteigert werden, wenn es gelingt, die Informationen über andere Denk- und Lebensweisen auch sinnlich erfahrbar zu machen, nicht nur durch attraktive Filme und andere Kulturerzeugnisse aus fremden Ländern, sondern auch durch das Arrangement eines das Seminar begleitenden Kulturprogramms, wie z.B. Musik, Singen und Tanzen, denn letztendlich sollen Menschen aus anderen Ländern, wie oben erwähnt, als handelnde Subjekte, also als Menschen mit eigenen Ansichten, Handlungsplänen,

Wünschen, Träumen, Freuden und Leiden sichtbar werden. Je mehr wir vom Leben des anderen wissen, desto einfacher fällt es uns vielleicht, den anderen als Person zu akzeptieren und zu erkennen, daß wir in *einer* Welt unsere jeweiligen Vorstellungen von einem befriedigenden Leben für alle solidarisch verwirklichen müssen.

Anmerkungen

1) Brammerts, H.; G. Gerlach; N. Trautwein: Lernen in der Gewerkschaft, Beiträge aus dem DGB-Projekt „Mitbestimmung und politische Bildung", Frankfurt-Köln 1976

2) Negt, O.: Soziologische Phantasie und exemplarisches Lernen, Zur Theorie und Praxis der Arbeitebildung, Frankfurt-Köln 1971

3) Vgl.: DGB-Bundesvorstand, Abt. Gesellschaftspolitik (Hg.): Gewerkschaften und Mitbestimmung, Ein Referenzenleitfaden aus dem Curriculumsprojekt „Mitbestimmung und politische Bildung" des DGB, Schriftenreihe der Bundeszentrale für politische Bildung, Nr. 128, Bonn-Düsseldorf 1977

4) Einen „Flanellographen" kann man selbst herstellen: Man hängt ein aufgerauhtes Tuch (z.B. ein Biberbettuch) auf und befestigt zu einer gleichzeitig erzählten Geschichte die jeweils zugehörigen Elemente auf dem Tuch. Damit die Figuren „kleben", bestreicht man vorher die Figuren mit Kleister oder Holzleim, streut Sägespäne ein und läßt alles gut trocknen.

Arbeitskreis „Frauen und Dritte Welt in Frankfurt"

Frauen und Dritte Welt in Frankfurt - Ein Projekt entsteht nicht aus dem Nichts

Echo (Foto: Michael Granger)

Zwischendurch Blues

Möchte am Fenster
meines Hinterhofzimmers liegen,
in der bleichen Frankfurter Sonne,
und „extrabreit" hören,
die aus irgendeiner Ecke dröhnen.
Stattdessen
sitze ich gebeugt über der Schreibmaschine
und brüte über die Frauen,
die Frauen aus Ländern der „Dritten Welt",
hier in Frankfurt
weit weg
und doch schmerzlich nah.
Ich werde ihnen nicht gerecht.
(Aus: Wir sind die Ameisen der Bewegung, Rose Gauger, Hrsg.)

***

...Das Wetter ist, toll, warm, heiß sogar. Die Sonne scheint, das macht meine Ideen warm. Trotzdem weiß ich noch nicht, was ich schreiben kann und wie ich schreiben kann: Warum bin ich in dieser Frauengruppe und in diesem Projekt?

...Das patriarchale Prinzip basiert darauf, daß den Frauen keine Achtung gegeben wird. Die Frauen sind so trainiert ... daß sie sich die Beteiligung am gesellschaftlichen Leben normalerweise nicht erkämpfen ... über eine Sache bin ich sicher: ich glaube an die weibliche Kraft und ich glaube auch, daß viele Frauen in der Vergangenheit für uns den Weg vorbereitet haben, indem sie gegen Unterdrückung gekämpft haben ... Wer kann in dieser Welt mit ihrem Ungleichgewicht/Chaos noch etwas tun? Es wird mir immer klarer, daß nur Frauen etwas tun können!

***

Zwei Hände, ein Gehirn, viele Fähigkeiten

Als ich klein war, habe ich mir eine Puppe gewünscht.
Aber ich habe sie nicht gehabt und ich wußte nicht warum.

Als ich jung war, habe ich mir gewünscht,
einmal im Monat ins Kino zu gehen.
Ich konnte es nicht,
aber ich wußte, daß wir arm waren.

Als ich Studentin war, habe ich mir gar nichts mehr gewünscht.

Und jetzt, jetzt lebe ich nicht mehr wie damals,
aber ich weiß, daß man mich beraubt
und alles gestohlen und weggenommen hat:
meine Vergangenheit, meine Gegenwart und meine Zukunft.
Ich habe wie alle anderen
zwei Hände, ein Gehirn und viele Fähigkeiten;
trotzdem hat man mir alles geraubt.

Warum?
Weil ich von einem Land komme, wo es viel Öl gibt?
Weil ich von einem Land komme, wo es viele Bodenschätze gibt?
Weil ich von einem Land komme, das geographisch und
strategisch für die Großmächte sehr wichtig ist?

Man hat mich beraubt.
man hat mich beraubt und auch gleichzeitig bestraft.
Ich werde bestraft, indem meine Urgroßeltern, meine
Großeltern, meine Eltern und ich
und vielleicht meine Kinder
tagtäglich sehen, hören, lesen müssen,
daß unser Alles auf großen Schiffen nach Westen fließen muß,
damit Wohlstand und besseres Leben hier weitergeht.

Damit noch mehr Plastiktüten produziert werden.
Damit noch mehr Pepsi und Hamburger verkauft werden.
Damit dort, woher die Schiffe kommen
Dritte-Welt Länder
und im Westen erste Länder
geschaffen werden.

Man hat uns beraubt.
Man hat mich beraubt.
Und ich habe weder hier noch in meinem Land
eine Gegenwart noch eine Zukunft.

Aber ich habe immer noch Hoffnung in der Hoffnungslosigkeit.
Eine Utopie.
Eine Utopie haben ist besser als gar keine.
Weil es wird anders werden.
Weil wir wie alle anderen
zwei Hände, ein Gehirn und viele Fähigkeiten haben.
Es wird anders werden.
(Irandokht Schahbakhshi, Herbst 1986)

***

Im Sommersemester 1985 organisierten die Frauen aus dem ersten Aufbaustudiengang „Pädagogik: Dritte Welt“ ein Wochenendseminar zum Thema „Macht Arbeit frei? - Frauenarbeit in Lateinamerika“ und erstellten dazu eine Dokumentation:

„...Daß und wie dieses Seminar zustandekam, hat auch etwas mit Frauenarbeit in der Bundesrepublik zu tun. Denn an unserem Institut gibt es unter acht bezahlten Lehrenden *eine* Frau ... mit einer halben wissenschaftlichen Mitarbeiterstelle. Demnach ist (ihr) Seminar auch das einzige, das sich mit den Problemen, Schwierigkeiten und Möglichkeiten beschäftigt, die im Zuge von Modernisierungsprozessen und Entwicklungsprojekten auf Frauen in den Dritt-Welt-Ländern zukommen.

„Als Abhilfe haben wir - die Studentinnen des Studiengangs zusammen mit Hildegard - dieses Wochenende geplant. Für die Referentinnen bekamen wir Geld für bescheidene Honorare und Fahrtkosten von der Universität Frankfurt. Alles andere - Anträge stellen, Bürokratie- und Gremiengänge, Verhandlungen, Veröffentlichungen, inhaltliche und organisatorische Planung, Durchführung, Aufräumen und die Erstellung der Dokumentation, wird ... in unbezahlten Arbeitsstunden geleistet.“ (Aus der Dokumentation, S. 84).

Im Laufe des Winters 1985 und Frühjahrs 1986 arbeiteten einige dieser Frauen zusammen mit Frauen aus dem zweiten Aufbaustudiengang an der Idee zu einem Projekt: Frauen und Dritte Welt in Frankfurt. Dabei ging die Erkenntnis voraus, daß die Dritte Welt auch in Frankfurt präsent und für uns erfahrbar ist.

***

...und das Bewußtsein, daß die Dritte Welt ja gar nicht irgendwo in der Ferne angesiedelt ist, sondern täglich sehe ich Menschen aus diesen Ländern und nehme sie nicht wahr. Warum beschäftige ich mich mit dieser Ferne, die für mich politisch noch immer sehr wichtig ist, aber ich übersehe einen Teil der eigenen gesellschaftlichen Situation? Interkulturelle Kommunikation und wissenschaftliches Nachdenken, aber dabei die konkreten Möglichkeiten nicht ergreifen? Interkulturelle Kommunikation findet offensichtlich nicht schon dadurch statt, daß 25 % der Bürger/innen einer Stadt als Ausländer gezählt werden und neben mir leben.

Aus welchen Motiven und Zwängen sind diese Mitmenschen hier, warum organisieren sie sich, welche Interessen haben die Gruppen und Institutionen, die sich mit der „Dritten Welt“ beschäftigen? Welchen Anteil tragen die Beteiligten?

***

"circus people" (1930, Foto: August Sander)

Warum aber gerade Frauen?

... Als Frau interessiert mich dabei speziell die Situation der Frauen. In gemeinsamer Auseinandersetzung und Arbeit sehe ich eine Möglichkeit, die Zusammenhänge zwischen der ersten und der dritten Welt bewußt zu machen, unsere spezifische Betroffenheit als Frauen zu erkennen und eventuell zu gemeinsamem, veränderndem Handeln zu gelangen.

Nur ein langfristig angelegtes Projekt bietet m. E. die Chance für sinnvolle Lernprozesse und Handlungsperspektiven, vor allem angesichts der Komplexität dieses Themas...

...Zu einem sogenannten „Aha-Erlebnis" und einem roten Faden in meinem Pädagogik-Studium wurden für mich die „Frauenthemen", die in immer mehr Seminaren einen Schwerpunkt bildeten. Mich mit einem Thema aus dem Blickwinkel von Frauen auseinanderzusetzen bedeutete, mich als Person miteinzubringen, mir der besonderen gesellschaftlichen Rolle als Frau bewußt zu werden.

Für uns Frauen gibt es meiner Ansicht nach noch viel zu tun. Wir sollen unsere Fragen, Diskussionen, Erkenntnisse, Aktivitäten zu einer grundlegenden Veränderung der Situation von Frauen in der Gesellschaft und zu einer neuen Gesellschaftsordnung überhaupt führen. Dabei gehe ich davon aus, daß wir als Frauen selber unsere besten Expertinnen darstellen.

...Ich fand mich langsam im Universitätsbetrieb zurecht. Gleichzeitig begann ich mich außerhalb der Universität im Bereich der „Frauenarbeit" zu engagieren. Eines meiner Motive dafür war auch die Hoffnung, dadurch herauszufinden, inwieweit meine Probleme mit der Institution Universität mein „individuelles Verschulden" waren, oder ob sie nicht vielleicht durch den autoritären „männlichen" Charakter des Universitätsbetriebs provoziert sein könnten. Heute glaube ich, daß es sich um ein allgemeines Problem handelt und viele Studentinnen und besonders die Ausländerinnen unter ihnen betrifft...

***

...Seitdem ich mit 17 Jahren zufällig in eine Frauengruppe gestolpert bin, haben mich die Frauen und ihre sogenannten „Frauenprobleme" nicht mehr losgelassen.

Die Frauen aus den fernen Ländern haben mich damals nicht interessiert. Über Kopftücher, ausländische Machos und Polygamiegeschichten bekam ich nebenher den Eindruck, daß es ihnen wohl ganz besonders schlecht gehen mußte und sie leider keine so schöne Frauenbewegung wie wir hatten.

***

...ich ging zur Abendschule und zur Universität, um mir die Fakten anzueignen ...aber dann lernte ich, daß es mit den Fakten so eine Sache ist. An der Universität entdeckte ich, daß es eine Menge davon gibt, die als Nicht-Fakten gelten. Nach einigen Semestern habe ich nur noch Seminare mit und von Frauen besucht, nicht nur der Themen wegen. Mit Frauen arbeitet es sich unzensierter. Und lustiger.

...Als ich mit Frauen arbeitete, die den Bau der Startbahn West verhindern wollten und miterleben konnte, wozu sie zusammen fähig sind, solange sie zusammen bleiben, lernte ich, wie zuweilen Kompliziertes einfach sein kann. Und witzig... Es gibt viel zu verändern. An der eigenen Geschichte wirken, hat etwas mit der Aneignung der eigenen Würde zu tun.

***

...Irgendwie hat mich die FRAU in der Vielfältigkeit ihrer Ausdrucksweise, ihrer größeren Friedfertigkeit, der einfachen Humanität, die nichts weiter wollte, einfach: den mannigfachen Fähigkeiten, die ihr innewohnten, schon als kleines Mädchen fasziniert und angezogen. Dazu kommt, daß ich in meiner Kindheit schon sehr starke Frauen erlebte, die ich bewunderte, die ihr Leben gezwungenermaßen (ohne eigenen Willen dazu) alleine leben mußten; sie meisterten bravourmäßig die vielen Dinge des Lebens. Und dann die Männer, die im Zweifelsfall über sie bestimmen konnten. Logisch erklärbar waren diese Verhaltensmechanismen für mich nicht, aber es war nun mal so – und die Frau fügte sich drein... Diese ganze innere Spannung zwischen Mann und Frau evozierte in mir ein ständig weitergehendes Interesse für die Belange der Frau.

Für uns war es von Anfang an klar, daß wir den Anforderungen unseres Vorhabens nicht gerecht werden können, wenn wir es auf einer rein „wissenschaftlichen" Ebene (wie üblich) belassen, wir wußten, daß es notwendig ist, einen Bezug zu uns selbst herstellen zu können.

***

...Dazu gehören zum Beispiel meine Erfahrungen an der Uni. Dort werden „Frauenbelange", wenn überhaupt, dann nur am Rande behandelt. Das entspricht zumindest meinem Eindruck von Lateinamerikanistik. Die Inhalte, mit denen wir uns beschäftigen (z.B. Geschichte, Literatur und Sprache), spiegeln sehr häufig eine Männerkultur wider, die Situation der Frauen in diesen Ländern wird einfach unterschlagen, so als hätten die Frauen innerhalb der Kultur keinen Ausdruck gefunden. Diesen Ausdruck zu finden, sowohl in diesen Ländern oder anderen Ländern der sogenannten Dritten Welt, als auch hier, finde ich sehr wichtig. Dieses Interesse geht auch dahin, innerhalb der Uni, die ja zu einem großen Teil das Feld absteckt, in dem ich mich bewege, eine selbstbestimmte Arbeit machen zu können. Diese Arbeit sollte auch mehr an der Praxis orientiert sein, was meine eigene Lebenspraxis einschließt, und mir die Möglichkeit bieten, dadurch zu lernen. Vielleicht ist das mit Frauen zusammen etwas leichter. Was bleibt frau denn schlußendlich auch anderes übrig, als sich eine Sichtweise von Frauen zu eigen zu machen und auf diese Weise einen Standpunkt zu beziehen?

***

...Eines Tages verließ ich das Haus meines Vaters (es war eigentlich immer sein Haus. Da war meine Mutti erst ein Ersatzteil, und mehr nicht), um meinen eigenen Weg zu suchen. Auf der Spur nach sozialer und politischer Gerechtigkeit hatte ich mich auf die Seite des Kampfes für die ideale Gesellschaft gestellt.

Inzwischen lernte ich Frauen kennen, die an der Spitze der sogenannten brasilianischen Frauenbewegung waren. Die Reden, die diese Damen damals hielten, waren ein Mischmasch über berufliche Selbständigkeit, richtige Besetzung des Körpers, und – obwohl die brasilianische Gesellschaft sich in einem kritischen politischen, sozialen und kulturellen Moment befand – was sie redeten, traf in der Praxis nicht zu...

...aber dann stieß ich auf das Aufbaustudium und seine Truppe, die Frauengruppe und das Frauenprojekt. Nach zehn Minuten Unterhaltung mit der Leiterin der Gruppe war ich ängstlich und neugierig. In meinem Kopf drehte sich die Erinnerung an die emanzipatorischen Forderungen der europäischen Frauen und an die soziale, politische und kulturelle, kolonialisierte Wirklichkeit der Frauen, die wie ich in einem politisch-wirtschaftlich unterentwickelten Land lebten. Dazu kam die ideologische Leidenschaft und die Verzweiflung, sich europäisieren zu lassen. Ich traute mich nicht, an dieser Frauengruppe teilzunehmen. Und gleichzeitig wollte ich wissen, was eigentlich die europäischen oder europäisierten Weiber in Bezug auf die Frauen der Dritten Welt vorhatten. Mir war klar, daß

ich die Beziehungen zu Frauen abgeschafft hatte, und wenn ich sie wieder aufbauen wollte, daß ich von vorne anfangen mußte. Ich dachte an meine Mutti – ihr Mann ist inzwischen gestorben und sie fängt langsam an, an sich als Frau zu denken. Ich entschied mich, an der Frauengruppe teilzunehmen. Und auch in meine Zukunft zurückzukehren.

***

Woher die Fragen kommen

In den Diskussionen, die wir bisher führten, kamen eine ganze Reihe sehr unterschiedlicher Voraussetzungen, Ansätze, Motivationen zum Ausdruck. So lernten wir uns kennen und erfuhren etwas von der Geschichte der anderen. Vor allem waren wir mit einem Berg von Fragen konfrontiert:

Lernen:

Wie sieht der Frauenalltag in anderen Ländern aus, was ist speziell in den Ländern und Kulturen? Unterscheiden sich Frauenleben in Ländern der sogenannten ersten Welt von Frauenleben in Ländern der sogenannten dritten Welt grundsätzlich? Können wir lernen, uns zu begegnen – hier in Frankfurt, einer Stadt, in der Frauen aus Ländern der sogenannten dritten Welt und Frauen aus Ländern der sogenannten ersten Welt nebeneinander/miteinander mit ihren unterschiedlichen Erfahrungen leben? Können wir voneinander lernen, solidarisch sein und uns gemeinsam unsere Hälfte der Welt erobern, oder sprechen wir keine gemeinsame Sprache und bleibt uns nur die „Aussicht auf die bessere Hälfte des Himmels"?

***

...Während der viereinhalb Jahre Leben und Arbeiten in Rwanda ist mein bis dahin doch ziemlich festgefügtes Weltbild mächtig ins Wanken geraten. So manche, vermeintlich hier schon als kritisch gesehenen Werte und Normen wurden gänzlich in Frage gestellt. Ich konstatierte zunehmend mehr, daß ich nicht verstand... Je mehr ich lernte, Neues erfuhr, desto unsicherer wurde ich. Menschliche Beziehungen können ganz anders, als von mir bisher erfahren, sein. Frauen und Männer können auch ganz andere Interessen, Arbeitsformen, Lebensperspektiven haben... In unendlich vielen Bereichen habe ich Neues erfahren, glaubte, manches verlernt zu haben... Ja, ich habe auch mit Frauen (zusammen-) gearbeitet, aber nicht in einem Frauenprojekt, es waren bäuerliche Familien, die ihr tägliches Überleben organisieren müssen. Aber – d i e Dritte Welt gibt es nicht. Punkt!

***

Zweite Schlüsselerfahrung

Irgendwann in dieser Zeit – Herbst 1980 – kam Nawal el Saadawi, eine ägyptische Feministin, zu einem Vortrag über „Frauenbefreiung in Ägypten" nach Antwerpen (dort lebte ich damals).

Es gab eine heftige Diskussion, fast Streit, mit holländischen Feministinnen. Es ging über das Verhältnis von Frauenbewegung und Klassen/Befreiungskampf, über die Autonomie der Frauenbewegung und ihres klassenübergreifenden Anspruchs, über die Zusammenarbeit mit progressiven/männlichen Kräften. Und ob nun die Situation in Ägypten ganz anders ist als hier oder nicht.

Die Holländerinnen bestanden darauf, daß el Saadawi und die Frauen in Ägypten sich einfach immer noch von Männern einlullen lassen würden, und Nawal el Saadawi betonte immer wieder die andere Situation, die neokoloniale Abhängigkeit, die soziale Situation, die andere Kultur und wies auf die historische und geographische Gebundenheit der feministischen Argumentation an die westlich bürgerlichen, abendländischen, imperialistischen Staaten hin. Eigentlich hatten die Holländerinnen meine Position vertreten, aber mir gefiel nicht ihre Arroganz und Selbstgefälligkeit, mit der sie diese vertraten, und mich beeindruckte die Ruhe und Gelassenheit von Nawal el Saadawi. Für die Holländerinnen schien es einfach klar zu sein, daß die Ägypterinnen noch nicht so weit waren wie wir. Und wenn sie doch so weit waren und trotzdem andere Schlüsse daraus zogen?

Mein kulturspezifischer Versuch, die Dinge einzuordnen, um sie zu verstehen, versagte. Von da an war ich verwirrt, unsicher und mißtrauisch geworden. Und vor allem neugierig.

***

...in der Vergangenheit habe ich die Intention der Gruppe nicht verstanden, weil ich die deutsche Sprache nicht gut konnte. Trotzdem bin ich geblieben, weil ich gespürt habe, daß sich etwas positiv entwickeln kann. Heute kann ich euch besser verstehen, was ihr sprecht und was wir Frauen von diesem Projekt wollen.

***

Anspruch und Praxis

Aufgrund dieser so verschiedenen Vorgeschichten entstand eine Auseinandersetzung um unser Selbstverständnis als Gruppe. Die Leidenschaft, mit der wir diese Auseinandersetzung führten (führen wir immer noch), findet auch seinen Niederschlag in der Praxis:

... Wir haben lange gesprochen, heiß, aggressiv, sanft, intensiv, sich einlassend, abwehrend ... über uns, unsere Motivationen, in diesem „Projekt" zu arbeiten, in einer Frauengruppe zu arbeiten. Ich kann diese Diskussion hier nicht wiederge-

ben, sie wäre auf jeden Fall verzerrt, unvollständig, mißverstanden usw. Daher nur weniges, es waren die eigenen Erfahrungen, das Bereitsein, seine Standpunkte offenzulegen, die unterschiedlichen Geschichten, die Beziehungen zu Frauen und Männern, das Annehmen und Abweisen von Etiketten, Definition von Feministin, die Identifikation mit der Opferrolle, der Wunsch zu lernen und etwas beitragen zu können, das Einander-in-der-Gruppe-akzeptieren und die Unvermeidlichkeit von Mißverständnissen, die Wichtigkeit des Nachfragens, Ehrlichkeit und Unehrlichkeit. Ich denke noch immer darüber nach, was wir dort alles angesprochen haben, und will es hier nicht weiter auf „schwarz-weiß" reduzieren.
(Aus dem Protokoll vom Gruppentreffen am 3.9.1986.)

Währenddessen entwickelten wir gleichzeitig eine ganze Reihe von Aktivitäten, denen wir als Teile des Projektes in kleineren Gruppen zu zweit und zu dritt nachgingen.

Eine Gruppe bemühte sich darum, Materialien für eine Bibliographie zum Thema „Frauen aus Ländern der Dritten Welt in der Bundesrepublik" zu sammeln. Eine zweite diskutierte ein Konzept zur Studienberatung für ausländische Studentinnen, lud Frauen dazu ein, die damit Erfahrungen hatten und begann, an einer statistischen Erhebung über Studentinnen an der Frankfurter Universität zu arbeiten:

...Mit der Beratungsstelle an der Universität Frankfurt/Main machte ich zudem leider auch nur schlechte Erfahrungen. Als ich einmal meinen ganzen Mut zusammengenommen hatte – im 2. Semester – und dem Berater für ausländische Studenten den Wunsch nach einem Fachwechsel vortrug, reagierte dieser sehr aggressiv und warf mir vor, so wie viele ausländische Studenten nicht zu wissen, was ich machen wollte und nur dem Steuerzahler auf der Tasche zu liegen. Ich bekam einen Schock und suchte daraufhin nie wieder eine Beratungsstelle auf.

***

...Heute bin ich zufrieden ... weil mir die konkrete Möglichkeit der Beratung für ausländische Studentinnen sehr gefällt. Meine Beratung war und ist immer außerhalb der Universität, aber ich weiß: Es gibt viele Studentinnen aus verschiedenen Ländern, die keine gute Beratung, Orientierung oder Hilfe finden können, und ich bin froh, dabei zu sein...

***

Einige besuchten Seminare, Kongresse, Organisationen, um Kontakte zu knüpfen und uns langsam in die bestehenden Diskussionen hineinzuführen.

Um finanzielle Unterstützung zu finden, bildete sich auch eine Arbeitsgruppe, die eine ganze Reihe von Anträgen stellte. Inzwischen haben wir viele Lob-Briefe in unserem Aktenordner, aber wenig Geld auf unserem Konto gesammelt. Trotzdem beschlossen wir weiterzumachen, denn wir sind nicht nur neugierige und ideenreiche Frauen, sondern auch noch ehrgeizige.

– FRAUEN IN DER DRITTEN WELT –

• ALLTAG UND ORGANISATIONSFORMEN •

VORTRAGSREIHE

Ort:	Dritte Welt Haus Friesengasse 13 - 6000 Frankfurt am Main 90
Zeit:	Mittwochs, 19 Uhr

Alle Vorträge in deutscher Sprache

12.11.86 Frauenbewegung in der Dritten Welt. Diskussion und Referat über die Erfahrungen aus der Weltfrauenkonferenz in Nairobi.

Karin König, Diplompädagogin; Beate von Devivere, Diplom-soziologin, freie Autorin; Edith Rücker, Sozialarbeiterin; Doris Kramer, Sozialarbeiterin. Amnesty for Women.

26.11.86 Frauen in Iran

Situation unter den heutigen politischen Bedingungen. Hintergründe für Fluchtmotive.

گزارشی درباره ی زندگی زنان در شرایط سیاسی و اجتماعی کنونی ایران و دلایل فرارشان از ایران .

Irandokht Schahbakhshi, Diplompädagogin und Mitbegründerin der Autonomen Iranischen Frauenbewegung im Ausland und des Deutsch-Iranischen Frauenvereins in Frankfurt a. M.

10.12.86 Frauen in Guatemala

Entstehung und Praxis der "Grupo de Apoyo Mutuo" (Mütter der Verschwundenen) vor dem Hintergrund der Regierungspolitik gegenüber der indígena-Bevölkerung.

Mujeres en Guatemala

Desarrollo y practica del Grupo de Apoyo Mutuo considerando el fondo de la política oficial del gobierno frente a la poblacion indígena.

Barbara Dünnweller, Verein der Mütter der Verschwundenen in Guatemala e.V., ai , Dorothée Oehm-Häneke, Stud.Ass. M.A., Amnesty international, Ko-Gruppe Guatemala

14.1.87 Frauen in Eritrea

[illegible]
[illegible]

Frauen im Befreiungskampf

[illegible] !

Sarah Aseffau, National Union of Eritrean Women

28.1.87 Frauen in Chile

Die Unterschichtsfrau als Trägerin der sozialen Kämpfe. Die Erfahrung in den Frauenwerkstätten von Santiago.

Mujeres en Chile

La mujer del sector popular en Chile como agente de cambio. La experiencia de los talleres artesanales de mujeres en Santiago.

Angelika Heinemann, Diplompädagogin

11.2.87 Frauen in der Türkei

Politische und soziale Hintergründe der Emigration von türkischen Frauen und deren Situation in der BRD.

Türkije'de kadının yeri

Türk kadınlarının göç etmesinin politik ve sosyal nedenleri ve Federal Almanya'daki durumları.

Meval Gültekin, Diplomsoziologin und Mitbegründerin des Mütter-Kind-Beratungszentrums für ausländische Frauen

25.2.87 Frauen in Südafrika

Dreifach unterdrückt: als Schwarze, Arbeiterinnen, Frauen - Widerstand gegen Apartheid.

Women in South Africa

Triple oppression: as Blacks, workers, women - resistance against apartheid.

Peggy Luswazi, Diplom-Psychologin, Berlin

11.3.87 Podiumsdiskussion: Internationale Frauensolidarität - begrenzt oder grenzenlos?

Elisa Fuchs, Mara Rubia de Andrade, Friderun Darmstadt, Wassy Tesfa (angefragt)

Veranstalter: Arbeitskreis "Frauen und Dritte Welt in Frankfurt"

Postanschrift: Pädagogik in der Dritten Welt, J. W. Goethe-Universität
Postal address: Senckenberganlage 31
6000 FRANKFURT AM MAIN 1 BR Deutschland

Telefon: 06 11 [069] 798-26 80/24 27/34 37
Telex : 04 13932 unif d
Cable : Universität Frankfurt P 3 W

Was wir wollen: Ziele des Projekts

Ziel unseres Vorhabens ist, eine Bestandsaufnahme zum Thema „Frauen und Dritte Welt in Frankfurt“ durchzuführen. Im Rahmen von Projektseminaren im Wintersemester 1986/87 und Sommersemester 1987 wollen wir lernen und forschen, wollen die stattfindenden Prozesse öffentlich machen und die Erfahrungen und Auseinandersetzungen wieder in die Ergebnisse einfließen lassen. Wir wollen wissen, warum und welche eingewanderten Frauen in Frankfurt leben, wie sie sich in die gesellschaftlichen Verhältnisse einbinden und/oder sich davon distanzieren und wie und welche eingeborenen Frauen sich verhalten, agieren und re-agieren.

Wir wollen fragen, welche Gruppen von Frauen und Männern (und unsere eigene Gruppe wird nicht ausgenommen) aus welchen Motiven und für wessen Interessen sich für Frauen in der sogenannten Dritten Welt und aus dieser Sogenannten einsetzen.

Wir wollen erfahren, welche Organisationen und Institutionen der Entwicklungshilfe Projekte für Frauen in dieser Welt planen oder nicht planen, wie sie ihre Konzepte entwickeln und umsetzen und welche Ergebnisse erwartet und erreicht werden.

Dieser Lern- und Forschungsprozeß wird in verschiedenen Formen öffentlich gemacht, indem wir z.B. im Wintersemester 1986/87 zusätzlich zum Projektseminar die Veranstaltungsreihe *„Frauen in der Dritten Welt - Alltag und Organisationsformen“* im Dritte-Welt Haus Frankfurt durchführen. Wir fragen, welche sozialen, historischen und politischen Bedingungen führen dazu, daß Frauen sich in verschiedenen Ländern organisieren und daß sie manchmal gezwungen sind, ihre Heimatländer zu verlassen. Frauen sprechen über eigene Erfahrungen in so verschiedenen Ländern wie Iran, Türkei, Eritrea, Guatemala, Chile und Südafrika. Später wollen wir in einer weiteren Veranstaltungsreihe mit Frauen und Männern, Gruppen und Institutionen einen Erfahrungsaustausch organisieren. Die Selbstverständnisse, Ziele, Arbeitsweisen, Schwierigkeiten und Erfolge sollen im Hinblick auf unterschiedliche Konzepte und Realisierungen diskutiert werden.

Die Diskussions-Stände und Ergebnisse des Forschens und Lernens werden in einer Ausstellung visualisiert und somit wieder diskutierbar gemacht. Die Ausstellung soll für die politische Bildungsarbeit mit Jugendlichen und Erwachsenen einsetzbar sein.

Wir bemühen uns, die Prozesse in schriftlichen Beiträgen zu fixieren. Dazu gehört auch eine Bibliographie, die alle Arbeiten aufnimmt, die sich mit der Situation von Frauen aus der Dritten Welt in der Bundesrepublik Deutschland beschäftigen.

Es kommt uns auch darauf an, viele Frauen kennenzulernen und dabei zu entdecken, wo unsere Unterschiede und unsere Gemeinsamkeiten liegen, was uns voneinander trennt und was wir füreinander noch tun können. Zentral aber bleibt, daß wir unsere Arbeit gesellschaftlich verantworten müssen und daß wir für neues Denken offen bleiben...

An moralischen Appellen zur Solidarität ist kein Mangel, indessen diese verändern die Welt nicht. Unser Handeln gilt einer gemeinsamen anderen Praxis.

„Spielende Mädchen" (Foto: Wolfgang Krolow)

Solidarität: Viele Türen und viele kleine Schritte

...leider haben viele Männer innerhalb der Solidaritätsbewegung relativ wenig Interesse und Verstand für die Situation der Frauen dort. Auch innerhalb der Frauenbewegung hier gibt es einige konfliktreiche Momente in Bezug auf die Frauenbewegung in Ländern der Dritten Welt. Für mich wäre es deshalb wichtig, das Leben ausländischer Frauen in ihren Ländern und hier besser begreifen zu lernen, wodurch wir uns vielleicht von einigen Projektionen befreien können, und sehen, was uns gemeinsam ist.

***

...Aufgrund all dieser Erlebnisse und meines persönlichen Leidens an der Universität habe ich mich in den letzten Jahren darum bemüht, mich besonders für die Probleme der Frauen ... einzusetzen... Doch natürlich kann man/frau das

nicht alleine realisieren. Daher ... hoffe (ich), daß es unserem gemeinsamen Engagement gelingen wird, die vielen Verwirrungen und verlorenen Jahre ... die mich so gequält haben, für andere Frauen ... zu mildern.

***

...(ich kam) auf die Idee, daß die Befreiungsbewegungen die Frauen der mittleren Schichten nicht nur befriedigen sondern auch befreien können ... mir war klar, daß ich die Beziehungen zu Frauen abgebrochen hatte ... und von vorne anfangen sollte. Ich dachte an meine Mutti ... die langsam anfängt, an sich als Frau zu denken. Ich entschied mich ... in meine Zukunft zurückzukehren.

***

...Für uns Frauen gibt es ... noch viel zu tun. Wir müssen unsere Fragen, Diskussionen, Erkenntnisse, Aktivitäten zu einer grundlegenden Veränderung der Situation von Frauen in der Gesellschaft und zu einer neuen Gesellschaftsordnung überhaupt führen.

***

...Ich (weiß), daß ich „mit der Frauensache“ – national und international – weitermachen will, daß dies mich vor allem interessiert, „betrifft“, – persönlich, menschlich, politisch, theoretisch.

***

...ich will als Teil dieser Gesellschaft wissen, lernen, will sie kennenlernen, vielleicht haben wir gemeinsame Interessen, vielleicht auch nicht. Erst die Unterschiede, das Nicht-Verstehen akzeptieren, ermöglicht eine Basis für gemeinsames Leben und kommunizieren ... Warum dann Frauen? Weil ich Frau bin und aus eigener Erfahrung um die Schwierigkeit des Frauseins weiß, weil ich solidarisch sein will, weil ich die Interessen der Frauen unterstützen will, soweit ich dies politisch, moralisch vertreten kann, und weil ich als Frau so egoistisch bin, Neues lernen zu wollen und vielleicht auch etwas geben kann.

***

...Als ich ein Kind war, lernte ich, daß jedem und jeder das Recht auf Leben, Freiheit und das Streben nach dem Glück zusteht ... als ich groß war, verließ ich mein Land auf der Suche nach dem Glück, weil mir vieles dort nicht gefiel ... die Schwarzen gingen auf die Straßen meiner Heimatstadt, um sich diese Rechte zu holen ... die Studenten und Studentinnen gingen auf die Straßen der Welt, um diese Rechte zunächst für die arme Bevölkerung Vietnams aber auch für die arme Bevölkerung der Welt zu fordern ... die Frauen gingen auf die Straßen Europas,

für sich diese Rechte zu fordern ... so entstehen Lebensthemen: Leben in einem fremden Land, Rassismus, Sexismus, Klassenherrschaft. Gut, ich fange bei mir selbst an. Das trägt aber nicht sehr weit. Wie halten es die anderen Frauen?

***

...Können wir voneinander lernen, solidarisch sein und uns gemeinsam unsere Hälfte der Welt erobern, oder sprechen wir keine gemeinsame Sprache und bleibt uns nur die „Aussicht auf die bessere Hälfte des Himmels"?

***

...ich bin überzeugt davon, daß Solidarität die Zärtlichkeit unter Fremden ist, die sich einander verwandt fühlen. Ich lerne immer mehr, mich Fremden verwandt zu fühlen.

***

...Ich bin auch dabei, weil ich es liebe, Frau zu sein und liebe Frauen (natürlich nicht alle) ... O processo de conscientizacao oder der Prozeß der Bewußtmachung über die Situation der Frauen (auch alle Entwicklungsprozesse) ist irreversibel für mich! Das ist ein ständiger und ewiger Prozeß: es ist ein Teil von meinem Alltag. Ein Prozeß, der alles gibt: Sicherheit, Zweifel, Mut, Angst, Lächeln, Tränen, Ruhe, Störung, Glück, Traurigkeit ... ein Prozeß, der verursacht, „einfach Frau/Mensch" zu sein/werden. Ich bin auch sicher, wenn ich meine Ruhe/Kraft erhalten will und etwas Konkretes als Frau realisieren will, ich muß an der Situation in der Welt anteilnehmen/partizipieren und mit anderen Frauen zusammen gegen Unterdrückung vorgehen. Ich kann nichts allein realisieren, sondern nur die Frauen gemeinsam können eine bessere Welt bauen.

Ines Franke, Priscilla Harris Brosig, Ute Heckroth, Angelika Heinemann, Usche Merk, Jaqueline Moraes Varjaõ, Dorothee Oehm-Häneke, Mara Rúbia de Andrade, Irandokht Schahbakhshi, Hildegard Schürings

Die Autoren

Arbeitskreis „Frauen und Dritte Welt in Frankfurt":
Ines Franke, Staatsexamen für Kunst und Gesellschaftswissenschaften
Priscilla Harris Brosig, Diplom-Pädagogin
Angelika Heinemann, Diplom-Pädagogin
Usche Merk, Diplom-Pädagogin
Jaqueline Urania Moraes Varjao, Diplom-Volkswirtin
Dorothée Oehm-Häneke, M.A., Stud. Ass.
Mara Rúbia de Andrade, Verwaltungswissenschaftlerin
alle Studentinnen des Aufbaustudiengangs „Pädagogik: Dritte Welt" an der Universität Frankfurt
und
Ute Heckroth, Studentin der Romanistik
Irandokht Schahbakhshi, Diplom- Pädagogin
Hildegard Schürings, Diplom-Pädagogin und wissenschaftliche Mitarbeiterin an der Professur „Pädagogik: Dritte Welt"

Jörg Becker, geb. 1946, Dr. phil. habil., Heisenberg-Stipendiat der Deutschen Forschungsgemeinschaft und Privatdozent am Institut für Politikwissenschaft der Technischen Hochschule Darmstadt. 1981 bis 1986 Privatdozent am Institut für Politikwissenschaft der Universität Marburg; 1985/86 Gastprofessor für Rechts- und Verwaltungsinformatik an der Universität Bremen. – Arbeitsgebiete: Internationale Beziehungen und Entwicklungsländerforschung, Masssenmedien und Informationstechnologien, Technologietransfer. – Wichtige Veröffentlichungen: Alltäglicher Rassismus, Frankfurt 1977; Informationstechnologie in der Dritten Welt, Frankfurt 1984; Massenmedien im Nord-Süd-Konflikt, Frankfurt 1985; Communication and Domination, Norwood 1986 (Mitherausgeber); Papiertechnologie und Dritte Welt, Braunschweig 1986; Transborder Data Flow and Development, Bonn 1987 (Hg., i.E.).

Jürgen Buchholz, geb. 1953, Studium der Pädagogik (Curriculumentwicklung, Politische Bildung), Soziologie und Psychologie an der Universität Bielefeld. Während des Studiums Arbeit in verschiedenen Einrichtungen der Jugendpflege und der Jugend- und Erwachsenenbildung. Nach dem Studium Tätigkeit als Unterrichtsforscher am Oberstufenkolleg des Landes Nordrhein-Westfalen an der Universität Bielefeld. Gleichzeitig Unterricht im Schwerpunkt „Dritte Welt". Seit 1985 arbeitet er als freier Gutachter für Bildungsfragen im Auftrag der Deutschen Gesellschaft für Technische Zusammenarbeit (GTZ), Eschborn. Absolvent des Aufbaustudiengangs „Pädagogik: Dritte Welt", Universität Frankfurt. Längere Auslandsaufenthalte in Asien, Afrika und Lateinamerika.

Patrick V. Dias ist Professor für „Pädagogik in der Dritten Welt" am Fachbereich Erziehungswissenschaften, Universität Frankfurt und verantwortlich für das neu eingeführte Aufbaustudium „Pädagogik: Dritte Welt"; er ist in Goa noch während der portugiesischen Kolonialzeit aufgewachsen und hat sein erstes Universitätsstudium in Indien (Poona 1954/58) absolviert; inhaltlicher Schwerpunkt: Religionsgeschichte und -soziologie und deren Anwendung in der kath. Kirche (Dr. theol., Tübingen 1965); seine Lehrerfahrungen in Goa hat er durch zusätzliche Studien in Pädagogik, Psychologie (B.Ed., Dipl. Psych.), Soziologie und Politikwissenschaft an den Universitäten Löwen (Belgien), Tübingen, München und Freiburg weiterverarbeitet (Dr. phil. mit der Arbeit „Erziehung, Identitätsbildung und Reproduktion im Zaire", 1979); er war von 1966 bis 1979 am Arnold-Bergstraesser-Institut tätig mit den thematischen Schwerpunkten: Entwicklungspolitik, vgl. Politikwissenschaft und politische Soziologie des Erziehungswesens sowie mit den regionalen Schwerpunkten: Süd-Asien und Zentral-Afrika; nach Übernahme der Professur in Frankfurt hat er sich in seiner Lehr- und Forschungstätigkeit mit einem vergleichenden Ansatz auf Probleme der Bildungspolitik, der Funktion des formalen und non-formalen Erziehungswesens, Curriculumplanung, Hochschuldidaktik und Alternativerziehung konzentriert und seine regionalen Kenntnisse durch Aufenthalte in Mexiko, Indien, Indonesien, Singapore, Brasilien und Moçambique vertieft.

Gerd Flaig, M.A., geb. 1954, Studium der politischen Wissenschaft, Soziologie und deutscher Literaturgeschichte in Heidelberg. Mehrjährige Tätigkeit in der Bildungsarbeit. Absolvent des Aufbaustudiengangs „Pädagogik: Dritte Welt" an der Universität Frankfurt. Längerer Auslandsaufenthalt in Lateinamerika. Arbeitsschwerpunkte: Entwicklungspolitik und Entwicklungstheorien.

Gisela Führing, geb. 1944, Studium Mathematik, Geographie und Entwicklungssoziologie in Bonn und Berlin, zweijährige Tätigkeit als Entwicklungshelferin des DED in Tanzania: Lehrerin an Mädchenoberschulen, 1973 bis 1985 Lehrtätigkeit an einem Berliner Gymnasium und einer Berufsschule, seit 1985 entwicklungspolitische Bildungsreferentin des Schulsenats von Berlin beim Deutschen Entwicklunsgdienst (DED), diverse Reisen, u.a. als Gutachterin, nach Ost- und Westafrika sowie Lateinamerika, Ko-autorin von: „Reisehandbuch Ostafrika", rororo-Sachbuch „Wirtschaft und Politik verstehen", Schroedel/CVK „Nia-Dia – Ein afrikanisches Dorf im Wandel", Verfasserin zahlreicher Artikel in Fachzeitschriften zum Thema: „Dritte Welt im Unterricht", Vorstandstätigkeit im Weltfriedensdienst (WFD) e.V., Berlin.

Heinz-Peter Gerhardt, geb. 1949, Erziehungswissenschaftler, Lehr- und Forschungstätigkeit in Brasilien und den USA. Z.Zt. Lehrbeauftragter an der Universität Frankfurt und freier Mitarbeiter in entwicklungspolitischen Institutionen. Publ. u.a.: Brazil's Popular Education in the Eighties, Frankfurt 1986.

Al Imfeld, geb. 1935, Ausbildung und Abschlüsse in Theologie, Entwicklungssoziologie, Kommunikationswissenschaft und Tropenlandwirtschaft. Zu Beginn der sechziger Jahre in Martin Luther Kings Bürgerrechtsbewegung. Einige Zeit in Vietnam und Ostasien. Ab 1967 in verschiedenen afrikanischen Ländern tätig. In den siebziger Jahren zurück in der Schweiz, um sich ganz der Kulturvermittlung auf allen Ebenen zu widmen. Wichtige Bücher: „Verlernen was mich stumm macht", „Vision und Waffe", „Zucker" oder „Hunger und Hilfe" (alle Unionsverlag Zürich). Ebenfalls mehrere Gedichtbändchen bei Dendron (Lugnorrer FR). Als freischaffender Journalist und Vortragsredner tätig. (Konradstr. 23, Ch-8005 Zürich)

Ernest Jablonski, gen. Jouhy, geb. 1913 in Berlin, Deutscher, Ausgebürgerter, Franzose, nichtgläubiger Jude. - Studierte Deutsch, Geschichte, Ökonomie, Statistik, Soziologie und schloß als Diplompsychologe an der Sorbonne (Paris) ab. Promovierte dort als Doktor der Erziehungswissenschaften. Zuletzt: Hochschullehrer und Psychotherapeut. Zuvor: Heimerzieher, Lehrer, Studienleiter der Odenwaldschule, Mitbegründer der F.I.C.E. (UNESCO), aber auch Landarbeiter, Journalist, organisierter Antifaschist, französischer Widerstandskämpfer. - Gründete eine deutsch-französische Begegnungsstätte (F.I.E.F.) in Südfrankreich, später den Arbeitskreis Bürgerinitiativen im Rhein-Main-Gebiet, das Centrum für psycho-soziale Hilfe in Frankfurt, die Hochschullehrerstelle „Pädagogik: Dritte Welt" an der J.W. Goethe-Universität, veröffentlichte Gedichte, Novellen, wissenschaftliche und politische Essays und Bücher. - Mit all diesen Aktivitäten belastete er zwei Ehen, drei Kinder und einen Enkel.

Ulrich Schmidt, geb. 1950, Studium der Geschichte, Politik und Germanistik, nach dem 2. Staatsexamen seit 1975 im Hessischen Schuldienst, zeitweise Lehrbeauftragter an der Professur „Pädagogik: Dritte Welt" der Universität Frankfurt mit dem Schwerpunkt „entwicklungspolitische Bildung", Tätigkeit in der Lehrerfortbildung. Seit 1984 Ausbildung in Transaktionsanalyse und Core - Energetic.

Veröffentlichungen der Professur "Pädagogik: Dritte Welt", Universität Frankfurt

Jahrbuch "Pädagogik: Dritte Welt"
herausgegeben von Walter Sülberg

Hildegard Schürings (Red.)
Ländliche Entwicklung und gemeinsames Lernen
Bedingungen und Forderungen für einen anderen Weg
Jahrbuch 1985
250 Seiten; DM 29,— ; ISBN 3-88939-130-3

Walter Sülberg (Hg.)
'Fortschrittstechnologien' und ihre Auswirkungen auf Erziehung und Identitätsbildung
Jahrbuch 1984
200 Seiten; DM 28,— ; ISBN 3-88939-126-5

Walter Sülberg (Hg.)
'Welterziehungskrise' und Konzeptionen alternativer Erziehung und Bildung
Jahrbuch 1983
253 Seiten; DM 28,— ; ISBN 3-88939-123-0

Forschungs- und Studienreihe:
Erziehung und Gesellschaft im internationalen Vergleich
herausgegeben von Prof. Dr. Dr. Patrick V. Dias

Tschun-mo Rhie
Zwischen Tradition und Universalität
Eine ideengeschichtliche Untersuchung zu einem neuen Wissenschaftsverständnis im modernen Korea
Mit einem Vorwort von Du-Yul Song
Band 1
330 Seiten, DM 32,— ; ISBN 3-88939-127-3

Rainer Kürschner
Funktionale Alphabetisierung
Integrierte ländliche Entwicklung und Herrschaftsstrukturen in Mali
Mit einem Vorwort von Theodor Hanf
Band 2
240 Seiten; DM 28,— ; ISBN 3-88939-128-1

Rita Amelia Teixeira-Vilela
Erziehungsberatung an brasilianischen Schulen
Band 3
362 Seiten; DM 38,— ; ISBN 3-88939-131-1

Manfred Ziemek
Pesantren
Traditionelle islamische Bildung und sozialer Wandel in Indonesien
Band 4
340 Seiten; DM 33,— ; ISBN 3-88939-135-4

Efleda K. Bautista
The Guidance Movement in the Philippines
Problems and Challenges
Band 5
404 Seiten; DM 44,80 ; ISBN 3-88939-137-0